Friedemann Krumbiegel

WAS BLEIBT

Bau-, Glaubens- und Zeitgeschichte
rund um die Laurentiuskirche
von Krostitz-Hohenleina

Bibliografische Information der Deutschen Nationalbibliothek
Die Deutsche Nationalbibliothek verzeichnet diese Publikation in der
Deutschen Nationalbiografie; detaillierte bibliografische Daten sind
im Internet über http://dnb.d-nb.de abrufbar.

Covergestaltung: Friedemann Krumbiegel unter Verwendung einer
historischen Aufnahme aus dem Pfarrarchiv Krostitz.
Alle Bildrechte bei den Eigentümern.

1. Auflage 2024

© 2024 Friedemann Krumbiegel
Verlag: BoD · Books on Demand GmbH, In de Tarpen 42,
22848 Norderstedt, bod@bod.de
Druck: Libri Plureos GmbH, Friedensallee 273,
22763 Hamburg
ISBN: 978-3-7693-2022-0

In dankbarer Erinnerung an
Klaus Hermann Krumbiegel
1937-2015

Inhalt

Vorwort

Über die großen Kloster- und Stadtkirchen kann viel erzählt werden, aber über eine bescheidene Dorfkirche? Meist geht es nicht über eine schmale Broschüre für wenige Liebhaber hinaus. Und doch findet sich gelegentlich sehr viel mehr Stoff – wie im Falle der Laurentiuskirche von Hohenleina, die nördlich von Leipzig im heutigen Krostitz liegt. Ein Panorama tut sich hier auf, das vordergründig die dörfliche Entwicklung und die Lebensgeschichten der Bewohner berührt, hintergründig aber den Horizont öffnet auf die Bau-, Glaubens- und Zeitgeschichte einer ganzen Region im Herzen Mitteldeutschlands. Was macht eine Dorfkirche besonders? Das Land tickt immer anders als die Stadt. In den Städten ballt sich die politische, ökonomische und kulturelle Potenz, hier finden Ereignisse von großer Tragweite statt. Aber die Dörfer sind ebenso durch die gemeinsame Geschichte hindurchgesteuert. Mal lagen sie scheinbar ruhig und sanft im Strom der Zeit, dann wieder wurden sie wild hin- und hergeworfen, durch wirtschaftliche Not, Kriegszerstörung oder Braunkohletagebau nahe am Untergang. Immer sind Stadt und Land aufeinander angewiesen geblieben und haben sich gegenseitig geprägt – allein schon dadurch, dass Landbewohner in die Stadt gezogen sind und Stadtbewohner aufs Land. Die Dorfkirche ist dabei denen, die gingen, und denen, die kamen, auf vielerlei Weise zu einer Land- und Lebensmarke geworden. Sie ist gleichzeitig und mit großem Abstand die älteste und langlebigste Institution, die in den Dörfern beheimatet ist. Meist versammelt sich hier nur eine kleine Schar, aber gebetet wird auch für die anderen Mitbewohner und in Verbindung mit einer Kirche aus allen Denominationen und Nationen. Wenn anderssprachige Menschen wie selbstverständlich mitbeten, wird dieser universelle Charakter besonders deutlich. Am augenfälligsten ist, dass fast alle Dorfkirchen im Gegensatz zu den Stadtkirchen noch von einem Friedhof umgeben sind. Die Gräber, die sich inmitten des Dorfes um die Kirche gescharrt haben, machen das wahrhaft »Humane« anschaulich: die Vergänglichkeit und Verwesung, in der der Mensch wieder zur Erde (lat. *humus*) wird. Die noch Lebenden sehen das Ende ihrer kurzen Lebensreise im Alltag vor sich. Das befördert ein heilsam-bescheidenes Wissen. Zugleich aber drücken diese Gräber eine radikale Hoffnung aus. Aus der Vogelperspektive wird es am sichtbarsten: Die Gräber scharren sich um die Kirche und um ein Geheimnis, das in der Kirche aufbewahrt wird, nämlich um die Mitte des Taufsteins, an dem über 800 Jahre hinweg Generation um Generation getauft worden ist. Aus der Vogelperspektive sieht man auch, dass die Gräber die gleiche Ausrichtung wie die Kirche haben, nämlich von West nach Ost, mit der gleichen Blickrichtung einem zukünftigen Sonnenaufgang entgegen. Dieser Ort trägt die Spuren eines großen Versprechens an sich, dass es in all dem, was vergeht, es tatsächlich etwas gibt, das bleibt. Inmitten der ständigen Reparaturbedürftigkeit des Gebäudes und all der Zerbrüche und Irrwege, die Menschen in dieser Kirche und in ihrem Umfeld erlebt haben, blitzt immer wieder das Bleibende auf, mal klar und hell, dann wieder verdunkelt, aber doch beharrlich bis auf den heutigen Tag.

Man kann dieses Büchlein lesen als interessierter Krostitzer, der mehr über seine Dorfkirche wissen möchte. Man kann es aber auch lesen, um einen eher ungewöhnlichen Zugang zur mitteldeutschen Geistes- und Kulturgeschichte zu bekommen. Erzählt wird in chronologischer Reihenfolge. Wie ist die Kirche überhaupt ins Dorf gekommen? Welche pragmatischen und notvollen Überlegungen haben bei den baulichen Veränderungen eine Rolle gespielt? Was hat bis heute Bestand, was waren Irrwege, was ist in unguter Weise in Vergessenheit geraten? Und welche Rolle spielte und spielt der Glaube? In den Kirchenarchiven finden sich viele historische und bauliche Daten, Visitations- und Bauberichte, auf Zetteln notierte Anmerkungen, aus den Turmknöpfen stammende Notizen, Pfarrmatrikel, Registerbücher, Zeichnungen, Fotos und Briefe. All diese Daten können noch ergänzt werden durch regionalhistorische Arbeiten, die oftmals durch Laien in akribischer Arbeit zusammengetragen worden sind. Dennoch bleiben zahllose teils kriegsbedingte Lücken und auch Widersprüche bestehen. Um meine Deutungen und die Herkunft der Informationen nachvollziehbar zu machen, finden sich in den Anmerkungen ein fortlaufender Kommentar sowie weiterführende Quellen- und Literaturangaben. Im Text werden bei der Ersterwähnung die wichtigsten architektonischen und sonstigen Fachbegriffe kurz erläutert, über das Register lassen sich diese Erläuterungen rasch wiederfinden. Unmittelbar im Text sind bei Zitaten alle Eingriffe wie Übersetzungen, Ergänzungen und Anpassungen an das heutige Deutsch, die von mir, dem Verfasser stammen, in eckige Klammern gesetzt worden. Von Herzen bedanken möchte ich mich bei allen, die mich mit wichtigen Hinweisen und Materialien versorgt haben oder mich sonst irgendwie unterstützten, insbesondere danke ich Jens Beyer, Pfrn. Anja Christof, Werner

Elze (+), Dr. Jürgen Liebau, Dr. Peter Rott, Pfr. i. R. Karl-Heinz Uth und Tobias Wagner. Herzlich danken möchte ich auch den Zeitzeugen, sowie meiner lieben Frau Doreen, die es ertragen hat, dass ich meine Freizeit für die Recherchen und das Schreiben verwendet habe. Sicherlich haben sich durch meine Unachtsamkeit noch genügend Fehler eingeschlichen. Deshalb bin ich auch weiterhin für jede Korrektur und weiterführende Hinweise dankbar. Dieser hier vorgelegte Versuch möge dem Motto dienen, welches lange Zeit über der südlichen Schallluke des Krostitzer Kirchturms abgekürzt zu stehen kam: V[erbum] D[omini] M[anet] I[n] Æ[ternum] – Das Wort des Herrn bleibt in Ewigkeit.

Pfarrhaus Krostitz, am 31. Oktober 2024

1 Der christliche Glaube kommt an die Mulde

Der christliche Glaube ist kein einheimisches Gewächs, sondern aus Vorderasien zu uns gekommen. Unter den Stämmen Israels waren in einem Zeitraum von über 1000 Jahren Schriften entstanden, die den Glauben an den einen Gott Abrahams, Isaaks und Jakobs nährten. Auch die öffentliche Wirksamkeit Jesu von Nazareth um das Jahr 30 der nach ihm benannten Zeitrechnung war ganz in den Gehalt jener Schriften eingebettet. So gewannen zuerst jüdische Männer und Frauen die Überzeugung, dass dieser Jesus die in den Schriften angekündigte und zum König gesalbte Schlüsselgestalt in der Mitte der Zeit sein müsse. Von ihm erhielten sie den Auftrag, die Taufe und all seine Gebote unter die Völker zu tragen. Nach dem griechischen Wort *christos* für den »Gesalbten« nannte man auch die an Jesus Christus Glaubenden bald schon *christianoi* - Christen. In ihren Gottesdiensten fügten sie den Mose- und Prophetenbüchern noch die Schriften der Evangelisten und Apostel hinzu, welche sich so zu einem festen Kanon formten. Diese biblischen Schriften des Alten und Neuen Testaments trugen so viel überzeugende Substanz in sich, dass der durch sie geweckte Glaube an den Gott Israels und seinen Sohn Jesus Christus alle Umbrüche überdauerte. Auch den Zusammenbruch des römischen Reiches - denn längst hatte sich der christliche Glaube schon über die Grenzen des spätantiken Imperiums ausgebreitet.

Die heidnischen Sorben

Durch die Völkerwanderung waren die Gebiete zwischen Saale und Oder relativ leergezogen[1]. Slawische Stämme, die in schriftlichen Quellen erst im 6. Jahrhundert ins Blickfeld geraten, rückten in dieser Zeit bis an die Elbe und Mulde vor und grenzten damit an das kurzlebige, aber einflussreiche Königreich der Thüringer (455-531 n. Chr.), welches bis in die Leipziger Tieflandsbucht

---

[1] Wie durch die Forschung zur Ortsnamenskunde wahrscheinlich gemacht werden konnte, haben einige germanische Siedlungen die Wanderungszeit überdauert und sich dann wohl mit der neuen slawischen Bevölkerung vermischt, vgl. dazu die Artikel von R. Spehr und H. Voigt a.a.O. – In der Diskussion um den Verlauf der slawischen Besiedlung überwiegen allerdings die noch offenen Fragen.

reichte. Die Thüringer hatten sich gegen das expandierende Frankenreich dem Bündnissystem des Ostgotenkönigs Theoderich angeschlossen. Die Eliten standen damit in Kontakt mit einer christlichen Kultur, die Verheiratung von Amalaberga, der Nichte Theoderichs, mit dem Thüringerkönig Herminafrid brachte eine arianische Christin an den thüringischen Königshof. Der 1929 in Stößen zwischen Naumburg und Zeitz gefundene vergoldete Spangenhelm mit eingraviertem Kreuz und dem Alpha- und Omega-Zeichen als Symbol für Christus wurde um 500 n. Chr. in Italien gefertigt und war wohl ebenfalls von Theoderich für einen Thüringerfürsten (König Berthachar?) bestimmt. Die christliche Prägung musste aber noch andere Wege gefunden haben und im 6. Jahrhundert schon fester unter den Thüringern verankert gewesen sein, als es solche Bündnisgeschenke und Heiratsverbindungen erahnen lassen. Zeitzeugen wie Gregor von Tours (verst. 594) oder Martin von Braga (verst. um 580) zählen die Thüringer jedenfalls zu den ursprünglich katholischen Völkern, halten sie also nicht wegen ihrer Bindung an die Ostgoten für Christen arianischer Prägung. Nach dem Tod Theoderichs (526 n. Chr.) wurden die Thüringer 531 n. Chr. in der Schlacht an der Unstrut vernichtend von den Franken geschlagen und ihr Königtum ausgelöscht. Eine Folge war, dass sich nun das slawische Siedlungsgebiet bis an die Saale ausweiten konnte. Einzelne Slawen wurden auch als Dienstleute und Kleinbauern von den thüringischen Grundherren angeworben und siedelten somit unmittelbar unter der neuen fränkischen Oberherrschaft[2].

---

[2] Vgl. etwa das Gräberfeld von Rohrborn (bei Sömmerda), welches vom 8.-10. Jh. von den thüringischen und slawischen Bewohnern gleichermaßen benutzt wurde.

Abb. 1 Spangenhelm von Stößen aus der 1. Hälfte des 6. Jhs., umlaufend mit Weintrauben und Vögeln verziert und an der Stirnseite mit einem Kreuz und Alpha-Omega-Zeichen versehen, © LDA Sachsen-Anhalt, Juraj Lipták.

Unter den vorrückenden Slawen befand sich ein Stamm der »surbi« (Sorben), der erstmalig in der Chronik Fredegars erwähnt wird. Die in der zweiten Hälfte des 7. Jahrhunderts entstandene Chronik berichtet für das Jahr 631 n. Chr., dass dieser slawische Stamm zwar im fränkischen Einflussbereich siedelte, aber nach der erfolgreichen Schlacht bei der Wogastisburg sich unter ihrem Anführer Derwan (*dux dervanus*) an das slawische Königreich des Samos anschloss (ChronFred IV,68). Unter diesem Bündnis wurden Einfälle nach Thüringen und in die fränkischen Gebiete vorgenommen, wo man begann, den Namen der Sorben auch anderen benachbarten Stämmen der Westslawen beizulegen. Sicher empfand man diese Stämme aufgrund ihrer Sprachverwandtschaft und Gebräuche als zusammengehörig. Ein gemeinsames Reich der Sorben existierte mit Ausnahme der eigenwilligen Samos-Episode jedoch nie, vielmehr muss von verschiedenen Sippen- und Stammesverbünden ausgegangen werden[3]. Zu ihnen gehörte das Stammesgebiet der Siusili (Suslici) in der oberen Leipziger Tieflandsbucht, die mit dem heutigen geographischen Zentrum Eilenburg und Bad Düben sich entlang der Mulde niederließen. Die benachbarten sorbischen Stämme waren im Westen die Koledici, im Norden die Nizizi, im Südosten die Nizanici und das Gebiet der Daleminzi[4], im Süden das Stammesgebiet der Chutizi[5]. Nur wenige befestigte Orte sind archäologisch nachweisbar aus dem 9. und 10. Jahrhundert bekannt, zu denen die Anlagen auf dem Eilenburger Burgberg und in Gollma oder die Fluchtburg Gana (heute bei Jahna/Jahnatal) im Gebiet der Daleminzier gehörten. Mehrheitlich wohnten die Sorben in Grubenhäusern, wie sie in Tauschwitz (bei Belgern), im Delitzscher Rosenthal oder in Zwenkau ausgegraben worden sind[6]. Bei diesen Ausgrabungen sind vielfach Bruchstücke von graublauer Keramik zum Vorschein gekommen, aber keinerlei kultischen Gegenstände. Die magere Quellenlage gerade für die slawische Frühzeit erschwert die Beantwortung der Frage, welcher Religion die verschiedenen sorbischen Stämme angehörten. Es findet sich dann zwar in der

---

[3] Ein um 850 n. Chr. in Süddeutschland verfasste Liste nennt 58 Namen von slawischen Siedelverbänden an der karolingischen Ostgrenze, so E. Mühle, Die Slawen, 15.

[4] Dieser Name ist wohl von deutscher Herkunft, abgeleitet von der angeblichen Herkunft dieser Leute aus Dalmatien (so bei Thietmar); der Stamm selbst nannte sich wohl Glomaci – von ihrem Seeheiligtum Glomuci bei Lommatzsch her.

[5] Nach einer Quelle von 969 n. Chr. machte der Gau der Chutizi den östlichen Teil der Mark Merseburg aus, wozu das »castellum medeburu«, das spätere Magdeborn gehörte (heute Störmthaler See). Thietmar von Merseburg bezeichnet in seiner Chronik um 1012/1018 n. Chr. einen breiten Landstreifen westlich der Mulde als »chutizi orientalis«. Hierbei kann es sich eigentlich nur um die obere und mittlere Mulde handeln. In dem Gau lag weiterhin ein größeres Forstgebiet, welches Miriquidi (= »Finsterwald«) genannt wird und nach der Königsurkunde von Otto II. vom 30. August 974 dem Bistum Merseburg geschenkt wurde (Quelle: RI II,2n.670, in Regesta Imperii Online (wwwn.regesta-imperii.de); sowie: Codex diplomaticus Saxoniae regiae = CDS 1,1,19 [isgv.de]). Als Miriquidi werden von Thietmar noch zwei weitere, sehr verschiedene Gebiete benannt (wohl das Erzgebirge, Chron 6,10; und ein Gebiet bei Dordrecht, Chron 8,28). Dies könnte bedeuten, dass dieser Name zur Bezeichnung von bewaldeten Grenzgebieten benutzt wurde.

[6] Siehe dazu die Grabungsberichte des Landesamtes für Archäologie Dresden (https://www.archaeologie.sachsen.de/archaeologische-ausgrabungen-dokumentationsarchiv-4307.html; abgerufen am 26.05.2023). Die Grubenhäuser sind Pfostenbauten mit eingetieftem Innenraum und einer relativ geringen Seitenlänge von 3 bis 6 Metern.

Chronik Thietmars von Merseburg (1012/18 n. Chr. entstanden) eine ausführliche Beschreibung des Kultes der nordwestslawischen Stämme, besonders der sogenannten Liutizen[7], aber schon innerhalb jenes losen Verbundes wichen die religiösen Ausformungen voneinander ab. Man lebte in der Vorstellung, dass es speziell für den jeweiligen Siedlungsverband zuständige spirituelle Kraftquellen und Götter gäbe[8]. Die Vorstellung von Göttern in Menschengestalt ist allerdings erst für das 10.-12. Jahrhundert mit Artefakten und aus Quellen wie der Thietmarschen Chronik zu belegen[9]. Für die Sorbenslawen kann deshalb nur vermutet werden, dass sie ebenfalls naturreligiöse und um die Jahrtausendwende polytheistische Vorstellungen pflegten. Wie bei den nordwestlichen Slawen wird es zu dieser Zeit Göttergestalten gegeben haben, die von den Stammesmitgliedern freundlich gestimmt werden konnten, und andere, die feindlich oder gar boshaft gesonnen waren. Verehrt wurden die Götter, Kräfte und Naturgeister nicht in eigenen Tempelbauten, sondern in Hainen und anderen Schwurstellen wie Einzelbäumen und Gewässern. Bei den Daleminzi ist in der Nähe von Lommatzsch das Seeheiligtum Glomuci in Erinnerung geblieben, dessen Orakelfunktion durch Thietmar von Merseburg eindrücklich beschrieben wird (ThietChron 1,3):

»Lommatzsch ist eine nicht weiter als zwei Meilen von der Elbe entfernte Quelle; sie speist einen See, der nach Versicherungen der Einheimischen und Bestätigung durch viele Augenzeugen häufig wunderbare Erscheinungen hervorbringt. Wenn die Eingeborenen Ruhe und Frieden zu erwarten haben und der Boden die Frucht nicht versagt, erfreut er, bedeckt mit Weizen, Hafer und Eicheln, die Herzen der sich oft an ihm versammelnden Umwohner. Brechen dagegen wilde Kriegsstürme los, gibt er durch Blut und Asche im Voraus gewisse Kunde vom künftigen Ausgang.«

---

[7] Thietmar, Chronik 23-25. - Thietmar hatte den Liutizenaufstands von 983 n. Chr. mit seinen verheerenden Folgen für die zerstörten Bistümer und auch für seine eigene Familie lebhaft vor Augen. Vermutlich interessierte er sich deshalb besonders für deren Religion. Auf den Kult bei den Sorbenslawen, die zu seinem eigentlichen Verantwortungsbereich gehörten, geht er bis auf die hier beschriebenen Andeutungen gar nicht ein.
[8] E. Bünz, Dorfkirchen 42, spricht daher von einer »Gentilreligion«.
[9] Vgl. E. Mühle, Die Slawen 25f., der davor warnt, die gentilreligiösen und polytheistischen Äußerungen der späteren Zeit auf die slawische Frühzeit zu projizieren.

In Schkeitbar lag noch bis an das Jahr 1004 n. Chr. »der heilige Hain Zutibure, der bei den Umwohnern immer in göttlichem Ansehen gestanden hatte und seit Urzeiten niemals verletzt worden war« (ThietChron VI,36). Weitere Informationen über »heidnische Steine« oder gar »Opfersteine«, wie sie in der regionalen Literatur gelegentlich auftauchen, sind jedoch mit Vorsicht zu genießen[10]. Immerhin ist es durchaus möglich, dass die Sorben wie die Liutizen Dankopfer und Schuldopfer kannten. Auch die Jenseitsvorstellungen der Sorben bleiben für uns im Dunkeln. Bestattungen erfolgten wie bei anderen slawischen Stämmen durch die Verbrennung der Toten und die Beisetzung in Urnen außerhalb der Wohnorte. Im Gebiet der Siusili herrschten einfache Brandgräber vor: schlichte Urnen ohne Deckschale und kaum mit Beigaben versehen[11].

Sonnenaufgang

Dann aber setzte eine bemerkenswerte Veränderung ein. Ab dem 8. Jahrhundert tauchen an der Saale slawische Körpergräber mit Ostausrichtung auf, die allmählich die Urnengräber ersetzen. Dies ist kaum anders zu erklären als durch christlichen Einfluss. An der Saalegrenze, die man verschiedentlich schon überschritten hatte, standen die Slawen in direktem Austausch mit den thüringischen Nachbarn. Die nachbarschaftlichen Kontakte reichten von friedlichem Handel, intensiven sozialen Vernetzungen (s. Anm. 2) bis hin zu wechselseitigen Überfällen. Unter den Thüringern aber gab es mittlerweile nicht nur unter den Eliten eine wachsende Zahl derer, die sich, oftmals in sehr freier Form, dem christlichen Glauben zugewendet hatten. Auf den schon im frühen 6. Jahrhundert in der Königsfamilie nachweisbaren christlichen Einfluss folgte im 7. Jahrhundert die Prägung durch iroschottische Wandermönche und später durch angelsächsische Missionare, die die Nachricht des Evangeliums mit großem persönlichem Einsatz unter die Thüringer brachten.

---

[10] So wird für Gostemitz auf einen länglichen Stein hingewiesen, der im Innenraum der Kirche senkrecht eingemauert sei und ursprünglich ein Opferstein gewesen wäre (Nordsächsische Rundschau vom 24.02.1997); für die Zwochauer Martinskirche wurde vermutet, dass die in der äußeren Chorwand eingelassenen vier Katzenköpfe und eine Maske »Darstellungen alter Gottheiten« wären (Spuren in Stein, 112f.; meiner Ansicht nach tragen diese Steine eher apotropäischen Charakter); weitere Steine werden bei Büchting (Geschichte 181) für Weltewitz und Liemehna erwähnt, wobei G. Graf (Baugeschehen 92f.) im letzteren eher die Reste eines alten Taufsteins vermutet.
[11] Hierzu und im Folgenden: R. Spehr, Christianisierung 22.

Abb. 2: Krostitzer Friedhof mit Ost-West-Ausrichtung der Gräber, die zu den ältesten Kulturmerkmalen des Ortes gehört.

Vermutlich haben die Sorbenslawen erstmalig bei ihren thüringischen Nachbarn von dem Gott der Christen gehört. Offenbar gab es an diesem Glauben Elemente, die auf sie anziehend und überzeugend wirkten. So sprachen die Christen von einem Gott, der nicht wie die Naturkräfte und Naturgötter dem innerweltlichen Schicksal unterworfen ist, sondern als Schöpfer seiner Schöpfung gegenübersteht und das Geschick aller mächtig und tröstlich zu leiten weiß. Die Menschwerdung Gottes erzählt davon, dass der Schöpfer sich in einzigartiger Weise mit seinen Geschöpfen in Beziehung gesetzt hat – nicht durch ein Prinzip, sondern in der Person und Erscheinung von Jesus Christus. Dieser hatte seinem Tod vorab die Deutung eines umfassenden Versöhnungsopfers gegeben, das stärker war als alle menschlichen Opfer, die zur Sühne für getanes Unrecht erbracht werden konnten. Und auch die Hoffnung für ein bereinigtes Leben nach dem Tod begründete sich aus diesem Glauben und muss die slawischen Menschen gepackt haben.

Die Ostausrichtung der Gräber ist ein erstes Anzeichen, dass diese Hoffnung sich bei ihnen niederschlug. Die zum Sonnenaufgang gerichteten Körperbestattungen nahmen bis ins 11. Jahrhundert kontinuierlich in den sorbenslawischen Gebieten zu, Grabbeigaben mit christlichen Motiven verdeutlichten das Bekenntnis zum neuen Glauben[12]. Was hat es mit der Ostausrichtung auf sich? Die Christen beteten *ad orientem*, d. h. sie wendeten ihr Gesicht in Richtung Sonnenaufgang (lat. *oriens* = der Aufgang der Sonne; der Osten). Entsprechend richteten sie auch ihre Gräber und schließlich die Kirchen nach Osten aus. Der tiefere Grund für den Brauch der Ostung (»Orientierung«) liegt in den Aussagen der Bibel, dass Christus am Ende der Weltzeit wiederkommen werde »wie der Blitz ausgehend vom Osten und leuchtend bis zum Westen« (Mt 24,27). Auch wurden alttestamentliche Aussagen auf Christus gedeutet: »Für euch aber, die ihr meinen Namen fürchtet, wird die Sonne der Gerechtigkeit aufgehen und ihre Flügel bringen Heilung« (Mal 3,20). Und in einer Vision schreibt der Prophet Hesekiel, die Herrlichkeit des HERRN würde von Osten her in den Tempel einziehen (Hes 43,2-4). Man betete also mit einer äußerlichen und innerlichen Ausrichtung auf den wiederkommenden Christus. Und ebenso bestattete man die Toten in der Gebetshaltung mit dem Gesicht in dieser Ausrichtung. Weil aber Christus und die Apostel die Auferstehung der Toten und die Verwandlung des sterblichen in einen verherrlichten Körper gelehrt hatten, wurden die Toten nicht verbrannt, sondern in Achtung vor dem von Gott geschaffenen Leib der Erde übergeben.

An den thüringischen Nachbarn war zu beobachten, wie die wilden Auswüchse eines synkretistischen Christentums durch ein ordnendes Korrektiv bald schon zurückgeschnitten wurden. Während die iroschottische Mission auf kirchenorganisatorische Maßnahmen fast komplett verzichtet hatte, nahmen sich die Angelsachsen genau dieser Aufgabe unter enger Anbindung an Rom an. Auf diese Weise wuchs die fränkische Kirche bis in den thüringischen und sächsischen Raum hinein. In den Jahren 741/742 gründete der gebürtige Angelsachse Wynfreth, genannt Bonifatius, die Missionsbistümer Büraburg, Würzburg, Eichstätt und Erfurt. Der Gegenpol dieser ordnenden Maßnahmen war der enge Anschluss an eine staatliche Gewalt, die als Schutzmacht des Christentums fungieren sollte. Mit der Taufe des fränkischen Merowingerfürsten Chlodewech am Weihnachtstag des Jahres 498 n. Chr. meinte man, eine solche Schutzmacht gefunden zu haben. Doch nur allzu bald erwies sich die bedenkliche

---

[12] Th. Westphalen, Wann kam die Kirche zum Friedhof?, 15-18.

Kehrseite einer solchen reichs- und kirchenpolitischen Entwicklung, die den christlichen Glauben zum Spielball politischer Interessen machte. Besonders verheerend zeigte sich die Vereinnahmung unter Karl dem Großen. Unter seiner Herrschaft wurden auch die sächsischen Stämme dem fränkischen Reich eingegliedert. In den 32 Jahren andauernden Kriegen (772-804) missbrauchte der Frankenkönig den christlichen Glauben, indem er die Taufe der Sachsen als Treueerweis einforderte und so eine nachhaltige Unterwerfung und Eingliederung herbeiführen wollte. Jegliche Zwangsmission hat aber das Wort von Jesus Christus gegen sich, welcher seinen Nachfolgern verboten hat, seinen Anspruch mit dem Schwert durchzusetzen (Mt 26,52f.). Einige Stimmen widersprachen deshalb heftig dem Vorhaben der Zwangstaufe. In einem Brief an Karl schrieb sein angelsächsischer Hoftheologe, der spätere Abt Alkuin: »Man kann einen Menschen zum Glauben ziehen, aber nicht zwingen [...]. Ein Mann im fortgeschrittenen Alter soll für sich bekennen, was er glaubt und wünscht.«[13] Bereits auf dem Reichstag zu Paderborn war im Jahr 777 unter dem Vorsitz von Karl dem Großen die Missionierung der sächsischen Gebiete besprochen worden. Dem Bischof von Chalons sur Marne wurde dabei das Gebiet von Osterwieck und Halberstadt als Missionsgebiet übertragen, während dem Abt von Hersfeld das Mansfelder und Quedlinburger Gebiet anvertraut wurde. Die beiden Brüder Luidger und Hildegrim begannen 792-798 die Mission im Gebiet von Osterwieck und Halberstadt. Das angrenzende Gebiet der Sorbenslawen, *limes sorabicus* genannt, wurde von Karl dem Großen als abhängige Schutzzone behandelt, die sich östlich der Saale und entlang der Elbe erstreckte. Im Jahr 805 n. Chr. beschränkte er im Diedenhofer Capitular die Handelsplätze für die sorbische Grenzregion auf Erfurt und Magdeburg, wodurch vor allem der Waffenhandel kontrolliert werden sollte[14]. Unter Bischof Haimo (840-853) wird schließlich das Osterwieck-Halberstädter Missionsgebiet und das Mansfeld-Quedlinburger Missionsgebiet zu einem einheitlichen Halberstädter Bistum

---

[13] MGH Ep IV, 160 (Alkuinbrief 111), zitiert in: A. Sierszyn, 2000 Jahre Kirchengeschichte, Bd. 2, 95.
[14] Vgl. dazu Rainer Arnold, Wiprecht von Groitzsch und die Mark Zeitz, in: Wiprecht. Beiträge zur Geschichte des Osterlandes im Hochmittelalter, Beucha 1998, 41.

zusammengeschlossen. Von hier aus und unterstützt durch das Kloster Corvey erfolgten wohl auch Vorstöße in das Gebiet der Siusili.[15]

Das politische Interesse konnte aber dem Gedanken einer strategischen Missionierung auch entgegenlaufen. Im August 856 hatte der Ostfrankenkönig Ludwig II. das Gebiet der Sorben durchzogen und Tribut erhoben. Die Tributpflichtigkeit setzte das Heidentum voraus, was dem Willen zur Christianisierung eher im Wege stand. Auch von sorbischer Seite versuchte man die gelegentlichen Schwächen der Nachbarn auszunutzen. So ist für das Jahr 873 n. Chr. ein Raubzug der Siusili mit anderen Sorbenstämmen in Thüringen belegt, worauf wiederum ein fränkischer Vergeltungsfeldzug erfolgte. Die Schwäche der letzten karolingischen Könige machte sich um 900 dadurch bemerkbar, dass die Awaren (Ungarn) das Gebiet der Sorbenslawen als Etappe für ihre Einfälle in Sachsen benutzten. Offenbar wurden sie vor allem von den zwischen Saale und Mulde bzw. Elbe liegenden Gauen Siusili, Chutizi und besonders den Daleminzi unterstützt. Eine Bemerkung bei Widukind von Corvey legt nahe, dass diese Unterstützung erzwungen geschah[16]. Die lange Zeit der politischen und religiösen Schwebe mag dazu geführt haben, dass die Sorbenslawen den christlichen Glauben ernsthafter aufnehmen konnten als vor allem ihre nördlichen Nachbarn. Jedenfalls fand auf ihrem Gebiet zu keiner Zeit eine politische Zwangsmissionierung statt, so wie sie Teile der älteren Sachsen und die nördlichen Wenden erleben mussten.

Die ersten Kirchen

Natürlich hatte die sorbische Bevölkerung nicht mit einem Male die alten Bräuche und Gewohnheiten aufgegeben. Nur die wenigsten von ihnen dürften getauft und im Evangelium unterwiesen gewesen sein. So werden sich die Elemente der alten und der neuen Religion zunächst vermischt haben. Erst mit dem Bau von Kirchen entstanden Orte, an denen kontinuierlich das Evangelium

---

[15] R. Spehr a.a.O. 10.
[16] Vgl. Widukind, Sachsengeschichte I,38: Die Daleminzi werden zwar von Widukind »amici [Freunde]« der Ungarn genannt, aber wie sie erfahren, dass die Sachsen sich zum Kampf gegen die Ungarn gerüstet haben, gewähren sie den Ungarn bei deren Durchzug keine Hilfe, sondern werfen ihnen einen fetten Hund vor.

gehört werden konnte. Die tiefe symbolische Gestalt der Kirchbauten und der Liturgien entfaltete weiter die Botschaft im Bewusstsein der Menschen.

Die ersten historisch greifbaren Kirchen im sorbischen Gebiet waren allerdings gar nicht für die Sorben bestimmt gewesen. Sie entstanden als kleine Kapellen in den Burgwarden und dienten dort den Burgmannschaften als Gottesdienstort. König Heinrich I. hatte nach seinem Feldzug von 928/929 zwischen Saale und Oder ein ganzes Netz von Burgwarden errichtet. Die über 200 befestigten Orte konnten sich selbst versorgen und dienten neben militärischen vor allem verwaltungstechnischen Zwecken. Das Ziel Heinrichs bestand weniger in der Erweiterung des ostfränkischen Herrschaftsgebietes, sondern primär in der Sicherung des sächsischen Grenzlandes gegen die stete Bedrohung durch die Awaren. Dem ersten ostfränkischen (deutschem) König aus sächsischem Haus war es 5 Jahre zuvor gelungen, durch die Freigabe eines adligen Gefangenen einen mehrjährigen Waffenstillstand mit den Awaren auszuhandeln. Er nutzte die neunjährige Friedenszeit, um das von den Sorbenslawen bewohnte Gebiet als Aufmarschfläche des Gegners zu schwächen. So übernahm er im Jahr 928 auch im Bereich der Siusili befestigte Orte und baute sie unter anderem in Düben, Eilenburg und Püchau zu Burgwarden aus. Von hieraus ergingen dann im Folgejahr die Feldzüge gegen die Daleminzier und weiter gen Osten. Die auf dem Berg über der Mulde errichtete Ileburg (Eilenburg) bestand schon vorher als slawische Wallanlage und wurde nun mit einer kleinen Peterskirche versehen. Wir können davon ausgehen, dass dies in den anderen Burganlagen des 10. Jh. (z.B. Pouch, Löbnitz, Tiefensee, Delitzsch, Zwochau, Schkeuditz, Landsberg, Taucha, Püchau[17]) ebenso die Regel war.

---

[17] Vgl. die »überwiegend hypothetische« Karte in Spehr, Christianisierung 12.

Abb. 3 Das Schloss Eilenburg mit der durch den Bergfried verdeckten Peterskapelle in der nordöstlichen Ecke der Burg; linkerhand die Marienkirche, die in dem vorgelagerten Sorbenweiler Zscheppelende errichtet worden war (Darstellung aus der 2. Hälfte des 16. Jh.).

Die kleinen Burgwardskirchen gewannen rasch an Bedeutung – auch für die sorbische Bevölkerung. Vermutlich wandten sich früh schon getaufte und interessierte Sorben an diese Orte, ebenso werden die Prediger dieser Kirchen schon früh die umliegenden Siedlungen aufgesucht haben. Es verwundert daher nicht, dass das Regensburger Kloster St. Emmeram und das Kloster Hersfeld sich in ihren missionarischen Bemühungen nachweislich auf die Burgwardsorte mit ihren Kirchen bezogen und darin wohl auch von Heinrich unterstützt worden.[18] Nach dessen Tod predigte und taufte zum Beispiel der Benediktinermönch Boso östlich der Saale und »gewann für Christus unzähliges Volk« (ThietChron II,36). Wir kennen seinen Namen nur deshalb, weil er im Jahr 968 zum ersten Bischof von Merseburg geweiht wurde[19] und sein Nachfolger Thietmar deshalb

---

[18] Diesem Anliegen diente offenbar auch die Synode von Erfurt, die 932 von Heinrich einberufen worden war. Jedoch sind von den Synodenbeschlüssen keine Abschriften erhalten geblieben.
[19] Boso durfte sich sein Bistum unter den ottonischen Neugründungen (Meißen, Zeitz und Merseburg) selbst wählen. Seine Wahl fiel auf die Merseburger Bischofskirche »weil sie im Genusse des Friedens« stand (Chron II,36). – Politisch hatte Otto der Große im Jahr 968 nach langen Verhandlungen in seiner Lieblingsstadt Magdeburg ein Erzbistum

ausführlicher über ihn berichtet. So erfahren wir, dass Boso aus dem Kloster St. Emmeram stammte und wie sicherlich andere namenlose Missionare auch die slawische Sprache beherrschte. Boso hätte zudem eine slawische Unterweisung abgefasst, in der er »den Gesang des kirieleison [*kyrie eleison*] verlangt[e], dessen Sinn er ihnen erläuterte« (II,37). Thietmar erwähnt dies, um anekdotisch anzufügen, dass die Slawen diese Worte spöttisch verdreht hätten: Boso würde wollen, dass sie »wkrivolsa« im Gottesdienst sängen, was soviel bedeutet wie: »Die Erle steht im Busch« (ebd.). Interessant ist diese Bemerkung in mehrfacher Hinsicht: Offenbar beschränkten sich die Aktivitäten Bosos nicht auf eine missionarische Verkündigung, sondern umfassten auch ordnende Anweisungen für den Verlauf eines Gottesdienstes. Diese Gottesdienste wurden in slawischer Sprache gehalten. Dennoch ist Boso überzeugt, dass der liturgische Ruf »Kyrie eleison« (Herr, erbarme dich!) in seiner griechischen Form aufgenommen werden sollte. Vermutlich sah er darin die Verbundenheit mit der gesamten Christenheit gegeben, ebenso die Verbundenheit mit der griechischen Sprache des Neuen Testaments. Der fremdsprachige Gebetsruf muss zudem erläutert werden, damit die einheimischen Christen ihn bewusst mitsingen können. Offenbar sorgte sich Boso um die Konsolidierung der sorbischen Christenheit und bemühte sich deshalb um verantwortungsvolle Gottesdienstformen.

Neben den Burgwardskirchen werden im 11. Jahrhundert in weiteren befestigten Höfen wie z.B. in Hohenprießnitz, Zschepplin und Gostemitz Eigentumskirchen entstanden sein, deren Besitzer möglicherweise sorbische Herren waren[20]. Parallel entstanden an den Handelsrouten kleine Kirchen, deren Träger Vereinigungen von Händlern gewesen sein könnten. Zu ihnen zählte vermutlich die an der alten Salzstraße gelegene Martinskirche in Zwochau, eventuell auch die Kirche in Mocherwitz, und Kirchen an den Flußhandelsplätzen z.B. bei Martinskirchen und Altenbelgern oder weit im Osten die Jacobikapelle in

---

errichtet, dem er die 948 gegründeten Bistümer Brandenburg und Havelberg und die nunmehr neu gegründeten Bistümer Merseburg, Zeitz und Meißen unterstellte. Das neue Erzbistum, das zur Hälfte aus altem Halbestädter Diözesangebiet bestand, sollte Basis für die Mission unter den Slawen östlich von Elbe und Saale sein. Im Jahr 983 erhoben sich die Slawen der nördlichen Gebiete gegen die deutsche Herrschaft und zerstörten die Bischofsstädte Brandenburg und Havelberg. Die Bistümer Brandenburg und Havelberg gingen auf lange Zeit unter.
[20] So die Annahme von Spehr, Christianisierung 21.

Meißen[21]. Im besonderen Sinne Missionskirchen – also Kirchen für die taufwilligen oder noch zu unterweisenden Sorben – dürften vor allem diejenigen gewesen sein, die außerhalb befestigter Anlagen in unmittelbarer Nähe zu slawischen Siedlungen gebaut worden waren. Dies ist in Eilenburg der Fall, wo die Peterskapelle für die Burgbesatzung ergänzt wurde durch eine hölzerne Marienkapelle, die außerhalb der Burg bei dem nahen Sorbenweiler Zscheppelende entstand. Die Kapelle wurde um 999 vergrößert, bevor sie dann um 1140 aus Stein gebaut wurde[22]. Auch in dem südöstlich von Taucha gelegenen Dorf Panitzsch liegt auf dem Kirchberg über der Parthe eine Kirche, die in ihren Anfängen offensichtlich der Mission gedient hat[23]. Die zugehörige slawische Siedlung lag etwa 100 m von dem Bau entfernt. In der Kirche kamen 1992 bei Ausgrabungen die Fundamente zweier hölzerne Vorgängerkirchen zum Vorschein, zunächst ein erster schlichter Palisadenbau, dann eine langgestreckte Schwellbalkenkirche aus der Mitte des 12. Jh., und schließlich die um 1200 oder kurz danach erbaute spätromanische Steinkirche. Verblüffend ist die im Rollsteinbett der ersten Holzkirche zutage getretene, große kreisförmige Aussparung unterhalb des späteren romanischen Taufsteins, die der Herausgeber der archäologischen Untersuchung als »Überreste eines großen, runden Taufbeckens« identifiziert, vermutlich in Form einer hölzernen Fünte, in der Ganzkörpertaufen von Erwachsenen vollzogen werden konnten.

Abb. 4. Grundriss der Kirche Panitzsch. Braun markiert sind die Fundamente der Schwellbalkenkirche mit den kreisförmigen Spuren eines großen Taufbeckens; die Fundamente der spätromanischen Steinkirche mit den vier Fundamentsteinen, die leicht verschoben den späteren Taufstein getragen haben, sind rosafarben markiert (© Landesamt für Archäologie Sachsen).

---

[21] Vgl. Spehr, Christianisierung 34 mit Anm. 128; 39 und 49 mit Anm. 204. – Für Zwochau betont Spehr allerdings eher die Nähe zum Siedlungsensemble des Burgwards.
[22] Spuren in Stein, 34.
[23] Hierzu und im Folgenden R. Dunkel, Romanische Dorfkirchen im Taucher Land, 116-121.

Ebenfalls als sehr frühe Kirche begegnet uns die St. Katharinenkirche in Behlitz (11. Jh. oder noch früher). Von ihr heißt es, dass sie anfänglich eine »Waldkapelle« gewesen sei[24]. Da die sorbischen Siedlungen oft an bewaldete Gebiete grenzten – der intensive Ackerbau mit den zuvor notwendigen Rodungen kam erst durch die deutschen Siedler zustande – wird es sich bei dieser alten Chorjochturmkirche ebenfalls um eine Missionskirche gehandelt haben.

Wie hatte sich bis zum Anfang des 11. Jahrhunderts der innerliche Zustand des sorbischen Christentums entwickelt? Bischof Thietmar von Merseburg berichtet um das Jahr 1015 n. Chr. von den verschiedenen Arbeitsweisen seiner beiden Vorgänger Boso und Wigbert. Boso, Bischof von 968-970, hatte sich bemüht, das kirchliche Leben behutsam zu ordnen und das Evangelium in der sorbischen Sprache zu inkulturieren. Wie wegweisend dieses Vorgehen war, zeigt, dass noch bis in das Jahr 1327 in Leipzig neben Deutsch auch Sorbisch als Gerichtssprache zugelassen war und kurz nach 1500 noch Martin Luther auf seinen ersten Reisen von Erfurt nach Wittenberg durch Dörfer kam, in denen ausschließlich sorbisch gesprochen wurde[25]. Bischof Wigbert hingegen, der nach der vorübergehenden Auflösung des Bistums (981-1004) berufen wurde und bis zu seinem Tod im Jahr 1009 in diesem Amt wirkte, polemisierte in seiner Verkündigung gegen die althergebrachte slawische Religion und beseitigte die Reste einer heidnischen Kultstätte (ThietChron 6,36). Andererseits bescheinigt ihm Thietmar, für die Anschaffung gottesdienstlichen Geräts und liturgischer Bücher mit persönlichen Opfern gesorgt zu haben. Generell setzte man eher nicht auf eine brachiale Durchsetzung christlicher Bräuche. So wurden noch einige außerorts gelegene Begräbnisstätten beibehalten[26]. Auch der Lommatzscher See wurde von den Umwohnern weiterhin als Orakelstätte

---

[24] Vgl. Spuren in Stein. Kirchen im Kirchenkreis Eilenburg, o. J., o. O., 20f. Vgl. ebenso die Karte in: Frühe Kirchen in Sachsen, 192. – Hierbei handelt es sich um eine Chorjochturmkirche, bei der sich an den Turm unmittelbar die Apsis anschließt. Diese seltene und frühe Kirchenform findet sich in Sachsen beispielsweise noch in Hohnstädt und Neichen im Landkreis Grimma (jeweils 12. Jh.), eventuell aber auch in dem frühesten Bau von Priester. – Bei Geißler, 199, ist erwähnt, dass die Behlitzer Kirche als Lehen des »Probstes auf dem Petersberge« galt; allerdings wurde der Klosterbau auf dem Petersberg erst um 1150 n. Chr. vollzogen. Die Schenkung ist also eine spätere.
[25] A. Flegel, Luther in Eilenburg 61.
[26] Vgl. Spehr, Christianisierung 23.

besucht und »mehr als die Kirchen verehrt und gescheut« (ThietChron 1,3). Thietmar, der sich sonst eher wenig um die seelsorgerlichen Belange seiner Sorbenslawen kümmert, lässt durch seine kritische Bemerkung durchaus Anerkennung hindurchscheinen. Denn ungleich schärfer kritisiert und bedauert er heidnische Praktiken, die noch in Thietmars alter Heimat in der Nähe von Wolfsburg unter der dort ansässigen sächsischen Bevölkerung geübt werden: Obwohl dort alle getauft seien, würden noch eifrig Götterfiguren in den Häusern verehrt und nur selten die christlichen Gottesdienste besucht werden (ThietChron 7,69). Im Vergleich dazu bescheinigt Thietmar den Sorbenslawen am Lommatzscher See, dass sie trotz des beliebten Orakelgebrauchs nicht etwa einen heidnischen Götterkult fortführen und tatsächlich auch die Kirchen »verehren und scheuen«.

Gemischtsprachige Orte

In der Mitte des 12. Jahrhunderts setzte eine größere Siedlungsbewegung ein. Diese wurde durch den enormen Bevölkerungszuwachs in ganz Europa ausgelöst, der durch günstige klimatische Verhältnisse und technische Fortschritte im Ackerbau möglich geworden war. Gleichzeitig aber wurde die Neuansiedlung fränkischer, rheinischer, flämischer und norddeutscher Siedler auch politisch betrieben. So zum Beispiel durch den Welfen Heinrich und den Askanier Albrecht, ebenso unterstützte der Magdeburger Erzbischof Wichmann in den Jahren 1152/54 den Ausbau der östlich der Elbe gelegenen Besitztümer durch Anwerbung deutscher Siedler, die neben die ansässige Bevölkerung traten. Vielerorts warben aber auch die einheimischen slawischen Herren die Siedler an. Denn diese brachten wichtiges Knowhow mit: Das Wissen um die Technik großflächiger Rodungs- und Entwässerungsarbeiten und effektiven Ackerbaus. In dieser Zeit wurden die westlich der Mulde gelegenen großen Waldflächen gerodet und die Lebensgrundlagen geschaffen zur Ernährung vieler.

Der Aufbau deutscher Siedlungen wurde allgemein durch Lokationsaufträge organisiert. Ein Lokator (der auch der slawische Herr einer bestehenden Siedlung sein konnte) wurde vom Landesherrn mit einem Stück Land beauftragt. Für dieses sollte er Siedler werben, die das Land rodeten und für den Ackerbau bestellten. Die Siedler wurden teilweise mit Steuererlässen oder anderen Vergünstigungen gelockt. Der Lokator leitete den Bau der Siedlung an und fungierte meist zugleich als Richter.

Abb. 5. Szene aus dem Sachsenspiegel, Heidelberger Abschrift um 1300. Von links oben nach rechts unten ist zu sehen: Der Landesherr vergibt einen Lokationsauftrag; Rodungsvorgang und Hausbau; Rechtsprechung durch den Lokator in unmittelbarer Nähe zu einer bereits erbauten Kirche.

In der Region rings um Krostitz scheint es kaum eigenständige deutsche Ortssiedlungen gegeben zu haben, da fast alle Ortsnamen slawischen Ursprungs sind[27]. Auch Hohenleina selbst ist demnach slawischen Ursprungs, denn die Ersterwähnung des Ortes in einer 1239 durch Heinrich den Erlauchten ausgestellten Urkunde gebraucht nur die sorbische Bezeichnung »Lynow«, was wohl »Schleienbach« bedeutet. Dies bezieht sich auf den gleichnamigen Bach, der östlich von Hohenleina entspringt und über den Lober in die Mulde mündet.

---

[27] Ausnahmen bilden Hohenroda und Lindenhayn. Weitere Orte deutschen Namens sind bei den Hussitenangriffen 1429/30 zerstört worden und seitdem wüst geblieben, so das zwischen Pönitz und Gallen gelegene Burghausen, das nördlich von Gallen gelegene Kalbsdorf und die südlich von Eilenburg gelegenen Siedlungen Weissenrode und Schöndorf.

Der deutsche Zusatz »Hohen-« taucht erstmalig 1394 als »Hoen Lyna« auf. Damit ist die durch Friedrich Schirmer vertretene Lieblingsthese unhaltbar, wonach der Ortsname auf den ottonischen Burgwardsort Holm zurückgeht.[28] Zugleich wird deutlich, dass sich der deutsche Namenszusatz nicht auf eine deutsche Neugründung beziehen kann – in diesem Fall müsste es wohl ein sorbisches Pendant namens »Niederleina« geben. Auch bei dem benachbarten Großkrostitz (Groß-Crostewitz) handelt es sich gegen den ersten Anschein nicht um eine deutsche Neugründung, die neben Kleinkrostitz als der älteren slawischen Siedlung mit Herrensitz zu stehen gekommen wäre. Gegen eine solche Annahme spricht, dass die namentliche Unterscheidung der beiden Ortsteile erst nach 1700 auftaucht. So haben wir es also auch hier mit Siedlungen zu tun, in denen deutsche Siedler unter den sorbischen Bewohnern sesshaft geworden sind und sich mit ihnen vermischten.

In der bereits erwähnten Urkunde des Wettiners Heinrich III. (des Erlauchten), seit 1221 Markgraf von Meißen, bestätigt dieser dem Zisterzienserkloster in Cella (heute: Altzella) ein Gut in Hohenleina als bleibenden Besitz[29]. Daraus können weitere Schlüsse gezogen werden: Der Ort gehörte zum Herrschaftsbereich der Markgrafschaft Meißen; in ihm gab es ein Gut, das als Allodialbesitz unmittelbar den Wettinern gehörte und schon vor 1239 an das wettinische Hauskloster in Cella (Altzella) verschenkt wurde. Für diese Schenkung kann als frühestmöglicher Zeitpunkt das Jahr 1190 angenommen werden, da mit diesem Jahr das Kloster als Grablege der Wettiner auserkoren wurde und eine rege Bautätigkeit einsetzte, die im Jahre 1198 mit der Weihe der Stiftskirche einen vorläufigen Höhepunkt fand. Solche und weitere Bauten wurden durch große Schenkungen finanziert. Wenn aber die Wettiner schon vor 1190 Allodialbesitz in Hohenleina hatten, dann ist es gut möglich, dass auf diese auch die Ansiedlung der deutschsprachigen Siedler zurückgeht. Hier könnte

---

[28] Die Burgwardsthese taucht auch bei anderen Autoren auf, z.B. bei Baentsch, von dem vermutlich die fantasievolle Kartenzeichnung des Burgwarts Holm=Hohenleina samt *castrum* und Klostergebäude stammt (im Pfarrarchiv Hohenleina). Nichts davon ist baulich oder durch schriftliche Quellen belegt. Die 961 erwähnte »*civitas* (Burgwardsort) Holm« wird mittlerweile sehr plausibel und konsensual mit der Burg Landsberg und dem am Fuß gelegenen Gollma identifiziert, vgl. etwa Spehr, Christianisierung 21 u. ö.

[29] So angegeben bei Rudolf Aurin, Die Bedeutung der Ortsnamen des Kreises Delitzsch, in: Beilage zur Delitzscher Zeitung, Nr. 138, 36. Jahrgang.

Konrad I. die entscheidende Rolle gespielt haben, der sich die Markgrafschaft ab 1129 angeeignet hatte und den Landesausbau mithilfe flämischer Kolonisten gezielt förderte. Sein Neffe Wichmann wurde durch Konrads Unterstützung ab 1152 Verweser und ab 1154 vollgültiger Amtsinhaber des erzbischöflichen Stuhls in Magdeburg. Dies ist deshalb bedeutsam, weil Hohenleina offenbar schon früh zum Magdeburger Bistum gehörte[30]. So könnten sowohl Konrad als auch Wichmann die deutschslawische Siedlung Hohenleina gefördert haben. Dass der geschickte Machtpolitiker Konrad noch mit einer anderen Macht rechnete, zeigte sich, als er im Jahr 1156 im Dom zu Meißen alle seine Waffen und Herrschaftsinsignien ablegte. Vor den anwesenden geistlichen und weltlichen Würdenträgern, zu denen auch seine fünf Söhne und Erzbischof Wichmann gehörten, zog er das schlichte Gewand eines Laienbruders an. Seine letzten Lebenstage verbrachte er im Augustinerkloster auf dem Petersberg, wo er bis zu seinem Tod am 5. Februar 1157 sich der Nachfolge Jesu widmete.

In dieser Zeit nun löste mehr und mehr das Pfarrkirchensystem die alten Eigenkirchen ab. Die gewachsene christliche Bevölkerung wird das Bedürfnis gehabt haben, ihren Glauben ausleben zu können, ohne weite Wegstrecken zurücklegen zu müssen. Die deutschsprachigen Neusiedler werden aus ihrer alten Heimat es ebenso gekannt haben und sich einen Kirchenbau in ihrer Nähe gewünscht haben, dazu einen verlässlichen Seelsorger und Geistlichen, der zum Beispiel rechtzeitig zur Aussegnung eines Verstorbenen kommen konnte. Es muss das Verlangen gegeben haben, den eigenen Lebensweg durch den steten

---

[30] Die etwas verworrenen Vorgänge der kirchlichen Zuständigkeitsbereiche lässt sich wie folgt rekonstruieren: Ursprünglich gehörte zum 968 von Otto gegründeten Bistum Merseburg auch der Gau Siusili. Als das Bistum aber wegen Rechtstreitigkeiten von 981-1004 aufgehoben wurde, viel dieser Bereich weitestgehend an das Magdeburger Erzbistum (ThietChron III,16). Nun berichtet der Augenzeuge Thietmar von Merseburg, dass nach der Wiedereinrichtung seines Bistums der Magdeburger Erzbischof sich geschickt weigerte, alle Gebiete westlich der Mulde, insbesondere die fünf *urbes* (Burgorte) Eilenburg, Pouch, Düben, Löbnitz und Zöckeritz zurückzugeben. Thietmar konnte, wohl weil er durch seine Ernennung dem Erzbischof verpflichtet gewesen ist, nichts mehr an diesem Status ändern (ThietChron VII, 24). Daher ist von einer stark zergliederten kirchlichen Landschaft in dieser Region auszugehen, wobei nicht mehr an jedem Ort die Zugehörigkeit mit Sicherheit geklärt werden kann. Für Hohenleina ergibt sich die Zugehörigkeit zum Magdeburger Erzbistum aus der Urkunde des Erzbischofs Johann von Pfalz-Simmern aus dem Jahre 1473 (siehe unter Kap. 3).

Wechsel von sechs Arbeitstagen und einem heiligen Ruhetag, durch die Feier von Taufe und Abendmahl, durch kirchliche Trauungen und Beerdigungen und die Verehrung der Heiligen segnen und formen zu lassen. Aus diesen Gründen stiftete man nun Kirchen mit dazugehörigen Gütern, die es ermöglichten, sowohl das Gebäude als auch einen Pfarrer zu unterhalten. Das Gebäude musste baulich unterhalten, Messgewänder und Altartücher angeschafft, der Wein für die Eucharistiefeiern und die teuren Kerzenlichter besorgt werden. Für diesen Zweck wurde Ackerland (»Kirchland«) gestiftet, teils auch Höfe oder ganze Kirchdörfer. Für die Versorgung des Pfarrers aber wurde ebenfalls Land gestiftet (»Pfarrland«), das von den Bauern abwechselnd mit bewirtschaftet oder an sie verpachtet wurde. Meist war der Pfarrhof wie ein Bauernhof mit eigenem Viehbestand ausgebaut und der Pfarrer selbstverständlich in die land-wirtschaftliche Lebenswelt der Bauern mit eingebunden. In Hohenleina war der Pfarrhof zudem noch mit einem Pfarrwäldchen und zwei Teichen (dem heutigen Angerteich) versehen, damit die Pfarre mit Brenn- und Bauholz und mit Fisch versehen ist. Die grundlegende Stiftung der Hohenleinaer Pfarrkirche erfolgte offenbar durch den wettinischen Landesherrn, bei dem auch späterhin das Kirchenpatronat verblieb[31]. Zwar dürfte es auch weitere Zustiftungen in verschiedenster Form gegeben haben, aber einen örtlichen Kirchenpatron gab es dennoch nicht, worauf auch die fehlende Grablege im Kirchenraum hindeutet.

An manchen Orten wurden zuerst hölzerne Kirchen gebaut, bevor dann eine gewisse wirtschaftliche Stabilisierung und Prosperität dafür sorgte, dass größere Bauvorhaben möglich wurden. An anderen Orten wurden auf bereits bestehende christliche Friedhöfe steinerne Kirchen gesetzt[32]. Dass nördlich von Leipzig kurz nach 1200 so viele steinerne Kirchen mit starken Türmen gebaut worden sind, könnte zudem einen politischen Grund gehabt haben. Im Jahr 1198 hatte der Enkel Konrads, Dietrich III.[33], die Markgrafenwürde erlangt. Im selben

---

[31] Darauf verweist auch das kurfürstliche Wappen an der Säule der um 1582 errichteten Nordempore. Das landesherrliche Patronat wurde erst 1918 abgelöst.

[32] Bei Ausgrabungen aufgelassener Kirchen aus den Braunkohlegebieten sind Kirchen-fundamente entdeckt worden, die geostete Gräber überlagern, vgl. Th. Westphalen, a.a.O. 21f.

[33] Dietrich (1162-1221) war verheiratet mit Jutta von Thüringen, Tochter des Landgrafen Hermanns I. von Thüringen. Damit war Dietrich ein Schwager von Ludwig und (der später heiliggesprochenen) Elisabeth von Thüringen.

Jahr wurde durch die Wahl zweier deutscher Könige (Philipp von Schwaben und Otto IV. von Braunschweig) das mitteldeutsche Herrschaftsgefüge heftig durcheinandergeworfen. Die mit Waffengewalt ausgetragenen Thronkämpfe, die schließlich sich auf Otto und Friedrich II. übertrugen, hielten bis in das Jahr 1217 an. Dietrich, nicht ohne Grund »der Bedrängte« genannt, musste seine Stellung gegenüber seinem älteren Bruder Albrecht, gegen die Ansprüche der Reichsministerialen und verschiedener kleinerer Adelshäuser im Meißener Raum, gegenüber der Stadt Leipzig, letztlich aber auch gegenüber dem König und späteren Kaiser Friedrich II. verteidigen[34]. Erst nachdem er sich loyal zu dem Hohenstaufer verhielt, konnte er auch die anderen Streitfälle Schritt für Schritt für sich entscheiden. Im Streit mit der Stadt Leipzig setzte er auf den Bau befestigter Anlagen, die Pleißenburg und zwei weitere mit Garnisonen versehene Burganlagen entstanden. Zugleich verbesserte er die Landesverwaltung durch die Einrichtung von Vogteien, die neben der Gerichtsbarkeit für den Schutz der Dörfer zu sorgen hatten. Alle Kirchenbauten nördlich von Leipzig, die in dieser Zeit errichtet wurden, verkörperten diese Schutzfunktion in Gestalt eines stark befestigten Turmes. Hierzu zählen im Bereich des heutigen Kirchspiels Krostitz die Kirchen in Wöllmen und Wölpern (beide 1201 erstmalig erwähnt[35]), in Hohenleina (kurz nach 1200 erbaut[36]), Liemehna (1209[37]) und wohl auch Pehritzsch[38]. Die Schutzfunktion der Kirche wurde in Hohenleina nachweislich zweimal in Kriegszeiten in Anspruch genommen. Sie sollte aber nicht verdecken, was diese ersten steinernen Kirchbauten zuallererst sein wollten: Gemauerte und gemalte Botschaft des Evangeliums.

---

[34] Vgl. zu diesen Vorfällen: P. Haferstroh, Der Leipziger Raum im Spannungsfeld, 163f.
[35] So D. Stuchly, Archäologische und bauarchäologische Untersuchungen, 109, Anm. 5. – Leider teilt Stuchly nicht mit, aus welcher Quelle er schöpft.
[36] Zur Diskussion um die Bauzeit der Hohenleinaer Kirche siehe besonders Anm. 44.
[37] Vgl. dazu Gerhard Graf, Baugeschehen als Frömmigkeitsgeschichte 93f. Die Dörfer um Liemehna sollen demnach von Dedo von Wettin (gest. 1190) dem Benediktinerinnenkloster Gerbstedt vermacht worden sein; diese Schenkung wurde aber erst 1208 unter Dietrich III. wirksam.
[38] Einzig in Pehritzsch könnte es sich um eine Chorturmkirche gehandelt haben, da der romanische Turmteil sowohl auf der Ost- als auch auf der Westseite mit einem großen Gewölbebogen unterfangen ist und östlich des Kirchenschiffes steht.

2 Evangelium in Stein und Farbe

Ein nordwestlich von Hohenleina gelegener Hügel wurde als Standort für den ersten Kirchenbau ausgewählt. Zu seinen Füßen floss die Leine, die für größere Überschwemmungen sorgen konnte[39]. Auf dem Hügel war man vor solchen Gefahren geschützt, außerdem überragte hier das Gotteshaus als schützender Ort weithin das flache Umland. Dass der Kirchhügel zuvor zum Bebauungsgebiet des deutschslawischen Lynow gehörte, ist nicht belegt. Ebenso wenig dürfte der erhöhte Platz eine »vorchristliche Kultstätte mit altheiligen, hohen Bäumen« gewesen sein[40]. Auch ein Kloster gehört zu den lokalen Legenden, mit denen man die Größe der Kirche erklären wollte, deren schlichte Bauform aber gar nicht zu einer Klosterkirche passt[41]. Gut vorstellbar ist hingegen, dass es hier bereits einen Friedhof mit geosteten Gräbern, möglicherweise auch eine hölzerne Vorgängerkirche gegeben hat.

---

[39] Eine eindrucksvolle Beschreibung einer solchen Überschwemmung findet sich bei E. Baltzer, Erinnerungen 9. Ebenso berichtet die Leipziger Zeitung von einer heftigen Überschwemmung in Hohenleina, die am 15. August 1816 durch Starkregen und Hagel ausgelöst worden ist (Leipziger Zeitung, Nr. 168 vom 27.08.1816, 1782f.).

[40] Friedrich Schirmer (Über die drei am frühesten genannten Pfarrkirchen, 29) beruft sich bei dieser fantasievollen Charakterisierung des Kirchhügels, der er selbst noch ein »nordisch-germanisch« hinzufügt, auf die Beschreibungen von Dietmann und Platen-Büchting. Der Aufsatz von Schirmer ist 1939 entstanden und mit völkischer Ideologie gesättigt; dennoch verdanken wir diesem Aufsatz das Wissen um die Ablassurkunde von 1473.

[41] So zieht Baentsch (Die Kirche zu Hohenleina 10) einen Klosterbau in Hohenleina in Erwägung, weil »man noch heute von einem Kloster und einer Propstei [redet]«. Die Erklärung für solche Erzählungen, die sich auch in umliegenden Dörfern findet, ist einfach: Verschiedenste Klöster hatten durch die Landesherren teilweise sehr verstreut Grundbesitz, einzelne Höfe und ganze Dörfer geschenkt bekommen. So gingen die sogenannten Propsteidörfer Weltewitz, Wölpern, Bötzen, Gostemitz, Jesewitz und Gordemitz als Schenkung des Wettiners Conrad III. an das Augustinerkloster auf dem Petersberg (1156). Der Nonnenweg führte von Groitzsch über Bötzen, Liemehna und Hohenleina zum Petersberg (dazu Böttcher, Nonnenweg 3) bzw. weiter zum Benediktinerinnenkloster Gerbstedt, welches ein Stiftsgut in Liemehna besaß. Der sogenannte Mönchsweg oder Mönchsstieg hingegen führte auch über Groitzsch und Hohenleina zum Petersberger Kloster (Büchting a.a.O. 159; Baentsch a.a.O. 16f.). Die Verwaltungen solcher Besitzungen, Zehntscheunen und Wirtschaftswege dürften sich dann in manchen Orts- und Wegebezeichnungen niedergeschlagen haben.

Orientierung im Jahr des Herrn

Noch vor der Grundsteinlegung wurde die Achse der spätromanischen Kirche festgelegt[42]. Diese liturgische Handlung erfolgte an einem ausgewählten Tag – wenn ein Achsknick vorgesehen war, sogar an zwei liturgisch bedeutsamen Tagen. Die Achse »orientierte« sich wie auch die Gebetshaltung der Christen und ihre Gräberausrichtung an dem Sonnenaufgang. Die Sonne symbolisiert den wiederkehrenden Herrn, den endgültigen Sonnenaufgang der Geschichte. Wenn nun in der Orantes-Haltung, das heißt mit ausgebreiteten Händen, nach Osten gebetet wird, umschreibt das den Winkel vieler möglicher Sonnenaufgänge. Ein Gebäude aber reizt zu einer größeren Genauigkeit: in welchem Winkel sollen die Mauern stehen, in welche Richtung des Horizontes soll ihre Achse zeigen, an welchem Tag soll von dort das erste Licht der aufgehenden Sonne durch die Fenster fallen? Nur äußerst selten wurde der Heiligentag des Patroziniums ausgewählt – auch in der Laurentiuskirche ist dies nicht der Fall gewesen. Der Patrozinien hat man vor allem bei der Kirchweihe gedacht und die Kirche an diesem Tag dem Schutz des betreffenden Heiligen unterstellt. Häufig wurden aber hochstehende Feste des Kirchenjahres ausgewählt, die uns Nachgeborenen eine verblüffende Möglichkeit an die Hand geben, das genaue Kalenderjahr der Orientierung zu berechnen oder zumindest einzugrenzen. Heiligentage hingegen sind feststehende Tage – der Laurentiustag zum Beispiel ist zu allen Zeiten immer der 10. August gewesen als angenommener Tag des Martyriums und Todes des Laurentius, der zugleich als sein Himmelgeburtstag gefeiert wurde.

Eine mögliche hölzerne Vorgängerkirche wird auch eine Orientierung besessen haben, aber zahlreiche Beispiele zeigen, dass bei einem Neubau neu geostet wurde. Nachdem also der neue Orientierungstag festgelegt worden war, hat man vermutlich schon einige Tage zuvor die Sonnenaufgänge auf dem Bauplatz beobachtet, um den entscheidenden Aufgang selbst bei schlechtem Wetter berechnen zu können. Nachdem die Hauptachse in diesem Sinne abgesteckt worden war, wurde oftmals für den Chor (den Altarraum) noch eine eigene

---

[42] Zur wenig erforschten Problematik der Sonnenorientierung mittelalterlicher Sakralbauten: E. Reidinger, Gründung des Speyerer Domes, 11-60; sowie ders., Die Stiftskirche von Heiligenkreuz. Achsknick und Orientierungstage. Antworten aus der Gründungsplanung, Sancta Crux 2010, 7-29.

Achse an einem liturgisch bedeutsamen Folgetag berechnet, wodurch ein Achsknick entstand, der manchmal kaum merklich, gelegentlich massiv einen »schiefen« Eindruck macht. Der Grund für die zweifache Orientierung liegt in der liturgischen Wertigkeit der Räume, die sich vom Kirchenschiff zum Chor hin steigert. Der Chorraum gilt als Abbild des himmlischen Thronsaals, der unter dem Altar die Seelen der Märtyrer beherbergt (Offb 6,9) – im Chor vergegenwärtigt durch eine Krypta (eine Unterkirche) unter dem Altar oder eine Heiligenreliquie, die im Altartisch im sogenannten Sepulcrum eingelassen worden war. Aus diesem Grund steigerte sich auch die Heiligkeit der Orientierungstage vom Langhaus zum Chor.

Die Krostitzer Kirche besitzt unübersehbar einen Achsknick nach Süden, der allerdings erst in gotischer Zeit entstanden ist (siehe dazu Kapitel 3). Der romanische Bau besaß lediglich eine Apsis, das ist ein halbkreisförmiger überwölbter Raum, der sich als Chor unmittelbar an das Langhaus anfügte und bei den Veränderungen um das Jahr 1500 abgerissen wurde. Hatte schon diese romanische Apsis eine andere Achsenorientierung als das Langhaus? Trotz des Abrisses ist die halbrunde Apsisöffnung in der Ostwand erhalten. Sie wirkt heute wie ein Triumphbogen, lässt auf der Ostseite aber noch gut den konischen Anschluss erkennen. Auch zeigt die romanische Sakramentsnische auf der Nordseite, dass es sich hier um den Chor- und Altarraum im ersten romanischen Bau gehandelt haben muss. Ein Achsknick wäre nun einzubringen, indem das Langhaus trapezförmig nach Osten mit einer Wand schließt, die im rechten Winkel zur neuen Ostung steht. Diese Möglichkeit wurde beim Bau dieser Kirche allerdings nicht gewählt: ihr Langhaus besitzt einen perfekten rechtwinkligen Grundriss mit einer Mittelachse, deren Azimut (der von Norden her berechnete Horizontwinkel) 90,47° beträgt. An der Ostwand fällt aber eine andere Besonderheit auf. Die Apsisöffnung ist in ihr exakt um 5 Zentimeter nach Norden verrückt. Dadurch verschiebt sich deren Achse, wenn man als Fixpunkte die Mittelachse des Langschiffs beim Auftreffen auf die Ostwand und zum anderen den Scheitelpunkt des Kreises nimmt, den die Apsis geschlagen hat. Der Radius der Apsis würde bei der Annahme eines exakten Halbkreises 266,5 Zentimeter betragen.[43] Der Azimut des Chorraums lässt sich somit auf 89,53° berechnen und weicht damit um 0,94° von der Achse des Langhauses nach Norden hin ab.

Aus den geometrischen Daten lässt sich bereits eine erste Schlussfolgerung ziehen. Da die Wahl der Orientierungstage immer vom Langhaus zum Chor hin erfolgte und der romanische Achsknick nach Norden weist, müssen die Orientierungstage vor der Sommersonnen- und nach der Wintersonnenwende liegen, da nur in dieser Zeit der Sonnenaufgang nach Norden wandert. Der Azimut beider Achsen liegt nah bei der Tagundnachtgleiche (90°), er entspricht beim Langhaus dem Sonnenaufgang vom 18. März und für den vermuteten Zuschnitt der Apsis dem Sonnenaufgang vom 25. März. Da an diesen Daten in der alten Kirche keine bedeutsamen Heiligentage vermerkt sind und der Abstand zwischen beiden Tagen eine Woche entspricht, ist es naheliegend, von zwei Sonntagen auszugehen, die auf das Osterfest zugehen. Da das Osterfest in einer komplexen Kombination von Mond- und Sonnenkalender berechnet wurde, lässt sich auch das Jahr der Kirchenorientierung näher eingrenzen. Der grobe Zeitraum für die in Frage kommenden Ostertermine muss aber vorher durch schriftliche Quellen abgesteckt werden: Zur Erbauungszeit der Hohenleinaer Kirche existieren recht fragwürdige Aussagen: 1201-1209 (Nitzsche), 1201-1208 (Gundermann), 1206-1208 (Schönermark) oder 1202-1211 (Baentsch)[44]. Im

---

[43] Die Bestätigung für diese Annahme kann erst durch archäologische Untersuchungen erbracht werden, denn natürlich konnte die Tiefe einer Apsis den Radius unterschreiten oder – wie in der Behlitzer Katharinenkirche – auch wesentlich überschreiten. In der hypothetischen Berechnung für die Laurentiuskirche wurde zu dem exakten Halbkreis nach Westen hin noch die mittlere Breite des Kämpfersteins (33,5 cm einschließlich der zu vermutenden Westkante) hinzugerechnet. Damit ergibt sich ein Abstand zum Scheitelpunkt der Apsis von etwa 3 Metern.

[44] Schönermark (a.a.O. 108, Anm. 1) notiert 13 Jahre nach der Veröffentlichung Gundermanns, die Kirche sei »[n]ach Gundermann's handschriftlicher Chronik Eilenburgs [...] 1206-1208 erbaut« worden. Womöglich liegt hier ein Abschreibefehler vor. Sollte aber doch Gundermann die Jahreszahl für seine Veröffentlichung korrigiert haben, so ist festzuhalten, dass er die Angaben selbst nur aus inschriftlichen Beobachtungen gewonnen hat. Er schreibt (Chronik 190): »Die St. Laurentius-Kirche [...] mit künstlichen Kreuzbögen durchaus gewölbt [...]. Nach den daran befindlichen Jahrzahlen mag sie im Jahr 1201 bis 1208 erbauet oder erweitert worden seyn.« Die Zahl 1201 soll auch nach den Nitzsche-Notizen (um 1750) und Friedrich Baentsch (Die Kirche zu Hohenleina, 8) auf der äußeren Ostseite des (gotischen!) Chores unter dem Sims angebracht gewesen sein und wäre von einigen als 1201 gedeutet worden. Die Zahl 1208 ergibt sich vermutlich aus

großzügig ausgewählten Zeitraum von 1180 bis 1230 fallen der 18. und der 25. März – auch nach dem julianischen Kalender – nur fünfmal (1184, 1190, 1201, 1207 und 1229) auf Sonntage. Geht man davon aus, dass die in der Literatur kursierenden Angaben doch auf ein tieferes Wissen gründen, dann kommen also die Jahre 1201 und 1207 in die nähere Betrachtung. Im Jahr 1207 fielen nach dem Ostertermin (22. April) der Orientierungstag für das Langhaus auf den Sonntag Invokavit und für die Chorapsis auf den Sonntag Reminiszere. In Anbetracht der noch folgenden Bauzeit besitzt die größere Wahrscheinlichkeit allerdings das frühere Jahr. Im Jahr 1201 aber fällt der 18. März auf den Sonntag Palmarum – und der 25. März tatsächlich auf den Ostersonntag, den höchsten aller Feiertage im Kirchenjahr.

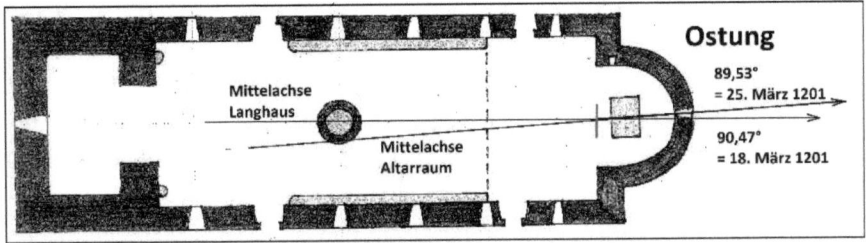

Abb. 6 Romanische Bauzeichnung mit Achsknick.

An dieser Stelle kann einmal darüber gestaunt werden, mit welcher Exaktheit gemessen und gebaut wurde, und wie sich dabei astronomisches Wissen mit einem tiefen geistlichen Anliegen verband. Die schief wirkenden Kirchen der alten Zeit sind keineswegs durch Unwissenheit oder Baufehler entstanden. Noch gravierender gerät die Fehldeutung, wenn man aufgrund eines Achsknicks oder

der falschen Leseweise der gotischen Jahreszahl 1504, die auf dem Schlussstein im Chorgewölbe noch heute bestens zu lesen ist. Dies legt nahe, dass der Lesefehler auch für die Zahl an der Außenseite eingetreten ist und dort also 1501 zu stehen kam (so auch Metzler, Anmerkungen 487). Baentschs eigener Vorschlag (a.a.O. 8) 1202-1211 unterfüttert er leider nicht mit weiterführenden Angaben (a.a.O. 1). So sind also die gehandelten Jahreszahlen für die Entstehungszeit der Kirche zurückhaltend zu behandeln. Ganz allgemein kann nur festgehalten werden, dass die älteste Baugestalt der Kirche auf die Spätromanik um 1200 hinweist.

einer wie in Behlitz versetzten Apsis auf unterschiedliche Bauphasen schließt[45]. Aber auch die Deutung, dass der Kirchengrundriss die Gestalt des Gekreuzigten mit geneigtem Haupt abbilden würde, muss verworfen werden[46]. Der Achsknick ermöglicht vielmehr eine Verortung im Kirchenjahr, eine Festlegung in Raum und Zeit, und die Gestaltung von Räumen, die den Weg versinnbildlichen, der von der Dunkelheit zum Licht des auferstandenen und wiederkommenden Christus führt.

Fromme Maurer

Nachdem also die Gebäudeachsen festgelegt worden waren, konnte der gesamte Grundriss abgesteckt werden. Man wählte dabei die Form einer Apsissaalkirche und damit den schlichtesten Typus romanischer Dorfkirchen – ergänzte ihn aber auf der Westseite durch einen Turm, der nicht angesetzt war, sondern sich durch einen Gewölbebogen zum Kirchenraum hin öffnete und diesen also erweiterte[47]. Meist fielen Apsissaalkirchen recht klein aus. Für die Hohenleinaer Kirche aber maß man eine stattliche Gesamtlänge von gut 30 Metern ab. Eine vergleichbare Größe dieses Typus findet sich eher im städtischen Bereich: Der romanische Vorgängerbau der St. Afrakirche in Meißen besaß ebenfalls den Grundriss eines Rechtecksaales mit Apsis mit einer

---

[45] So schreibt Gustav Schönermark zur Behlitzer Katharinenkirche (a.a.O., 8): »Derselbe [Turm] ist schmäler als das Schiff, hat einen quadratischen Grundriss und an seiner Ostwand eine romanische (?) Apsis, welche mit der nordöstlichen Thurmaussenkante bündig steht, aber nicht auch mit der südöstlichen, ein Umstand, der eine gleichzeitige Entstehung fraglich macht.« – Was an der Katharinenkirche schon von Außen augenscheinlich ist, nämlich die Versetzung der Apsis, ist dem sonst so exakt arbeitenden Autor an der Laurentiuskirche Hohenleina nicht aufgefallen (a.a.O. 108-111).

[46] Zum einen handelt es sich im Hohenleinaer Fall um eine Apsissaalkirche, der gar keine Kreuzform zugrunde liegt, zum anderen ist auch die minimale Abweichung der romanischen Achsen im Grundriss kaum bildhaft wahrnehmbar. Vor allem aber weist das geneigte Haupt des gekreuzigten Christus ikonographisch immer zur rechten Seite – der Achsknick mittelalterlicher Kirchen kennt jedoch beide Richtungen.

[47] Meist wurden diese Kirchen ohne Westturm errichtet. Beispiele gibt es zwischen Saale und Elbe allerdings nur wenige, so zum Beispiel in der Dorfkirche Schönau bei Beucha (H. Magirius, a.a.O. 88) und in der romanischen Vorgängerkirche von Werbelin, bei der in Erwägung gezogen wurde, dass sich an den ca. 10 Meter langen Saal ein zeitgleich errichteter Querwestturm anschloss (M. Wilhelm, a.a.O. 95). Offenbar geht die Gleichung »Apsissaalkirchen = Errichtung ohne Turmwerk« nicht in jedem Fall auf.

ähnlichen Gesamtlänge von ca. 30 Metern[48]. Warum plante man aber auf dem Land so groß? Die Ursache hierfür dürfte in der Vielzahl der Dörfer und Menschen zu suchen sein, für die diese Kirche gedacht war, sowie in der wirtschaftlichen Leistungsfähigkeit der Orte und in dem Stifterwillen. Neben Hohenleina zählten in alter Zeit mit Crostewitz, Lehelitz, Pröttitz, Lohn[49], Seereisen, Beuden, Priester[50] und Kupsal immerhin neun Dörfer zur Parochie.

Abb. 7. Die rekonstruierte Form der Laurentiuskirche zur Zeit ihrer spätromanischen Ausführung in Stein als Apsissaalkirche (ab 1201 n. Chr.).

---

[48] Vgl. H. Magirius, a.a.O. 77.

[49] Ein ehemaliges Dorf, zwischen Pröttitz und Kletzen gelegen, um 1720 ist nur noch als wüste »Lohnmark« bekannt.

[50] Die Bauzeit der Filialkirche in Priester wird meist mit dem frühen 16. Jahrhundert angegeben, (vgl. etwa G. Schönemark, a.a.O. 170; Spuren im Stein, 84, gibt an: »um 1500«). Allerdings weist ein kleines romanisches Fenster über der zugemauerten Sakristeitür auf eine frühere Zeit, - mehr noch: es könnte sich wie in Behlitz um eine Chorjochturmkirche gehandelt haben, denn in einem am 27. Februar 1719 mit dem Taucharer Maurermeister Christoph Rödig ausgehandelten Contract wurde vereinbart, er solle »den steinern Giebel und das Rundtheil [die Chorapsis] gegen den Morgen zu abbrechen« (Pfarrarchiv Krostitz, Abschrift, Einzelblatt]. Als Filial wird die Kirche dennoch nach der Hohenleinaer entstanden sein, vermutlich um diese zu entlasten.

Vermutlich begann man gleich nach dem Osterfest des Jahres 1201 mit dem Aushub der Fundamente. Der Bau wurde mit dem einfachsten Material ausgeführt, welches vor Ort zur Verfügung stand: mit Feld- und Bruchsteinen, die teilweise noch aufzuspalten waren. Wahrscheinlich hatte ein jedes Dorf entsprechend seinen Gehöften einen Teil an Baumaterial heranzuführen und für entferntere Transporte entsprechende Spanndienste zu leisten. Mehr noch, ein jeder Ort wird ein Kontingent an Helfern gestellt haben, die unter fachlicher Anleitung einer Wanderbauhütte die Arbeiten am Bau mit ausführten. Besonders starke Mauern erhielt der Querwestturm. Die 1,8 Meter dicken Wände hatten nicht nur die Höhe des Turms zu tragen, sondern versprachen auch Schutz und Wehrhaftigkeit. Am Kirchenschiff wurden die Mauern korrespondierend zur Länge auf die beachtliche Höhe von 9 Metern gezogen. Die glatten Wände gliederten lediglich sechs kleine rundbogige Fenster (30 x 110 cm), die auf den beiden Längsseiten in großer Höhe eingefügt wurden. Das jeweils letzte Fenster aber, mit dem im Osten das Langhaus endete, war um 20 Zentimeter länger. Der Lichteinfall zum Chorraum hin nahm somit zu.

In allem baute man durchaus bescheiden, den eigenen Kräften angemessen. Dazu gehört auch, dass von Steinmetzhand geschnittene Steine kaum verbaut worden sind: Der vorderste Gewölbebogen der Apsis mit den schlichten Kämpfern (das sind die Steine, die den Gewölbebogen tragen) zählen dazu, auch der westliche Rundbogen, und das glatte, rundbogige Eingangsportal, welches auf der westlichen Südseite hinter der gotischen Vorhalle noch immer erhalten ist. Vermutlich besaßen auch die Priesterpforte und der später zugemauerte Eingang auf der Frauenseite solch ein Rundbogenportal. Eine figürliche Steinmetzarbeit ist lediglich an dem Kämpferstein zu finden (dazu unten mehr). Einen Schmuck ganz anderer Art haben die Maurer angebracht, als sie die Wände von außen verputzten und dabei in den feuchten Mörtel rechteckige Fugen einritzten.

Abb. 8 Die *rasa piedra* [romanische Ritzfugen] an der Nordseite des Kirchenschiffs, etwas oberhalb der Mitte das eingeritzte Kreuz (Foto von 1988).

An der Nordwand waren vor 1988 diese romanischen Ritzfugen, sogenannte »rasa piedra«, noch unter den abbröckelnden Putzschichten zu erkennen gewesen. Betrachtet man das Foto (Abb. 8) genauer, so fällt zudem ein eingeritztes griechisches Kreuz ins Auge. Mit dem um das Symbol gezogenen Kreis erinnert es stark an ein Weihekreuz[51]. Weihekreuze wurden aber in der Kirche und wohl eher nicht in solch einer Höhe angebracht. So zeugt diese Ritzung von der Frömmigkeit der Menschen, die hier an ihrer Kirche gearbeitet haben.

Ein Weg vom Tod zum Leben

Der Gang durch den Kirchenraum von Westen nach Osten symbolisierte den Weg von der Glaubensferne zur Gottesnähe, von der Dunkelheit zum Licht, vom Tod zum Leben, durch die Zeit in die Ewigkeit. Allerdings betrat man das Kirchenschiff nicht von Westen, vom Sonnenuntergang her, sondern entweder durch das 2,50 Meter hohe rundbogige Portal, das an der Südwand hinter der

---

[51] So G. Graf, Vom Detail zum Ganzen, 450 Anm. 6.

heute vorgesetzten Vorhalle den Eingang für die Männer bildete, oder durch das exakt gegenüberliegende Portal, den heute zugemauerten Eingang für die Frauen.

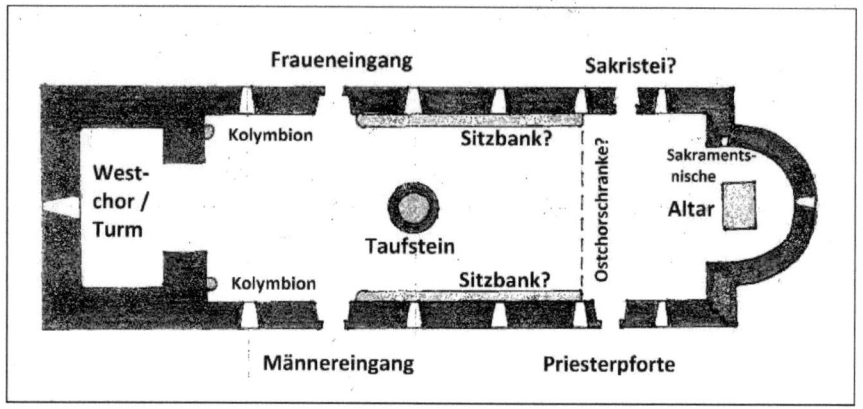

Abb. 9 Grundriss der romanischen Kirche. Oberhalb der nach Geschlechtern getrennten Eingänge befindet sich jeweils ein weiteres Seitenfenster. Sitzbänke und Chorschranke sind zwar nicht mehr nachweisbar, entsprechen aber dem üblichen Erscheinungsbild dörflicher Kirchen dieser Zeit.

Als es noch finster war

Die Trennung, die den Frauen die »Mitternachtsseite« (Nordseite) zuwies, war keinesfalls abwertend gemeint. Im Gegenteil, denn auf ihrer Seite wurde im Chorraum das kostbare Evangelium von Jesus Christus verlesen, auf der Seite der Männer aber »nur« die Apostelbriefe (Epistel). Diese Anordnung und Ehrenstellung der Frauen ergibt sich unmittelbar aus der Ostergeschichte. Die Evangelien erzählen vom Ostermorgen, dass zuallererst, als es noch finster war, sich einige Frauen auf den Weg zum Grab gemacht hatten, um eine letzte Liebe an dem Verstorbenen zu erweisen. Als sie aber im Schein der aufgehenden Sonne ein leeres Grab vorfinden, läuft Maria Magdalena zu den Männern und berichtet, und nachdem die Frauen Jesus begegnet sind, erzählt sie den Jüngern: »Ich habe den Herrn gesehen« (Joh 20,18). Die wichtigste Botschaft des christlichen Glaubens wurde also zuallererst von den Frauen ausgerichtet.

Aber in anderen Kirchen der spätromanischen Zeit gab es ja dennoch einen Eingang im Westen? Der Grund für diesen fehlenden Eingang zeigte sich gleich im Inneren: Dort öffnete ein großer Rundbogen den Raum unterhalb des

Turmes[52]. Hier handelt es sich um eine bauliche Eigenart, die auch in Freiroda und Radefeld zu finden ist. Handelte es sich lediglich um eine pragmatische Vergrößerung des Kirchenschiffs[53]? Aus frühen idealtypischen Aufrissen (man denke an den Kirchbau im Gallener Klosterplan) und aus Vergleichen mit dem ottonischen und salischen Kirchenbau kennt man die Einrichtung von Westchören. Deren Funktion gibt zwar bis heute Rätsel auf, aber von einer liturgischen Nutzung ist auszugehen. Da der gesamte Innenraum bis auf eine Steinbank, die sich vermutlich an der Nord- und Südwand befunden hat, ohne Kirchenbänke und Emporen ausgestattet war, blieb viel Platz für liturgische Begehungen zu verschiedenen Anlässen. Insbesondere für die sogenannten Vigilien, nächtliche Gottesdienstfeiern vor den hohen kirchlichen Festtagen, bot sich der Westchor an. Ein Fenster nach Westen hin wird es schon in ältester Zeit gegeben haben, so dass der Moment des Sonnenuntergangs allen ersichtlich war. Schließlich begann der Feiertag nach biblischem und jüdischem Verständnis mit dem Sonnenuntergang des Vortages. Heute noch wird allerorten mit Heiligabend eine solche Vigil gefeiert, denn das eigentliche Weihnachtsfest (die Feier von Christi Geburt) beginnt erst am 25. Dezember. In der Laurentiuskirche aber wendete man sich auch bei allen anderen Gelegenheiten zuerst zum Westchor, denn zur Linken und Rechten des dortigen Rundbogens befinden sich bis heute zwei Nischen, die in der Höhe von einem knappen Meter ins Mauerwerk eingefügt sind. Sie dienten der Aufnahme eines Kolymbion – einer Weihwasserschale, mit dessen Wasser sich die Gläubigen bekreuzigen konnten: die Männer im Süden und die Frauen im Norden. Auf diese Weise erinnerte man sich an das eigene Getauftsein und bat um Reinigung und Segen in Vorbereitung auf das gemeinsame Gebet.

---

[52] Die heute abgetrennte, sogenannte Turmkapelle ist durch den Einbau der steinernen Emporen und schließlich durch das Zumauern der Säulenzwischenräume erst Ende der 1980er Jahre entstanden.
[53] Die Variante Kirchraumerweiterung mit Rundbogen unter dem Turm und gleichzeitigem Westeingang findet sich in Mocherwitz und eventuell in Liemehna, vgl. dazu Graf, Baugeschehen 94.

Abb. 10: Trotz starker Überbauung durch die steinernen und hölzernen Emporen ist auf der Frauenseite die quadratische Wandnische zur Aufnahme eines Kolymbion noch gut zu erkennen (in der Bildmitte).

Wandten die Besucher sich dann nach Osten, blickten sie in das 25 Meter lange, einschiffige Langhaus, welches sich im Osten zu einer hohen Apsis öffnete. Der eher dunkle Raum muss durch die hoch oben eingefügten zwölf Fenster, aus denen das Licht herabfloss, noch höher gewirkt haben. Die glatten Wände aber waren bemalt gewesen, so dass die Eintretenden sich gleich in die Geschichte der biblischen Könige, Propheten, Apostel und Heiligen mit hineingestellt sahen. Die nördliche Wand mit 4 von 6 der romanischen Fenster ist in ihrem Erbauungszustand zum Großteil erhalten geblieben und zeigt in der nordöstlichen Ecke noch die Ansätze der ursprünglichen Malerei[54]. Zu erkennen ist eine

---

[54] Die Freilegung der Freskenmalerei geschah In den Jahren 1984-1992 durch die Krostitzer Malerfirma Haselbach.

ehrwürdig gewandete Frauenfigur mit einem Rad in der Hand: die heilige Katharina von Alexandrien. Daneben wurde wohl die biblische Geschichte des Sündenfalls der ersten Menschen erzählt: eine unbekleidete Figur steht neben einem Baumstamm. Auch darin wurden die Eintretenden also unterwiesen, dass die Menschen nicht aus sich selbst heraus heilig sind, sondern sich – wie schon ihre Vorfahren – immer wieder als Sünder erweisen. Die zwölf Oberlichter durchschneiden diesen Raum und erinnern mit ihrer Zwölfzahl an die zwölf Stämme Israels und die zwölf Apostel Jesu Christi. Diese alle haben bis zum Überdruss erleben und erleiden müssen, in wieviel Facetten die Sünde das Leben betrügt, erbittert und zerbricht. Sie sind aber auch die von Gott Berufenen, an denen er aller Welt den Weg seines Erbarmens zeigt.

Der Taufstein

In der Mitte des Langhauses hat der Taufstein erhöht auf einem steinernen Podest und mit einer Schranke umgeben gestanden. Die Erhöhung wurde auch bei der Versetzung vor den gotischen Chorraum beibehalten (auf Abb. 51 noch zu erkennen). Erst 1904 wurde der Stein direkt an die Chorstufe herangerückt

und auf das Bodenniveau gesetzt. Der Stein ist in einer schlichten Kelchform gearbeitet und ursprünglich dünnwandig gewesen, so dass er viel Wasser fassen konnte und die Kinder in ihm ganz untergetaucht werden konnten. Später hat man ihn bis auf eine kleine Vertiefung zugemauert, weil man die jungen und älteren Täuflinge nur noch mit dem Wasser übergießen wollte. Geringfügige Farbspuren in den Steinrillen zeigen, dass auch der Taufstein bemalt gewesen ist.

Abb. 11 Der romanische Taufstein.

Auf dem Weg zum aufgehenden Licht und den die Gottesgegenwart repräsentierenden Altarraum musste man also an dem Taufstein vorbei. Dass dieser dermaßen im Wege stand und noch immer steht, hat seinen tiefen Grund. Niemand darf einfach so den Bereich des Heiligen betreten. Die Schriften der Bibel warnen mehrfach: Es ist gefährlich, verstritten und mit unbereinigter Schuld dem lebendigen Gott zu begegnen. Deshalb werden die Propheten und Apostel nicht müde zu betonen, dass alle Welt umkehren und ihre Sünde bereuen müsse. Gottes Zorn sei so stark über die Ungerechtigkeit und Eigensucht der Menschen entbrannt, dass er ihnen nur eine kurze Lebensspanne zugesteht und den Tod auf dem Erdenrund herrschen lässt. Wer aber umkehrt, der habe guten Grund zu glauben, dass ihm vergeben wird.

Die Taufe ist vom Ursprung her eine Verkörperung all dessen. Johannes, ein Verwandter von Jesus, hatte einst seine Zuhörer zur Buße und Umkehr aufgefordert. Sie sollten sich mit Wasser taufen lassen als ganzheitliche Bitte um Reinigung und Vergebung. Jesus von Nazareth hat hingegen nie selbst getauft, sondern sich auch von Johannes taufen lassen. (So ist es später auf dem mittleren Chorfenster hinter dem Altar dargestellt worden.) Ausdrücklich heißt es, dass er dies nicht nötig hatte, weil er der einzige gewesen ist, der durch und durch gerecht gelebt hat. Und trotzdem stellte er sich unter die erschrockene und ratsuchende Menge und ließ sich mit ihnen taufen. So nahm er stellvertretend die Schuld der Vielen mit auf sich. Johannes erkannte das frühzeitig und sagte über Jesus: »Siehe, das ist Gottes Lamm, das der Welt Sünde trägt.« (Joh 1,29).

In der kurzen Wirksamkeit Jesu bleibt dies keine symbolische Geste, sondern er wendet sich den Menschen zu in ihrer je einzelnen konkreten Not. Er bringt Widersprüchliches in den Gedanken und Herzen ans Licht und kann scharf und empfindlich zurechtweisen. Zugleich gibt es überwältigend viele Berichte, in denen er heilt und Vergebung zuspricht. Dass er geheilt hat, wurde selbst von seinen schärfsten Gegnern nie bezweifelt. Deshalb wurde er auch nicht wegen Scharlatanerie verurteilt, sondern wegen des Vorwurfs der Gotteslästerung. Am Abend vor seinem Verhör und der Hinrichtung gab er seinem Tod eine weitreichende Bedeutung: Er würde für die Völker die Konsequenzen ihrer Sünden auf sich nehmen. Als Jesus drei Tage nach seinem Tod von verschiedenen Zeuginnen und Zeugen gesehen wurde, gewannen viele den

Glauben, dass Gott in Jesus Christus sich tatsächlich erbarmt hat und in dem Kreuzestod das Geheimnis von Vergebung und Versöhnung liegt.

Diese Versöhnung geht nicht darüber hinweg, was einer denkt, glaubt und tut. Sie soll vielmehr denjenigen zuteilwerden, die um Jesu willen auf Vergebung hoffen und deshalb umkehren und Gott gehorsam sein wollen. Deshalb befiehlt Jesus seinen Aposteln, unter allen Völkern die Menschen auf den Namen des dreieinigen Gottes zu taufen und sie in all dem zu unterweisen, was er sie gelehrt hat (Mt 28,19f.). Deshalb muss man also auch in der St. Laurentiuskirche, wenn man sich dem heiligen Chor- und Altarraum nähern will, erst an dem Taufstein vorbei, während zur Rechten und zur Linken die Worte der Apostel und des Evangeliums verlesen werden. Das ist der Weg, den Gottes Erbarmen geht und der hier baulich-symbolisch aufgezeigt wurde. Die Taufe öffnet den Zugang in die Gegenwart Gottes, der Glaubende geht durch diesen Zugang hindurch.

Der Ostchor - die Apsis

Das romanische Raumkonzept hat den Bereich des Chores noch besonders hervorgehoben. Zwar fehlte in dem Apsissaal ein eingezogener rechteckiger Chorbereich, trotzdem ist das letzte Sechstel vor dem Altarbereich durch zwei etwas größere Fenster betont worden, wie man an der Nordseite noch erkennen kann. Dieser Bereich wird ursprünglich durch eine Stufe und Chorschranken abgetrennt gewesen sein. Hier mündete die Priesterpforte, die heute durch den auf sie zielenden Weg mit Eichenallee fälschlich wie der Haupteingang wirkt. Betritt man heute den Altarraum, so gewinnt man auch den Eindruck, einen großen Chorbogen zu durchschreiten. Der Bogen ist allerdings nur der erste Bereich der ursprünglichen Apsis, die durch die gotische Erweiterung abgerissen wurde. Allerdings hat

schon das ursprüngliche Konzept den Eindruck eines Chorbogens erwecken wollen, indem an der vorderen Raumkante Kämpfersteine eingefügt worden waren, auf deren Stärke hin der Bogen malerisch abgesetzt wurde. Der nördliche Kämpfer ist erhalten geblieben, das Profil des südlichen Kämpfers ist hingegen vermutlich beim Einbau der Kanzel im Jahr 1823/24 abgeschlagen worden. Der nördliche Kämpfer zeigt einen kometenartigen Stern, der von zwei siebenstrahligen Sternen flankiert wird. Die herausgehobene Darstellung von drei Sternen ist recht ungewöhnlich, begegnet aber auch im Tympanon (dem Bogenfeld) eines zugesetzten Sandsteinportals, das sich in der um 1200 geweihten St. Martinskirche in Zwochau befindet: dort stehen im Mittelfeld dreier Arkaden drei Sterne über einem lateinischen Kreuz.

Abb. 12+13 Das zugemauerte Sandsteinportal = Priesterpforte auf der Südseite der St. Martinskirche in Zwochau. Detail Tympanon: links Löwe unter einer Palme, mittig Kreuz mit Sternen, unter der rechten Arkade könnte ein Lamm abgebildet gewesen sein.

Bedenkt man, dass der Altarraum im mittelalterlichen Kirchenbau einen Einblick in die himmlischen Verhältnisse geben will, so sind die Sterne am ehesten als eine kosmologische Darstellung der Würde und Herrschaft des erhöhten Christus zu deuten[55]. Dieser wird in der Kalotte (die halbkuppelförmige

---

[55] Zwar könnte man in dem Dreigestirn einen Hinweis auf die Lehre von der Dreifaltigkeit Gottes vermuten, aber auf dem südlichen Kämpfer werden ebenfalls Gestirne dargestellt gewesen sein. Es gibt zudem zahlreiche frühe Bildbeispiele, die Christus innerhalb von

Wölbung) der ausgemalten Apsis zu sehen gewesen sein. Am nördlichen Rand der ehemaligen Apsis sind auf der Innenlaibung des Chorbogens noch Teile der Ausmalung zu erkennen. In einem schlichten Gewand ist dort auf leuchtend-grünem Grund eine Apostelfigur abgebildet, deren Heiligenschein noch zu erahnen ist. In ihren Händen hält sie einen überdimensional großen Schlüssel, wie er auch in anderen Darstellungen des Apostels Petrus aus dieser Zeit zu finden ist[56].

Abb. 14 Etwas über der Mitte des Triumphbogens befindet sich der Kämpferfries mit den drei Sternen, daneben die angeschnittene Figur des Petrus mit großem Schlüssel.

---

mehreren Gestirnen thronend darstellt (vgl. LCI 4,214-216). Dass es sich hierbei nicht um eine direkte Wiedergabe der Vision aus Offb 1 handeln kann, wird durch die unterschiedliche Anzahl der Gestirne deutlich.

[56] Zum Beispiel auf den um 1240 entstandenen Chorschrankenreliefs der Hamersleber St. Pankratius-Stiftskirche, die Petrus und zwei weitere Apostel zeigen; oder die Petrusfigur auf der wohl ebenfalls aus dem 13. Jh. stammenden Innenlaibung in der Peter-und Paulskirche in Biasca (Tessin). Auch auf vielen Kirchenfenstern des 13.-15. Jh. wird der Schlüssel des Petrus übergroß dargestellt, s. LCI 8,164.

Dies deutet auf ein Apostelfries mit den zwölf Aposteln, die in halber Höhe nahezu lebensgroß abgebildet gewesen sind. Der Vergleich mit Fresken, die um das Jahr 1200 in romanischen Apsiden angefertigt wurden[57], zeigt fast immer einen dreiteiligen Typus mit einem verherrlichten Christus im oberen Bereich der Kalotte, darunter die Apostel, und im untersten Bereich die Chaosmächte oder schlichte dekorative Flächen. Die Figur des Christus thront meist vor einem Sternenhintergrund, der mit weiteren himmlischen Wesen wie den Evangelistensymbolen versehen ist. Darunter sitzen oder stehen die Apostel, manchmal paarweise disputierend oder ganz dem Betrachter zugewandt. Sie zählen zu den Grundsteinen der einen unsichtbaren Kirche, zu der die Gläubigen nach biblischer Aussage gehören dürfen (Epheserbrief 2,19f.):

> *»So seid ihr nun nicht mehr Gäste und Fremdlinge, sondern Mitbürger der Heiligen und Gottes Hausgenossen, erbaut auf dem Grund der Apostel und Propheten, da Jesus Christus der Eckstein ist.«*

Nun fällt aber an der Reihenfolge der Apostel auf, dass Petrus in vergleichbaren Darstellungen meist an sechster Stelle abgebildet ist und somit als Apostelfürst unmittelbar zur Rechten unterhalb des thronenden Christus zu stehen kommt. In St. Laurentius war offenbar ein anderer Gedanke leitend. Wenn Petrus in den Augen der Gemeinde auf der linken Seite die Reihe der Apostel anführt, dann wird auf eine bestimmte Leserichtung angespielt – entweder so wie sie in den Namenskatalogen der Evangelien begegnet oder so wie sie der Abfolge des Apostolischen Glaubensbekenntnisses entspricht. Die einzelnen Sätze des Apostolikums hatte man bereits im 6. Jh. n. Chr. den einzelnen Aposteln zugeordnet[58]. In dieser Darstellungsweise wird die Lehre der Apostel betont, die von Jesus in alle Welt gesandt wurden, um unter den Völkern Menschen zu Jüngern zu machen, »indem ihr sie tauft und lehrt halten alles, was ich euch befohlen habe« (Mt 28,19).

---

[57] Anschauliche Beispiele finden sich heute in mehreren Tiroler Kirchen, deren romanische Ausmalungen man in den 1960iger und 70iger Jahren wiederhergestellt hat, so zum Beispiel in St. Jakob/Tramin oder St. Georg und St. Jakob/Oberbozen.
[58] Die kunstgeschichtlichen Darstellungen sind zahlreich, zu nennen sind etwa die Plastiken an der Ostchorschranke im Bamberger Dom (spätromanisch), die Chorfresken in St. Peter und Paul/Dollnstein (um 1320) oder der Barfüßeraltar/Göttingen (1424).

An der teilweisen noch sichtbaren Figur des Petrus lässt sich der spätere Gang der Baugeschichte besonders gut ablesen: Sie ist auf der rechten Seite durch den Abriss der Apsis angeschnitten und trägt in Hüfthöhe die Einritzung des Weihekreuzes, was nichts anderes bedeuten kann, als dass die Figur in gotischer Zeit übertüncht wurde, bevor dann das Kreuz eingeritzt und aufgemalt wurde. Unterhalb des Apostels ist eine Sakramentsnische eingefügt, die in einem Chorbogen keinen Sinn macht, sondern nur, wenn hier unterhalb der Apsis schon der Altarbereich betreten wurde.

Die Apsis beherbergte mit dem Altar das Allerheiligste des Sakralbaus. Hier wurde das Geheimnis des Glaubens gefeiert, das Heilige Abendmahl eingesetzt und unter Brot und Wein die Gemeinschaft des Leibes und des Blutes Jesu Christi empfangen. Die heute sichtbare »Mensa« – so nennt man die aus einem Stein gehauene Tischplatte des Altars – ist kunsthistorisch eher in die spätgotische Umbauphase einzuordnen[59]. Allerdings befindet sich in dieser Mensa eine Reliquiennische, Sepulcrum genannt, die mit einer Eisenplatte und Bleiplomben versiegelt worden ist. Die darin bis heute enthaltene Reliquie könnte noch aus dem Vorgängeraltar stammen. Der Altar war durch das Einsetzen einer Reliquie geweiht und in den Augen der Gläubigen dadurch mit einer zusätzlichen Wirkmacht aufgeladen worden. Diese Form einer Altarreliquie, mit der der Altar überhaupt erst geweiht worden ist, entwickelte sich bereits in der frühen fränkischen Kirche. Mit der Einbringung der Reliquien betonte man mit missionarischem Anliegen die Handlungsmacht des Christentums und christlichen Glaubens[60]. Die Kehrseite zeigte sich früh. Bereits

---

[59] Die Annahme, dass die Mensa (die Altartischplatte) aus romanischer Zeit stamme (so in: Spuren in Stein, 63), könnte vielleicht daher rühren, dass im 14. und 15. Jh. Vorschriften die Unverrückbarkeit des Altars und die Unverletzlichkeit der Mensa betonten. Allerdings gibt es Ausnahmen. Der spätgotische Einbau von Nebenaltären hat den Platz des Hauptaltars zwangsläufig nach Osten verschoben; weiter zeigen die in dieser Zeit angebrachten Weihekreuze, dass die Kirche im Jahr 1504 auch insgesamt eine neue Weihe empfangen hat.

[60] Eine solche Absicht ist ausdrücklich belegt für die Einbringung der Ganzkörperreliquie des Heiligen Wigbert in den Vorgängerbau der Hersfelder Stiftskirche um das Jahr 780, vgl. Thomas Ludwig, Stiftsruine Bad Hersfeld. Geschichte und Architektur, Regensburg 2002, 9f. – Zum Hintergrund der Reliquienverehrung: In der alten Kirche hat man sich an den Gräbern der Märtyrer gottesdienstlich versammelt, später über solche Orte die ersten Kirchen gebaut. Dies geschah im festen Glauben an die Auferstehung des Leibes

im Jahr 742 beschloss das sogenannte Concilium Germanicum, bei dem auch Bonifatius und drei von ihm eingesetzte Missionsbischöfe anwesend waren:

> *»Wir verfügen ferner, dass nach den Satzungen jeder Bischof in seiner Diözese unter Beihilfe des Grafen, welcher der Schützer der Kirche ist, Sorge tragen soll, dass das Volk Gottes nichts Heidnisches treibe, sondern allen Unflat des Heidentums abstreife und verabscheue, als seien es Totenopfer, Losdeuterei, Zauberei, Amulette, Wahrsagerei, Beschwörungen oder Schlachtopfer, die einfältige Menschen nach heidnischem Brauch bei Kirchen unter dem Namen von heiligen Märtyrern und Bekennern vornahmen, wodurch sie den Zorn Gottes und der Heiligen herausfordern ...«*[61]

Man hatte also erkannt: Die Vorstellung einer durch Heiligen-Reliquien gegebenen besonderen Weihe und Wirkmacht kann die Transformation heidnisch-magischer Überzeugungen und Praktiken befördern. Als Unterscheidungskriterium für missbräuchliche Heiligenverehrung werden aber lediglich synkretistische Praktiken aufgezählt. Die Grenze einer biblisch zu verantwortenden Heiligenverehrung blieb auf dem Konzil ungeklärt.

Laurentius als gutes Vorbild

Wieso wird in den christlichen Kirchen überhaupt von Heiligen geredet? Lehrt nicht die Bibel, dass kein Mensch gerecht ist, »auch nicht einer« (Psalm 14,1; Römer 3,10)? Dennoch ist schon im ersten Teil der Bibel von »Heiligen« (hebr. *kedoschim*) die Rede. Die Mitglieder des Volkes Israel werden so genannt wegen

---

und in der Erwartung, dass Gott sich zu den Überresten seiner Heiligen gnädiglich und womöglich wundertätig bekennen würde. Schließlich hat man in der fränkischen Kirche begonnen, diese Überreste zu transportieren, um damit neue Kirchgründungen zu weihen. Mit den Reliquien kamen auch die Geschichten der Heiligen und die Geschichten der Wundertätigkeit ihrer Reliquien im Umlauf. Man verfolge nur den explosionsartig sich entwickelnden Kult um die Reliquien der Hl. Elisabeth von Thüringen (1207-1231), die bereits 1235 nach der gezielten Sammlung unzähliger Wunderberichte heiliggesprochen wurde.
[61] Zit. nach: Deutsche Geschichte in Quellen und Darstellungen, Bd. 1, Frühes und hohes Mittelalter, hg. v. Wilfried Hartmann, Stuttgart 1995, 29f.

ihres Ausgewähltseins durch Gott, dem »Heiligen Israels«[62]. Sie sollen heilig sein, weil er, der Gott Abrahams, Isaaks und Jakobs, heilig ist. Zugleich wird erschöpfend geschildert, wie sie diesem Anspruch nicht gerecht werden, sondern sich in immer wieder neuer Schuld verwirren. Deshalb sollen sie um Vergebung bitten – mit tierischen Schuldopfern, die die tödliche Konsequenz der Sünde vor Augen stellen. Einen Zustand der Heiligkeit aus sich heraus hat keiner der Israeliten erlangt. Selbst von den bemüht Frommen wie König David wird berichtet, dass sie mit eigensüchtigen Handlungen stets von neuem und auf erschreckende Weise das Leben zerstörten. Niederschmetternd heißt es deshalb, dass Gott selbst seinen Heiligen nicht trauen kann (Hiob 15,15). Über viele Generationen hat sich in Israel das Wissen um die Notwendigkeit von Umkehr und Vergebung verdichtet und so das Kommen von Jesus Christus vorbereitet. Er hat dann nicht nur die vielen Schuldopfer aufgehoben durch sein eigenes Opfer am Kreuz, sondern hat auch als »Licht der Völker« (Jes 49,6; Joh 8,12) dafür gesorgt, dass durch sein Evangelium Menschen aus allen anderen Nationen zu den »Heiligen« gehören dürfen[63]. Sie sind ebenfalls nicht aus sich selbst heraus heilig, sondern weil sie durch Gottes Wort gereinigt werden, welches sie zur Umkehr ruft und Vergebung zuspricht. Deshalb begleitet die Christen lebenslang die Bitte aus dem Vaterunser: »und vergib uns unsere Schuld, wie auch wir vergeben unsern Schuldigern«; und sie bekennen im Apostolikum den Glauben an eine »Gemeinschaft der Heiligen«, die aus der »Vergebung der Sünden« lebt und erst nach der »Auferstehung der Toten« sichtbar werden soll in einem »ewigen Leben«.

Zur Erbauungszeit der Laurentiuskirche war dieses Wissen in den Hintergrund gedrängt worden. Eine Vielzahl von Heiligenerzählungen kursierte und nährte den Eindruck, dass Einzelne tatsächlich durch ein besonders frommes und hingebungsvolles Leben eine außerordentliche Heiligkeit erwerben konnten. Durch legendenhafte Ausschmückungen und immer neue Wunderberichte

---

[62] Die Zuordnung schlägt sich auch sprachlich nieder: So werden die Israeliten betont »seine Heiligen« oder auch »Heilige des Höchsten« genannt (Dt 33,3; Ps 34,10; Dan 7,18 u. ö.). Besonders die Propheten nennen Gott den »Heiligen Israels« (Jes 1,4; 5,24; 12,6 u.ö.; Hos 11,9).

[63] Diese »Heidenchristen« werden im Neuen Testament nicht nur »Mitbürger der Heiligen« (Eph 2,19) genannt – Paulus redet sie in seinen Briefen sogar unterschiedslos mit den jüdischen Christen als »Heilige« an (Rö 1,7; 1Kor 6,2; Phlm 5 u. ö.).

wurden die Viten dieser Männer und Frauen fortgeschrieben. Jacobus de Voragine sammelte um 1264 solche Heiligenviten in der Legenda aurea, die weite Verbreitung fand und in volkstümlichen Predigten gerne herangezogen wurde. Unterstützt durch theologische Überlegungen glaubte man immer stärker an die Wundertätigkeit der durch die Kirche offiziell Heiliggesprochenen, der man sich durch die Verehrung ihrer Reliquien oder in der Anrufung als Fürsprecher bedienen wollte.

Abb. 15 Die Hallesche Laurentiustafel, 12. Jh., Reliquiar-Fragment, Goldschmiedearbeit mit Grubenschmelzemail. Die Umschrift lautet: INFELIX DECIUS MENS CRUDELISSIMA CUIUS THESAURUM SIXTI POSCIT DE MILITE CRI (»Der unselige [Kaiser] Decius, dessen grausamster Sinn den Schatz des Sixtus vom Soldaten Christi [Laurentius] fordert.«) Dargestellt ist, wie Laurentius daraufhin einige Arme als Schatz der Kirche vor den Kaiser führt; © LDA Sachsen-Anhalt, Juraj Lipták.

Nach der baulichen Fertigstellung wurde die Hohenleinaer Kirche an einem nicht näher zu bestimmenden Datum geweiht. Dies geschah, indem mit einer feierlichen Prozession die Reliquien eines Heiligen in die neue Kirche gebracht und in den Altar eingelassen worden. Danach wurde der Altar gesalbt, mit Tüchern bekleidet und die Messe (das Heilige Abendmahl) darauf gefeiert. Die Kirche wurde schließlich nach dem Heiligen Laurentius benannt, wie dies die Ablassurkunde aus dem Jahr 1473 belegt. Die Namensgebung bedeutet meist auch, dass man die Kirche zugleich unter die Schutzherrschaft – das Patrozinium – dieses Heiligen stellte. Dabei mussten aber die Altarreliquien keineswegs von demselben stammen[64]. Denn Zweck und Ziel der Kirchweihe war keinesfalls, einen Ort zur Verehrung eines Heiligen, sondern nach wie vor zur Verehrung Gottes zu schaffen.

Hier sei auch angemerkt: Die Namensgebung der Kirche sollte nicht zu voreiligen Schlüssen in der diözesanen und chronologischen Zuordnung führen. Verschiedentlich wurde auf das doppelte Patrozinium der Merseburger Bischofskirche St. Johannes und St. Laurentius verwiesen, welches dieses allerdings erst im Jahr 1042 erhielt[65]. Nun hat das Gebiet um Hohenleina zwar ab 968 tatsächlich zur Merseburger Diözese gehört, es fiel aber 981 mit der Auflösung des Bistums an Magdeburg, wo es auch nach der Neugründung des Bistums Merseburg im Jahr 1004 offensichtlich verblieb[66]. Die Verehrung des Laurentius kannte aber noch andere Wege. So sind frühe Laurentiuskirchen vermehrt an den Flussufersiedlungen der Saale und Elbe gebaut worden, was zeigt, dass dieser Heilige bevorzugt von Fernhändlern verehrt wurde[67]. Überdies zählt Laurentius in der Zeit des Hochmittelalters allgemein und als Patron vielerlei Gewerke zu den beliebtesten Heiligen.

Die Namensgebung diente allerdings noch einem anderen Zweck als nur der wundergläubigen Verehrung seiner Fürsprache und Reliquien. Der Name Laurentius sollte der Gemeinde ein großes Vorbild aus der Frühzeit der Kirche vor Augen stellen. Christlicher Glaube lebt auch von Vorbildern, die in ihrer

---

[64] Rainer Volp, Art. Altar, kunstgeschichtlich, in: RGG 4. Aufl., Sp. 339. – Ein Beispiel gibt wiederum der erste Hersfelder Kirchenbau, der auf die Heiligen Simon und Judas Thaddäus geweiht worden war, die Wigbert- Reliquie unter dem Hauptaltar aber erst kurz nach der Kirchweihe erhielt, vgl. Ludwig, a.a.O. 10.

[65] Dies geschah aufgrund eines Gelübdes, welches Kaiser Otto I. vor der siegreichen Schlacht auf dem Lechfeld am 10. August 955, dem Laurentiustag, getätigt hatte (vgl. ThietChron II,10).

[66] Die vorübergehende Auflösung erfolgte aufgrund von Ansprüchen, die vor allem das Bistum Halberstadt stellte. Bei der Neugründung berichtet Thietmar von Zugeständnissen, die er als Merseburger Bischof dem Magdeburger Amtsbruder machen musste und die einer Zerstückelung gerade auch in der Region Siusili, westlich der Mulde entsprach. So wurde am 27. Oktober 1015 bei einem Treffen in Mockrehna ein Vergleich angestrengt, bei dem der Magdeburger Erzbischof Gero an Thietmar die Pfarrherrlichkeit über Schkeuditz, Taucha, Püchen, Wurzen und Raßnitz verlieh, aber für Eilenburg, Pouch, Düben, Löbnitz und Zöckeritz selbst einbehielt (ThietChron VII,24).

[67] R. Spehr, Christianisierung 62, Anm. 204.

Lebensgeschichte den Glauben durchbuchstabiert haben. So sagt Paulus zu seinem Schüler Timotheus, er sei durch seine gebrochene und schuldbeladene Vergangenheit zum Vorbild für viele geworden, weil sich Christus selbst über ihn, den früheren Verfolger, geduldig erbarmt hat. Ebenso soll Timotheus ein Vorbild sein für die Gemeinden – freilich nicht, indem er vorher zum Verfolger wird, sondern »im Wort, im Wandel, in der Liebe, im Glauben, in der Reinheit« (1Tim 4,12). Auch Laurentius wurde in dieser Linie wahrgenommen. Aus den verschiedenen Märtyrerakten und schriftlichen zum Teil sich widersprechenden Nachrichten hat Jacobus de Voragine Eigenschaften des Laurentius von Rom herausgestellt, die er für besonders vorbildlich hält. Laurentius sei ein außergewöhnliches Vorbild »im tapferen Erdulden von Widerwärtigkeiten [...], in der Größe und Glut des Glaubens [...], und in seiner glühenden Andacht«[68].

Zeitsprung in das Jahr 1530

Ein evangelisches Ja zu den Heiligen (Augsburger Bekenntnis, Art. 21)

„Vom Heiligendienst wird von den Unseren so gelehrt, dass man der Heiligen gedenken soll, damit wir unseren Glauben stärken, wenn wir sehen, wie ihnen Gnade widerfahren und auch wie ihnen durch den Glauben geholfen worden ist; außerdem soll man sich an ihren guten Werken ein Beispiel nehmen, ein jeder in seinem Beruf [...]. Aus der Hl. Schrift kann man aber nicht beweisen, dass man die Heiligen anrufen oder Hilfe bei ihnen suchen soll. Denn es ist nur ein einziger Versöhner und Mittler gesetzt zwischen Gott und den Menschen, Jesus Christus (1Tim 2,5).«

Wer aber war Laurentius wirklich? Was lässt sich historisch fassen? Die ersten schriftlichen Zeugnisse sprechen von ihm als einen Diakon der römischen Gemeinde, der am 10. August im Jahr 258 n. Chr. hingerichtet worden ist. In jenem Jahr war der römische Bischof Sixtus bei einem Gottesdienst überfallen und mit mehreren Diakonen getötet worden. Laurentius aber sei aufgefordert worden, die Armenkasse der Kirchgemeinde auszuliefern. Er soll daraufhin die Gelder restlos an Ärmste und Kranke verteilt und eine Gruppe von ihnen vor die Behörden als »wahren Schatz der Kirche« geführt haben. Angeblich sei er

---

[68] Jakobus de Voragine, Legenda Aurea 1488-1489.

deswegen gefoltert worden und am 10. August auf einem eisernen Gitter den Feuertod gestorben. Nicht alles lässt sich mehr verifizieren oder sicher falsifizieren. Fest steht, dass keine hundert Jahre später Kaiser Konstantin eine Basilica maior bei dem Grab des Laurentius vor den Toren der Stadt errichten ließ. Es gab also eine frühe Lokaltradition. Andererseits setzte ebenfalls im 4. Jahrhundert die Legendenbildung ein und mit der wachsenden Popularität des Laurentius wurde sein Martyrium immer blühender ausgeschmückt. Die Historizität seiner Person und seiner Hinrichtung – nicht die Hinrichtungsart! – gilt aber durchaus als gesichert.[69]

Zeitsprung in das Jahr 1985

In der heutigen St. Laurentiuskirche findet sich nur ein neuzeitliches Bildnis des Laurentius, eine aus Holz geschnitzte Darstellung des jungen Märtyrers mit Palmzweig und Feuerrost. Sie steht auf einer neoromanischen Säule, die aus dem Turm der Buschnaukirche stammt, welche im Frühjahr 1989 dem Braunkohletagebau zum Opfer fiel[70]. Die Laurentiusfigur stammt von Karl Lenzmeier und wurde im März 1985 von der katholischen Pfarrei Thüle der evangelischen Kirchgemeinde geschenkt[71]. Sie ist Ausdruck dankbarer Erinnerung an die Jahre, in denen die Gottesdienste der katholischen Flüchtlinge und Vertriebenen ab 1945 in dieser Kirche stattfinden konnten.

---

[69] Die erzählerische Ausgestaltung des Martyriums inklusive Feuertod setzte im 4. Jh. ein (nachweisbar bei Ambrosius); vermutlich jedoch wurde Laurentius mit weiteren Diakonen durch das Schwert hingerichtet, vgl. LCI 7,374.
[70] Dazu Stuchly, Dieter, Archäologische und bauarchäologische Untersuchungen in und an der Buschnaukirche, Lkr. Delitzsch, in: Frühe Kirchen in Sachsen, 105-109, 107: Der Turm wurde 1868 mit neuen Schallarkaden versehen, in die man romanische Architekturteile unbekannter Herkunft einsetzte.
[71] Dazu notiert Michael Poschlod (in: Alles hat seine Zeit. Streiflichter aus der Geschichte einer Diasporagemeinde, Delitzsch 2011, 70f.), dass die St. Laurentiuspfarrei Thüle im März 1985 die katholische Kuratie in Lehelitz besuchte und bei dieser Gelegenheit die Figur der evangelischen Gemeinde schenkte.

Abb. 16 Mit Palmzweig und Feuerrost versehene Figur des Laurentius, geschnitzt vor 1985 von Karl Lenzmeier, rechts dahinter die romanische Sakramentsnische.

3 Wandel zur Ablasskirche

Die große Bautätigkeit zu Beginn des 13. Jahrhunderts ging einher mit einem weiterhin anhaltenden Bevölkerungswachstum. Ein dichtes Netz von Dörfern füllte mehr und mehr die Regionen östlich von Saale, Mulde und Elbe. Pfarrkirchen erhielten Filialkirchen[72], neue Ebenen geistlicher Hierarchie entstanden und in den Städten differenzierte sich das bürgerliche und kirchliche Leben weiter aus. Von neuartigen geistlichen Bewegungen wird man auf dem Land zumindest gehört haben: Die Entstehung der reformorientierten Bettelorden (Franziskaner und Dominikaner), die sozial tätige Laienbewegung der Beginen (ab 1279 in Meißen nachweisbar), die Geißlerzüge, die durch Selbstzüchtigung das Erbarmen Gottes herbeizwingen wollten (ab 1261 in Sachsen). Ein hoher theologischer Bildungsstand war auch bei vielen interessierten Laien vorhanden. Man konnte erwartungsvoll in die Zukunft schauen. Dann aber tauchten dunklere Wolken am Horizont auf.

Hunger, Hass, Hussitenstürme

Um 1300 sorgten klimatische Veränderungen für üble Missernten und anhaltende Hungersnöte. Die Bevölkerungszahl schrumpfte auf einmal wieder. Besonders stark traf dies die Dörfer, denn hier sorgten nicht nur die durch Hunger und Krankheiten verursachten Todesfälle für Dezimierung, sondern auch die große Landflucht in die Städte, so dass in diesen Jahren etliche kleinere Siedlungen völlig aufgegeben worden. Die Krankheiten und Seuchen aber, die durch die Mangelernährung befördert wurden, gaben Anlass zu einschlägigen Mutmaßungen und Verdächtigungen. Jeremias Simon, der Liemehnaer Pfarrer und Verfasser der Eilenburgischen Chronica, vermerkt für die Jahre 1316-1318:

> *»... eine schreckliche Pestilenz ... als daß viel tausend Menschen hier und in den benachbarten Orten darauff giengen: Wie denn auch böse Buben die Viehweide vergiftet, darvon das Vieh auf zwey biß drey Meilen ümher fast alles dahin gestorben ... sie wurden gefasst und nach*

---

[72] Auch die Kirche in Priester ist als Filialkirche Hohenleinas vermutlich in dieser Zeit entstanden. Siehe dazu Anm. 50.

Verdienst bestraft. Man hat es den Jüden beygemessen, daß es durch ihr Anstifften geschehen.« (Simon, Chronica 532)

Die düstere Gewohnheit, reflexartig den Juden die Schuld zuzuweisen, entlud sich in ungeahntem Ausmaß, als das Pestvirus sich ab 1347 unkontrolliert über ganz Europa verbreitete. Ende 1349 erreichte die Seuche auch Sachsen. Schon vorab sorgten die verwirrenden Nachrichten für chaotische Zustände, in denen die Juden attackiert und vielfach bestialisch ermordet wurden[73]. Jeremias Simon notiert (wohl irrtümlich auf das Vorjahr datiert):

»Anno 1348 hat die Pest wieder in hiesiger Stadt [Eilenburg] und auff dem Lande wie auch in vielen andern Orten und Städten grausam regieret. Die Jüden kahmen deßwegen abermahl in Verdacht als sollten sie die Brunnen vergifftet haben: Dahero sie aller Orten aufs äuserste verfolget, erschlagen oder verbrandt worden« (ebd. 533).

Neue Geißlerzüge zogen durch das Land, heizten die Pogromstimmung an, bevor sie schließlich von Papst Clemens VI. verboten worden. Derselbe hatte zuvor schon in zwei Bullen die Juden gegen den Vorwurf in Schutz genommen, Pestverursacher und Brunnenvergifter zu sein; sogar die Exkommunikation drohte Clemens den Verfolgern der Juden an! Eine nachhaltige Wirkung scheint er gegenüber dem eingefleischten Judenhass dennoch nicht erzielt zu haben.

Als die Not durch die Seuchen endlich abebbte, machten Reformbewegungen von sich reden, die als Konfrontation zur offiziellen Kirche wahrgenommen wurden: Die Waldenser (ab 1366 in Sachsen nachweisbar) und um 1400 die böhmische Reformbewegung um Jan Hus. Als dieser in Konstanz 1415 unter kaum verhohlenem Rechtsbruch als Ketzer verbrannt wird, erheben sich die Hussiten und vollziehen militärische Strafzüge, die auch die Sachsen schwer treffen. Im Jahr 1429 ziehen sie die Mulde aufwärts in Richtung Vogtland und äschern dabei ganze Dörfer ein. Zu diesen zählen in der Eilenburger Region Kalbsdorf bei Gallen, Burghausen und Rackewitz bei Liemehna, Buchwitz, Pestewitz, Plotte/Plottwitz und Dresdorf bei Pehritzsch, sowie vermutlich auch

---

[73] Das landesherrliche Regiment unterstützte zum Teil erheblich die Übergriffe. So sicherte Anfang 1349 Markgraf Friedrich II. der Stadtbevölkerung von Meißen Straffreiheit zu, wenn sie die Juden angriffen.

Gale[74] zwischen Priester und Mutschlena, nur 3 km von Hohenleina entfernt. All diese Orte werden nicht wieder aufgebaut, es fehlen die Menschen und die wirtschaftlichen Mittel. Andernorts aber werden die Kirchen in ihrer Wehrhaftigkeit verstärkt. In der Hohenleinaer Kirche wird eine starke Eichentür mit einem Schlossstamm eingebaut, die später – nachdem die Tür an der gotischen Vorhalle im 30jährigen Krieg teilweise verbrannt worden war – vermutlich dorthin versetzt und dabei wenig fachmännisch zurechtgeschnitten wurde. Eine dendrochronologische Untersuchung hat das Alter des Holzes auf das Jahr 1393 datiert[75], die Verarbeitung könnte dann in den Jahrzehnten danach und der Einbau als Reaktion auf die Hussitenstürme erfolgt sein.

Abb. 17 Eingangstür aus Eichenholz von 1393. Hinter dem nachträglich aufgebrachten gotischen Türrelief ist der grobe Zuschnitt erkennbar.

---

[74] Vgl. G. Rühl, Dorfchronik VIII.

[75] R. Wilke, 93. – Dass die Tür ursprünglich einen anderen Ort hatte, ergibt sich auch aus den fehlenden Brandspuren, die Nitzsche um 1750 noch von der Außentür kannte. Von den Abmessungen her kommt lediglich der romanische Haupteingang infrage, da der Durchgang der Priesterpforte 4 cm schmaler als die Tür ist.

Erst in der Mitte des 15. Jahrhunderts erholte sich das gesellschaftliche und wirtschaftliche Leben. Im Erzgebirge wurden 1470 und 1491f. ergiebige Silbererzvorkommen entdeckt. Das »große Berggeschrey« zog kapitalkräftige Investoren an, zu denen auch die Stadt Leipzig gehörte, die erheblich profitierte. Allen voran förderte der spätere sächsische Herzog Georg der Bärtige den Bergbau und sorgte für ein langanhaltendes wirtschaftliches Wachstum. Der Aufschwung führte auch zu seinem vermehrten Kirchenausbau: Die sakralen Gebäude wurden modernisiert und den veränderten Bedürfnissen wie dem gesteigerten Ablass- und Wallfahrtswesen angepasst. Vielerorts wurden nun erstmalig Gewölbe eingezogen, Chöre eingebaut und Platz geschaffen für die Aufnahme zusätzlicher Altäre.

Die Hohenleinaer Ablassurkunde

So geschieht es auch in der Laurentiuskirche von Hohenleina, die sich im letzten Viertel des 15. Jahrhunderts zu einer Ablasskirche entwickelt. Darauf weist eine Urkunde des Magdeburger Erzbischofs Johann von Pfalz-Simmern hin, die am 5. August 1473 ausgestellt wurde[76]. In ihr wird Besuchern der Laurentiuskirche an bestimmten Festtagen ein 40tägiger Ablass gewährt. Diese Urkunde ist für die Lokalgeschichte von solch großer Bedeutung, dass sie an dieser Stelle vollständig wiedergegeben wird. Anschließend wird ihr Inhalt näher erläutert:

»Ablass auf die Kirche Hohenleinau (Hohenlynaw).

Johannes von Gottes Gnaden Erzbischof der hl. Kirche Magdeburg, usw. Allen und jedem einzelnen der Christgläubigen beiderlei Geschlechts, die unseren gegenwärtigen Brief erblicken, sehen oder hören werden, ewiges Heil im Herrn. Wir erachten, Gott ein angenehmes und frommes Geschenk zu geben, wenn wir das treue Volk zur Mehrung der göttlichen Verehrung und zu anderen Werken der frommen Sitte durch gewisse verlockende Ablassgaben geführt haben, und zwar mit dem Wunsche, dazu anzuregen, dass die Pfarrkirche St. Lorenz in Hohenleina in unserer Diözese in den Genuss gleicher Ehren komme und dass die Christgläubigen selbst umso lieber um der Andacht willen dorthin

---

[76] Die deutsche Übersetzung des lateinischen Originals findet sich bei Friedrich Schirmer, Über die drei am frühesten genannten Pfarrkirchen unserer Muldekreise, 44-45.

zusammenkommen, wo sie aus diesem Geschenk der himmlischen Gnade sich so überaus erquickt wissen durch die Bitten unserer Lieben, des ehrenwerten und in Christus festen Presbyters Nikolaus Arnold, des Rektors der genannten Kirche, und des Ritters Heinrich von Bünau, (Bünow) eines Pfarrkindes dieser selben Kirche, die zu uns um das demütig baten. Wir, Johannes, Erzbischof und Primas, wurden dadurch allen vorgenannten Christgläubigen und jedem einzelnen von ihnen durch die zuvorgesagte Beichte und Reue zugeneigt, soweit sie jene Kirche von der ersten Vesper bis zur zweiten Vesper einschließlich am Tage desselben St. Laurentius, am Dienstag nach dem Auferstehungssonntag unseres Herrn Jesu Christi, am Montag der Betwoche der Empfängnis der hl. Jungfrau Maria und an den eigentlichen Festtagen der Kirchweih andächtig jährlich besuchen und zur Erbauung, zur Aufrechterhaltung der kirchlichen Gebäude, Bücher, Kerzen, Kelche und Schmucksachen, die vorher genannt wurden, durch eine Stiftung solcher Art die hilfreiche Hand reichen, für einzelne Tage der Festzeiten und für den Besuch der Glaubensschwachen mit dem Abendmahlssakrament das Presbyterium zu erreichen suchen, für einzelne Tage dieser selben Festzeiten und auch sonst zuweilen dies tun im Vertrauen auf die Barmherzigkeit des allmächtigen Gottes und auf das Ansehen des hl. Petrus und Paulus, und auf die Verdienste des hl. Mauritius und seiner Genossen, unserer Schutzheiligen. Wir bewilligen 40 Ablasstage in Liebe zu Gott dem Herrn wegen dieser auferlegten Bußen. Wir erkennen den Gesamt und Einzelablass an, der durch die höchst- und hochwürdigen Patres Kardinäle und Erzbischöfe der heiligen Römischen Kirche sowie Bischöfe dieser selben Kirch gegeben und zugebilligt wird. Zu dessen Bestätigung und Zeugnis ist unser Siegel dem Gegenwärtigen angehängt. Gegeben in unserer Burg Calbe, Donnerstag, den 5. August 1473 im neunten Jahre unseres Pontifikats.«

Erstmalig wird in dieser wichtigen Urkunde der Kirchenname »St. Lorenz« (Laurentius) und die Zugehörigkeit der Pfarrgemeinde zum Erzbistum Magdeburg angegeben. Überdies treten zwei Mitglieder der Hohenleinaer Kirchgemeinde namentlich in Erscheinung: Die Rede ist von Nikolaus Arnold, dem »Presbyter«, wie damals Angehörige des Klerus genannt wurden[77], und »Rektor der genannten Kirche« – also dem Ortspfarrer; und von Ritter Heinrich von Bünau, der als »Pfarrkind« zur Kirchgemeinde gehöre. Der aus der Brandiser Linie stammende Heinrich von Bünau hatte am 18. September 1465 von Kurfürst Ernst und Herzog Albrecht die Anwartschaft auf das Vorwerk zu Krostitz verliehen bekommen, welches ihm zuvor Heinzen vom Ende verkauft hatte[78]. Es wird nicht erwähnt, dass Bünau ein kirchliches Laienamt wie das eines Kirchpflegers oder Patrons innehatte, dennoch vertritt er hier als Laie und eventuell auch als maßgeblicher Zustifter die Belange der Gemeinde. Beide Ortsgrößen, Heinrich von Bünau und Nikolaus Arnold, hatten sich nun beim Erzbischof für eine Förderung ihrer Kirche stark gemacht, indem sie um die Gewährung eines ortsbezogenen Ablasses baten. Ziel und Zweck ihrer Intervention werden deutlich benannt: durch Stiftungsgelder soll das liturgische Inventar bestückt und gepflegt werden, vor allem aber sollen die »kirchlichen Gebäude« erbaut und aufrechterhalten werden. Die Mehrzahl »Gebäude« bezieht sich wahrscheinlich auf die verschiedenen Gebäudeteile der Kirche wie Schiff, Chor, Turmhalle, sowie die geplante Vorhalle und Sakristei.

Der eigentliche Ablass erfolgte nach einer »zuvorgesagte[n] Beichte und Reue«: Die Gläubigen legten zuerst vor einem Priester die Beichte ab und versicherten dabei ihre Reue über die begangenen Sünden. Daraufhin sprach der Priester sie in der Absolution von ihren Sünden frei und die Freigesprochenen konnten zum Empfang des heiligen Abendmahls »das Presbyterium zu erreichen suchen« (damit ist der Altarraum gemeint, der dem Priester als Angehörigen des Klerus vorbehalten war). Die echte Reue sollte aber auch bemüht sein, Wiedergutmachung zu leisten – ähnlich wie man auch heute bei einem Sachschaden erwartet, dass der Verursacher sich nicht nur entschuldigt, sondern auch den Schaden bezahlt. Ohne Wiedergutmachung drohte die Reinigung von den zeitlichen Folgen der Sünde in einem reinigenden Endgericht, dem Purgatorium (Fegefeuer). Tatsächlich hat der Apostel Paulus in einem seiner

---

[77] Das griechische Wort »presbyteros« bezeichnete ursprünglich den ehrwürdigen Ältesten einer Gemeinde; aus ihm entwickelte sich bereits im Althochdeutschen die Bezeichnung »prestar«, (mhd. »priester«), die man schließlich nur noch den ordinierten Geistlichen beilegte.
[78] M. Wilde, Die Ritter- und Freigüter, 286. Dort mit weiteren Quellenangaben.

Briefe von einem Gericht gesprochen, in welchem alle Werke der verantwortlichen Mitarbeiter geprüft werden wie in einem Feuer (1Kor 3,11-15). Die kirchliche Ablasslehre hat diese Bibelstelle spekulativ auf individuelle Sündenstrafen gedeutet, die am Tag des letzten Gerichts drohen. Und weiter wurde diese Ablasslehre ausgebaut zu einem hochkomplizierten Rechenwerk, welches die zeitlichen Reinigungsstrafen nach Tag und Jahr bemaß. Befreien konnte sich ein Mensch von diesen negativen zeitlichen Auswirkungen nur durch die Ableistung guter Werke. Da diese Wiedergutmachung aber für die Gläubigen schwierig und unsicher umzusetzen war, verfielen einige theologische Lehrer auf die Idee, dass es eine stellvertretende Anrechnung der guten Werke geben könnte, welche Christus mit allen Heiligen als großen Überschuss erworben hatten. Dieser Überschuss sei ein Schatz, den die Kirche verwalten dürfe. Daher »gewährten« Papst und Bischöfe aus diesem Kirchenschatz als Gnadenakt Gottes Ablässe der im Purgatorium zu verbringenden zeitlichen Sündenstrafe. Solche Ablässe wurden aber wiederum an Bedingungen geknüpft: Zum Beispiel durch die Stiftung von Geld für einen guten Zweck oder durch den Besuch einer bestimmten Kirche zu einer bestimmten Zeit. Beides wird in der Hohenleinaer Ablassurkunde als Bedingung genannt. Die festgelegten Zeiten erstreckten sich neben ausgewählten Hochfesten auf alle Sonntage »von der ersten Vesper bis zur zweiten Vesper«. Der Feiertag wurde liturgisch schon am Vorabend eingeleitet; das Abendgebet am Vorabend wird »erste Vesper« genannt, das Abendgebet am eigentlichen Feiertag die »zweite Vesper«. Der gewährte Ablass konnte alle Sündenstrafen umfassen oder aber zeitlich begrenzt sein – in der Hohenleinaer Urkunde werden 40 Tage angekündigt, die bei den vorgenannten Bedingungen von der im Purgatorium zu verbüßenden Sündenstrafen erlassen werden.

Es wird gebaut

Durch die in Hohenleina eingenommenen Gelder konnte nach 1473 großzügig gebaut werden. Die erste Jahreszahl, die die beginnenden Veränderungen markiert, findet man in dem laternenartigen Dachreiter, der ungefähr auf der Höhe des Taufsteins über dem Kirchenschiff aufgesetzt worden ist. Auf der kleinen Bronzeglocke findet sich die Zahl 1495.

Mit neuer Orientierung: Der gotische Chor

Um 1500 erfolgte der Abbruch der alten Apsis und der Anbau eines langgestreckten polygonalen Chores mit Netzgewölbe, der gegen die Längsachse des Kirchenschiffs um ca. 4 Grad nach Süden hin abgeknickt. Der Achsknick begegnet in vielen mittelalterlichen Kirchbauten, bevor durch das Tridentiner Konzil die strikte Ostausrichtung (»Orientierung« oder »Ostung« genannt) der Kirchen aufgehoben wurde.

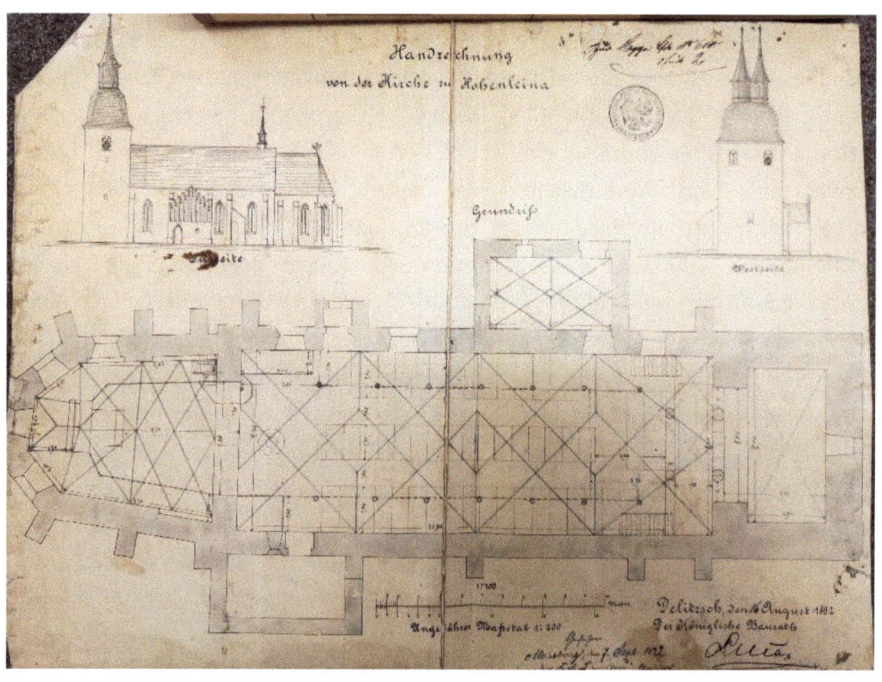

Abb. 18 Grundriss von 1892, der doppelte Achsknick des gotischen Chores ist nicht maßstabsgetreu aufgenommen.

Wie schon zuvor bezog sich auch bei dem neuen gotischen Chor die Ostausrichtung auf den Sonnenaufgang an einem bestimmten Kalendertag. Bei genauerer Betrachtung zeigt sich eine noch komplexere Struktur als in dem romanischen Bau, denn die Nord- und die Südwand des Chores verlaufen nicht parallel zueinander. Während die Nordwand bei einem Azimut von 104,7 Grad um rund 15 Grad von dem Langhaus nach Süden hin abweicht, handelt es sich bei der Südwand lediglich um eine minimale Abweichung ebenfalls nach Süden, die aber nur nach einer genauen geodätischen Untersuchung zu bestimmen wäre[79]. Dass nun sogar die einzelnen Wandseiten eine unterschiedliche Orientierung erhalten, bedarf der Erklärung. Zunächst ist ein solch differenzierter Grundriss auch in anderen gotischen Kirchbauten nachweisbar[80]. Die Notwendigkeit ergibt sich aus der Funktionsweise dieser Wände: der Chorraum wurde deshalb gestreckt, um an seinen Seiten für Nebenaltäre Platz zu schaffen. Allerdings gilt schon wie bei dem romanischen Chor, dass die Ostausrichtung nicht im Zusammenhang mit den Altarpatrozinien stehen muss. Die taggenaue Ostung erfolgte vor dem eigentlichen Bau und der Weihe der Altäre und des gesamten Chorraums, welche nach dem Schlussstein über dem Hauptaltar im Jahre 1504 anzusetzen ist. Der Achsknick nach Süden deutet dabei auf Orientierungstage im Sommer oder Herbst (zwischen Sommer- und Wintersonnenwende gelegen), die Ausrichtung der Nordwand, die einigermaßen genau bestimmt werden kann, deutet mit ihrem Azimut eher auf einen

Heiligentag. In Frage kommt zum Beispiel nach dem julianischen Kalender der Gallustag (16. Oktober) des Jahres 1500.

Abb. 19 Das Wappenschild über dem Hauptaltar mit der in gotischer Schrift geschriebenen Jahreszahl 1504 – das Jahr der erneuten Weihe.

In dem Bau des neuen Chores ließen vier tiefgeschnittene und mit gotischem Maßwerk versehene Fenster den Altarraum von Osten und Süden her im Licht der aufgehenden Sonne erstrahlen. Nunmehr hatte man Platz geschaffen

---

[79] Die hier vorliegenden Berechnungen konnten nur über Vermessungen des Luftbildes der Kirche erfolgen. Auf der Südseite des Chores weicht allerdings die Dachkante mit dem gemauerten Sims von dem darunterliegenden Mauerverlauf sichtbar ab.
[80] Vgl. etwa die Untersuchung zum gotischen Chorraum von St. Peter am Moos zu Muthmannsdorf, in: E. Reidinger, Eine Symphonie mit dem Kosmos, 79-85.

für bis zu drei Nebenaltäre, einer an der Nordseite und zwei an der Südseite des Chores. Vermutlich sind diese durch die Schenkung von Reliquien auch notwendig geworden. Den Standort der zusätzlichen Altäre markieren mit einem Bogen überwölbte Mauernischen, die bis auf den Boden reichen. Der Altarraum wird von einem Netzgewölbe überdeckt, dessen Schlusssteine durch drei Wappenschilde markiert sind, die jeweils in Richtung eines der Altäre zeigen. Das östliche Schild zeigt in gotischer Schrift die Jahreszahl 1504, das Jahr der neuen Kirchweihe nach Abschluss der wesentlichen Umbauten. Die Blasonierung des mittleren Schildes zeigt einen dreifüßigen Grapen mit zwei Henkeln, darüber einen fünfzackigen Stern und den gotischen Buchstaben O (?) und G. Dieses Stifterwappen, das zum Hauptaltar ausgerichtet ist, geht höchstwahrscheinlich auf die Familie von Groppendorf zurück. 1496 war Burkard von Groppendorf von Herzog Georg von Sachsen mit dem Vorwerk Crostewitz (das spätere Rittergut in Kleinkrostitz) belehnt worden, nachdem er es zuvor von Rudolf von Bünau dem Älteren gekauft hatte.[81] Das westliche Schild zeigt vermutlich ebenfalls ein Stifterwappen, die schwarze Figur auf gelbem Grund ist aber stark beschädigt und kann deshalb nicht mehr zugeordnet werden. Der Wappenfuß zeigt zur nördlichen Wandnische. Bei dem dort befindlichen Nebenaltar könnte es sich um einen Altar zu Ehren Johannes des Täufers gehandelt haben, da der Hohenleinaer Ablassmarkt am Johannistag stattfand.

---

[81] Burkard von Groppendorf wird nochmals in den Jahren 1499 und 1527 als Krostitzer Amtssasse erwähnt, der ein Ritterpferd zu stellen habe. Spätestens im Jahr 1534 ist die Familie nicht mehr im Besitz des Vorwerks. Zu der Heraldik der von Groppendorfs, siehe: Mülverstedt, George Adalbert von, Ausgestorbener preußischer Adel. Provinz Sachsen, in: J. Siebmacher's grosses und allgemeines Wappenbuch, Bd. 6, Nürnberg 1884, S. 57, Sp. 2: »Groppendorf, Magdeburgisch (Taf. 36). Ein in seiner Heimath, dem Erzstift Magdeburg, wo sein Stammgut gl[eichen] N[amens] unweit Erxleben liegt, unbedeutendes und wenig ausgebreitetes, zu den Vasallen der v[on] Alvensleben auf Erxleben gehöriges Geschlecht [...].« Die westphälische Linie führte in ihrem Siegel den Grapen verdreifacht. Zu der nicht weiter belegten Wappenvariation des in Krostitz ansässigen Familienzweigs gehörte vermutlich der kleine fünfzackige Stern in der oberen Mitte, ein in Deutschland übliches Beizeichen für dritte Söhne. Der Grapen (auch »Groppen« – wie im Familiennamen) ist ein irdener oder bronzener Kochkessel, den man auf seinen drei Füßen direkt ins Feuer stellen konnte und der vom 13.-17. Jahrhundert weit verbreitet war.

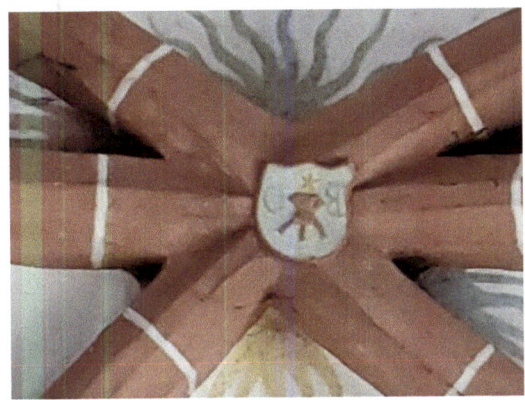

Abb. 20 Wappen Groppendorf

Ebenfalls auf der nördlichen Seite befindet sich auf Höhe des Hauptaltars ein kunstvoll gearbeitetes Sakramentshäuschen (Tabernakel) aus Rochlitzer Porphyr mit geschmiedeter Tür. Hier wurden die geweihten Hostien des Abendmahls aufbewahrt. Hinter dem Hauptaltar finden sich zwei weitere, recht kleine Nischen, die nicht bis auf den Boden reichen – es handelt sich um sogenannte *fenestella*, in denen bei der Abendmahlsfeier Kannen oder Schalen mit Wasser zur Handwaschung des Priesters und zur Reinigung der *sacra vasa* (Abendmahlsgeräte) abgestellt oder aufgehängt wurden.

Die 1504 vorgenommene erneute Kirchweihe war notwendig geworden, weil der ursprüngliche, romanische Altar versetzt werden musste. Der Altartisch hat bei dieser Gelegenheit eine neue Mensa und vermutlich auch einen Altaraufsatz erhalten. Den gotischen Aufsatz kannte Johann Benedict Metzler um 1720 noch aus eigener Anschauung und schreibt: »wie denn dieses Heiligen [nämlich Laurentius] sein Bild an denen Flügeln des Altars, wie er auf dem Rost lieget, und ihm die Därmer ausgewunden werden, abgemahlet noch zu sehen ist, welches ein gar altes Gemälde seyn mag.«[82] Bei dem Aufsatz muss es sich demnach um einen Flügelaltar gehandelt haben, dessen Seiten vermutlich außen gemalte Darstellungen enthielten, die Innenseiten und das Mittelteil könnten wohl geschnitzte Heiligen- und Apostelfiguren enthalten haben, in der Mitte vielleicht Maria als Gottesmutter mit dem Christkind oder Christus zeigend. Nach Metzler wird das Martyrium des Namenspatrons der Kirche auf beiden Flügelseiten

---

[82] Metzler, Anmerkungen, 486.

dargestellt, was allerdings umso unwahrscheinlicher ist, weil das Auswinden der Eingeweide kein Bestandteil der Erzählungen um Laurentius ist. Hier handelt es sich um den ebenfalls als Heiligen verehrten Bischof Erasmus von Antiochien (gest. 303 n. Chr.).

Bei der Weihe des neuen Chor- und Altarraumes wurden zwölf Weihekreuze in der Kirche durch Salbung, Einritzung und Farbauftrag angebracht, von denen aber nur noch fünf zu erkennen sind. Im Chorraum sind überdies noch zwei Namensschriftzüge vage auszumachen, so über dem nunmehr entstandenen Triumphbogen nach Osten hin der Name des Maurers Benedikt Eilenberger und auf der Nordseite der Name des Zimmermanns Lamprecht G. Wichner, welcher zudem mit einem Zimmermannsbeil versehen ist. Ursprünglich stand bei dem ersteren noch der Name eines zweiten Maurers, George Wiehner[83], der aber wohl nicht mehr von der späteren Übertünchung befreit werden konnte. Diese drei Handwerker sollen bei den Bauarbeiten, vermutlich bei dem Einbau des neuen Gewölbes, tödlich verunglückt sein. Die Inschriften im Altarraum zeugen von der Ehre, mit der man die Erinnerung an ihr gutes Werk an dieser Kirche versah.

Gewölbe, Westempore und Turmhalle

Die Bauarbeiten endeten aber nicht mit der Errichtung des neuen Chores. Auch das gesamte Kirchenschiff mitsamt Turmhalle sollte eingewölbt werden. Um die Last des Gewölbes aufzufangen, wurden neben den acht Stützpfeilern am Chor nun auch auf der Nord- und Südseite des Kirchenschiffs je fünf Stützpfeiler angesetzt, wobei jeweils zwei der Stützpfeiler zugleich die Außenwände der Sakristei und der Portalvorhalle bildeten, die neu hinzukamen.

---

[83] Vgl. Metzler, Anmerkungen 487. – Metzler erwähnt nur die Inschriften der beiden »Mäurer[n], deren Nahmen bey einer rothen Kugel oben am Schwippbogen angeschrieben waren« und die bei der Renovierung im Jahre 1697 zum Vorschein kamen.

Abb. 21 Das gotische Netzgewölbe im Kirchenschiff.

Auf der Nordseite zerstörten die Pfeiler das Ebenmaß der sechs romanischen Fenster[84], trotzdem ist die romanische Wand weitestgehend erhalten geblieben – wohl auch aus finanziellen Gründen hat man hier auf den Einzug von größeren Fenstern verzichtet. Auf der Südseite hingegen versorgten nun drei große, spitzbogige und mit Maßwerk versehene Fenster das Kirchenschiff mit bedeutend mehr Licht. Durch die optische Unterbrechung der beiden Eingänge fällt nicht gleich auf, dass diese drei Fenster in Tiefe und Breite völlig voneinander abweichen. Die besondere Kürze des westlichen Fensters ist womöglich dadurch zu erklären, dass hier die steinernen Stufen zu einer neuen Empore hinaufführten. Denn auf dieser Westseite wurde noch vor dem Rundbogen, der das Kirchenschiff zur Turmhalle hin öffnete, eine steinerne Westempore errichtet, die heute durch die hölzernen Emporen großflächig

---

[84] Vom Dachboden des Kirchenschiffs aus sind die zugemauerten romanischen Fenster noch gut zu erkennen.

verdeckt wird. Die steinerne Empore besitzt auf der Breite des Kirchenschiffs lediglich eine Tiefe von 2,25 m und ruht auf vier achtseitigen Pfeilern, deren Zwischenräume ursprünglich offen waren. Diente diese Empore schon der Aufnahme einer zahlenmäßig gewachsenen Gemeinde? Der geringe Zugewinn an Platz spricht eher für eine andere Funktion, etwa als Herrschafts- und Patronatsempore, oder als Sängertribüne[85]. Später wurde sie als Orgelempore genutzt.

Die Turmhalle blieb mit dem Kirchenschiff verbunden und erhielt ein Kreuzrippengewölbe, welches aufgrund der großen Mauerstärke der Wände nicht durch zusätzliche Pfeiler abgefangen werden musste. In der Westwand beschließt ein breites spitzbogiges Fenster die Halle. Rätselhaft ist die ungerade Bruchkante, die auf Höhe des Gewölbes um den Turm verläuft. Im ersten Turmgeschoss sieht man auf Höhe des Fußbodens eine auffallend breite Abrisskante. Dies könnte auf einen Turmbrand zurückgehen, den es im Jahr der erneuten Kirchweihe gegeben haben soll[86]. Bei der raschen Wiedererrichtung im selben Jahr hat man also bei der Mauerdicke gespart, die Turmfenster nach Osten hin stammen sichtbar aus der spätgotischen Zeit.

Vorhalle und Sakristei

Die spätgotischen Veränderungen führten schließlich zu dem Anbau einer Vorhalle vor dem südwestlichen Eingang und dem Anbau einer Sakristei (ein Aufbewahrungsraum für liturgische Geräte, Gewänder und Tücher) auf der Nordseite. Die Portalvorhalle wurde auch Vorzeichen genannt, weil sie den Haupteingang »bezeichnet«. Sie ist im Inneren mit einem besonders schönen Netzgewölbe ausgestattet.

---

[85] Ungefähr zur selben Zeit wurde in die Torgauer Marienkirche eine ähnliche steinerne Empore auf der Westseite eingebaut, deren Funktion ebenfalls nicht eindeutig belegt werden kann.
[86] So P. Rott, a.a.O. (S. 5).

Hohenleina 1917

Abb. 22 Der spätgotische Staffelgiebel an der Vorhalle, Aufnahme von 1917. Die Steinbänke könnten noch aus der romanischen Inneneinrichtung stammen.

Außen wird sie von einem markanten Staffelgiebel überragt. Die Annahme, dass mit der gestuften Fassade an den Gitterrost des Laurentius erinnert wurde, lässt sich kaum unter- mauern. Denn auch die fast zeitgleich entstandenen Vorbauten der Podelwitzer Kirche und der Eilenburger Marienkirche schmücken ähnliche Staffelgiebel. Es scheint sich also eher um eine repräsentative Gestalt- ung im Geschmack der Zeit zu handeln. Aber zu welchem Zweck brauchte man neben der Repräsentation solch große Vorhallen? Mancherorts dienten sie als Vorkapelle und Begräbnisstätte, was sich für die Hohenleinaer Kirche nicht nachweisen lässt. Möglich ist dennoch eine liturgische Verwendung bei Prozessionen oder zu besonderen kirchlichen Hochfesten. Auch eine profane Nutzung wäre denkbar, so dass an und in dieser Vorhalle die niedere Gerichtbarkeit zum Beispiel an den jährlichen Kirchenrechnungstagen ihren Platz hatte[87]. Ein Beispiel für diese enge

---

[87] Im Jahr 1442 wird für den Lehnsinhaber des Gutes »Crostewitz« die Erbgerichtsbarkeit bestätigt, die Obergerichtsbarkeit verblieb aber bei der Landesherrschaft; ab 1496 wird wiederholt der Krostitzer Lehnsmann als »Amtssasse« bezeichnet, s. M. Wilde, a.a.O. 286f. Für die späteren Jahre 1781-1793 existieren noch Protokolle über die Durchführung des Patrimonialgerichts im Amtsdorf Hohenleina (Landesarchiv Sachsen-Anhalt /

Verflechtung notiert Johann Benedict Metzler in der Hohenleinaer Pfarrmarticel von 1720 – allerdings für die Zschortauer Kirche[88]. Darin berichtet er von Gabriel Seydel, der um 1690 eine aus Hohenleina stammende Magd in Zschortau geschwängert habe

> »... und auf einer Hauptkirchrechnung zu Zschorta bei Anwesenheit des Superintendenten aus Delitzsch und der Gerichtsobrigkeit getrauet werden sollten. Auch der Pfarrer bereits in der Kirche gewesen und er in die Kirche nun gehen sollen von denen Gerichten begleitet, so ist er beim Eingang in die Leichhalle zur anderen Tür wieder hinausgesprungen und fortgelaufen.«

Die Rechnungstage erfolgten immer an den Kirchen unter Anwesenheit des Landpflegers und Landrichters, des Amtsmannes, des Pfarrers und der Kirchenväter. Die Bauern zahlten ihre Pacht und brachten den Kirchenzehnt, auch konnten Gelder entliehen oder Zinsen für entliehene Gelder bezahlt werden. Sodann wurde öffentlich berechnet, welchen Anteil der ehrenamtliche Kirchner für den Unterhalt der Kirche und der Gottesdienste und welchen Anteil der Pfarrer und der Bischof erhielt. Im Anschluss wurde gefeiert, wie noch für die Zeit um 1820 der Pfarrersohn Eduard Baltzer festhält: »Zuweilen gab es besonders frohe Feste, teils familiärer Art [...] teils offizielle, wenn ›Kirchrechnung‹ war.«[89]

Neben dem großen Vorbau vor dem Haupteingang wurde auch die Priesterpforte mit einem kleinen Vorbau versehen, der angelehnt an den Stützpfeiler eher die Dimensionen eines Windfangs hat. Auf der Nordseite wurde eine Sakristei angefügt, die mit einem wuchtigen Tonnengewölbe ausgestattet war. Frühere Autoren wissen noch von einer Piscina an der östlichen Sakristeiwand zu berichten, einer Öffnung also, die zum Ausgießen des für Waschungen benötigten Wassers diente und später zugemauert wurde. In die Sakristei führte noch Anfang der 1990er Jahre auf der Westseite eine Tür

---

Wernigerode). – Einem gerichtlichen Zweck könnte auch die gewaltige Kirchenvorhalle in Liemehna gedient haben; auffallend ist in dieser Hinsicht das Liemehnaer Kirchensiegel, welches die Allegorie der Justitia zeigt.

[88] Metzler, Pfarr-Matricel XI,3,19.
[89] E. Baltzer, Erinnerungen 8.

nach außen, von der heute nur ein Fenster übriggeblieben ist. Ob diese Tür zum ursprünglichen Bestand gehörte, kann gegenwärtig nicht geklärt werden. Die Tür zum Kirchenschiff ist mit einer spitzbogigen Zarge eingefasst, die wie schon das Sakramentshäuschen wohl aus Rochlitzer Porphyr gearbeitet worden ist. Die massive Tür ist mit einem kunstvoll geschmiedeten, rautenförmigen Gitternetz versehen, welches zusammen mit den beiden massiven, aber von außen kaum sichtbaren Schlössern vor Eindringlingen schützen sollte. Denn in diesem Raum wurden die Kostbarkeiten aufbewahrt, von denen die Hohenleinaer Ablass-urkunde gesprochen hatte: »Bücher, Kerzen, Kelche und Schmucksachen«, dazu womöglich noch die Priestergewänder und wertvollen Altartücher. Sicher auch die Gelder, die bei den jährlichen Hauptkirchrechnungen zu verwalten waren – und später die Gelder für die Armenkasse.

Begehrte Turmglocken

Die älteste Glocke, die den Beginn der großen Umbauten markiert, findet sich in dem Dachreiter, der sich ungefähr über dem Taufstein und unmittelbar vor dem Chorraum befindet. Die bis heute per Hand zu läutende Glocke trägt die abgekürzte Aufschrift »+ veni + cu + pace + anno + dni + m° + cccc° + xcv«, zu deutsch: »Komm mit Frieden im Jahr des Herrn 1495«. Die in Mitteldeutschland und dem westlichen Europa weit verbreitete, mittelalterliche Glockeninschrift lautet eigentlich vollständig: »O rex gloriae, veni cum pace« (O König der Ehren, komme mit Frieden)[90]. Besonders häufig tritt die Inschrift im 15. Jahrhundert und in Majuskelschrift (Großbuchstaben) auf, seltener wie in Hohenleina als Minuskel. Mag sein, dass die Ursprünge der Inschrift auf das Einläuten des Gottesfriedens am Mittwochabend zurückgehen[91], die Nähe zum Altarraum lässt aber eher vermuten, dass sie als Betglocke im Gottesdienst und insbesondere

---

[90] Schubart, a.a.O. 3.5, weiß im Jahr 1896 allein in der Kirchenprovinz Sachsen von 70 mittelalterlichen Glocken mit besagter Inschrift, in Anhalt von 20 Glocken. Die Verkürzung der Inschrift in Hohenleina beruht vermutlich auf Platzmangel, da sie an der Glockenschulter der recht kleinen Glocke umläuft (der Schärfendurchmesser beträgt lediglich 41 cm).
[91] Dazu ausführlich Schubart, a.a.O. 10ff.; ähnlich Schirmer, a.a.O. 36.

bei der Feier des Heiligen Abendmahls während des Friedensgebetes geläutet wurde. In evangelischer Zeit diente sie später nur noch als Taufglocke[92].

Abb. 23 Die sogenannte Taufglocke von 1495.

Auf dem Turm hat es vermutlich schon vor 1504 eine oder mehrere Glocken auf dem Turm gegeben, die aber wohl bei einem Brand vernichtet worden sind. Die Neubeschaffung dauerte etliche Jahre. Erst im Jahr 1519 wurde von der berühmten Glocken-gießerwerkstatt Hilliger in Freiberg die erste und größte Glocke mit dem Grundton »es«, einem Gewicht von 1,8 Tonnen und einem Schärfendurchmesser von 1,44 Metern gegossen[93]. Zwischen floralen Ornamentbändern ist auf ihr die Inschrift zu lesen: SIT NOMEN DOMINI BENEDICTUM EX HOC NUNC ET USQUE IN SEC 1519, zu deutsch: Gelobt sei der Name des Herrn von nun an bis in Ewigkeit 1519. Eine zweite, weitaus kleinere Glocke schwingt auf der Quinte »b«, hat einen Durchmesser von 93 cm und wiegt lediglich 0,45 Tonnen. Sie trägt die gleiche Umschrift und ornamentale Gestaltung wie die große Glocke, nur das Entstehungsjahr ist ein anderes: 1522[94]. Die Freude der Gemeinde über die

---

[92] Schon in der Amtsmeldung von Zachäus Faber heißt es kurz nach 1610: »Zur Tauff wird mit der kleinsten glocke geläutet, und post actum wird gesungen Sey Lob und ehr« (KK-Archiv, Kros21). Vgl. auch um 1900 bei Schönermark, a.a.O. 109: die »sogenannte Taufglocke«. Getauft wurde bis weit in die zweite Hälfte des 19. Jahrhunderts gewöhnlich am dritten Tag nach der Geburt und also nicht oder nur selten im Sonntagsgottesdienst; Haustaufen waren gang und gäbe. Fand die Taufe aber in der Kirche statt, wurde mit der Glocke der Taufgottesdienst eingeläutet.

[93] Auf der Glocke ist der Name des Gießers oder der Werkstatt nicht verzeichnet, aber die Ornamentik und Gestaltung weist beide Glocken der genannten Werkstatt zu, die seit 1517 durch Martin I., auch Merten Hylger oder Kanngießer genannt, geführt wurde. Aus seiner Werkstatt stammt ebenso die einzige erhaltene alte Glocke der Dresdner Frauenkirche, die 1518 gegossene Marienglocke.

[94] G. Schönermark, a.a.O. 111, gibt irrtümlich die Jahreszahl 1512 an.

wohlklingenden Hilligerglocken verdichtete sich in der Hohenleinaer Glockensage, die von dem Neid der Leipziger Ratsherren auf die große Glocke in St. Laurentius erzählt[95]. Lange brauchten die Städter nicht eifersüchtig zu sein, denn bereits im Jahr 1524 erhielt das Leipziger Rathaus ebenfalls eine Glocke von Martin I. Hilliger. Später wurden auch für St. Thomas, St. Nikolai und St. Johannes Glocken in derselben Werkstatt gegossen.

Abb. 24 Große Turmglocke, die von Meister Merten Hylger (Martin I.) im Jahr 1519 in der berühmten Freiberger Werkstatt gegossen wurde.

Die ursprüngliche Funktion der einzelnen Glocken ist nicht überliefert. Für die Frühzeit ist anzunehmen, dass sie vor allem einzeln geläutet worden und zu differenzierten Zeiten zu Gebet und Gottesdienst riefen. Ab welcher Zeit sie auch als Signalgeber für den Brandschutz eingesetzt wurden, ist ebenfalls unklar.

---

[95] In freier Nacherzählung z.B. bei dem Rödgener Lehrer Schinkel, Die versunkene Glock, in: Heimatkalender 1927, 65.

Zeitsprung 1826/28

Einen anschaulichen Eindruck von einem solchen Vorgang findet sich in den Kindheitserinnerungen Eduard Baltzers, der im Pfarrhaus zu Hohenleina aufgewachsen war. Er berichtet:»In der Zeit, ehe ich auf die [Internats-]Schule kam, hatte ich das Vertrauen des Schulmeisters so weit gewonnen, dass ich dem wohlbeleibten Herrn manchen Kirchendienst abnehmen durfte. Bei Feuer war ich gewöhnlich der nächste und schnellste, der bei ihm den Kirchenschlüssel holte, die 3 bis 4 Treppen den Turm hinaufeilte, selbst in finsterer Nacht und ohne Licht – die Läden aufstieß, und je nach Entfernung des Feuers, eine der drei großen Glocken zum Signal ertönen ließ – so lange, bis die Spritze des Orts abgegangen war. Ich fühlte mich da droben wie ein Feldherr, der zur Schlacht kommandiert, durch der Glocke ehernen Mund.«[96]

Um 1824 wusste man also noch von drei Glocken zu berichten. Die mittlere Glocke scheint die einzige gewesen zu sein, die den Brand um 1504 überstanden hatte, und muss von hohem Alter gewesen sein. Dies geht aus einer im Pfarrarchiv erhaltenen Notiz hervor, die vermutlich aus der 2. Hälfte des 18. Jahrhunderts stammt und worin es heißt:

> *»Die mittlere, so von weit gröberem Metall [als die Hilliger-Glocken], aber doch hellem und starkem Klange ist, führt keine Jahreszahl, oben aber die Umschrift mit Mönchsschrift, die das 15. Jahrhundert anzeigt: Ave Maria gratia, und ist also um vieles älter als jene.«[97]*

Es handelte sich also um eine Marienglocke, die womöglich die Laurentiuskirche als einen Ort einer besonderen Marienverehrung kennzeichnet.

---

[96] Eduard Baltzer, Erinnerungen. Bilder aus meinem Leben, Frankfurt a. M. 1907 [posthum erschienen], S. 8.

[97] Zitiert bei Baentsch, Die Kirche zu Hohenleina, 7. – Baentsch bemerkt dazu, dass die – heute nicht mehr vorhandene – Notiz im Pfarrarchiv hinter den Bemerkungen von Metzler und Nitzsche angeheftet worden ist. Nach seiner Einschätzung stammt die Handschrift aus der Mitte des 18. Jahrhunderts. Wenn sie sich aber von den Vorgängern unterscheidet, ist sie wohl am ehesten nach 1767 Christoph Heinrich Wachsmuth zuzuordnen.

Zeitsprünge 1852/2007

Die Mittelglocke wurde gleich mehrfach zerstört und dreimal neu gegossen. Die alte Marienglocke wurde eventuell durch den Blitzschlag von 1834 geschädigt. 1852 wurde sie ersetzt durch eine zu Torgau gegossene Glocke mit einem Gewicht von ca. 1 Tonne, einem Christus- und einem Engelbild und der Umschrift:»Gegossen von Christian Friedrich Kobitzsch, SU Torgau 1852, Ehre sei Gott in der Höhe«. 1917 musste diese Glocke für Kriegszwecke abgeliefert werden. Sie wurde eingeschmolzen und 1928 durch eine neue Bronzeglocke ersetzt, die mit einem Gewicht von 918 kg sich optisch stark an den Hilligerglocken orientierte. Ihre Umschrift lautete:»Geopfert für Deutschlands Wehr 1917 – Neuerstanden zu Gottes Ehr 1928«. Im Jahr 1941 wurde auch diese Glocke für den Krieg missbraucht und zerstört. Erst im Jahr 2007 erfolgte ein Neuguss mit der Aufschrift:»Friede sei mit dir«.

Noch mehr Ablass

Die Ablassurkunde des Magdeburger Erzbischofs hatte der Hohenleinaer Kirche ausreichend Einnahmen und Stiftungen beschert, mit der die umfangreichen Baumaßnahmen in 25 Jahren zu stemmen gewesen waren. Auch nach der wohl 1504 erfolgten Weihe des erneuerten Kirchbaus war der zu gewährende Ablass nicht ausgesetzt, im Gegenteil: Offensichtlich hatte man mit dem Einbau von vermutlich drei Nebenaltären die Erweiterung der Ablassmöglichkeiten ins Auge gefasst und die Kirche zu einer Wallfahrtskirche weiterentwickelt. Davon zeugte bis in die 1920iger Jahre noch ein Wallfahrtskreuz, das unmittelbar neben dem Hahn auf der östlichen Dachspitze angebracht gewesen war. Den entscheidenden Anhaltspunkt liefert aber die Tradition des»Lechelzer Abbels« (Lehelitzer Ablassfest), das bis in die Gegenwart hinein mit wenigen Unterbrechungen immer am 2. Juli begangen wurde. Das Kuriosum eines Ablassfestes in evangelischen Landen konnte hier deshalb entstehen, weil das ursprüngliche Ereignis, die Gewährung einer regelmäßigen Ablassfeier an einem festen Jahrestag, sich mit einem Markttag verband und dieser Markttag sich später von dem religiösen Anlass ablöste. Die allmähliche Ablösung aber wurde in diesem Fall befördert durch den Umstand, dass Lehelitz mit Klein- und Großkrostitz von 1503 bis 1539 noch zum katholischen Herzogtum Sachsen gehörte, während Hohenleina mit der Laurentiuskirche innerhalb des

Kurfürstentums Sachsen bereits evangelisch geworden war. (Dazu mehr in Kapitel 4.)

Zeitsprung ins Jahr 1957

Im Jahr 1957 wurde das Ablassfest vorübergehend von staatlicher Seite untersagt. Bis zu diesem Zeitpunkt wurde das Fest immer am 2. Juli gefeiert – und zwar immer noch deutlich erkennbar als Markttag. So reihten sich die Verkaufsstände nach Erinnerungen der älteren Lehelitzer vom Dorfplatz an dem Wirtshaus Stampe vorbei bis zur Staatsstraße. Verkäufer kamen auch von außerhalb, vor allem die Schausteller, die kurz zuvor zum Peter-und-Paul-Tag (29. Juni) in Delitzsch aktiv waren. An den Ständen wurden verschiedenste Waren angeboten. Besonders erinnerlich sind die vielen Buden, an denen Kirschen verkauft wurden, die gerade in dieser Zeit reif wurden. Nach einer erzwungenen Pause von rund 30 Jahren wurde erst Ende der 80iger Jahre die Tradition neu belebt.

Die Pfarrmatrikel von Gottlob Benedict Nitzsche (1746-1766) erwähnt folgendes[98]:

> »Ob Reliquien im Papsttum dagewesen, ist mir so genau nicht wissend, es ist aber glaublich, indem noch jährlich am Fest Johann. Baptist. allhier in Hohenleina und am Fest Visitat. Mar. zu Lehelitz sogenannter Ablaß ist, ein Merkmal, daß die Besuchung der hier vorhandenn Heiligen ihrer Altäre und Reliquien an diesen Tagen großen Ablaß im Papsttum nach sich gezogen hat; jetzt aber wird er nicht in der Kirche mehr, sondern in den Schenken gefeiert.«

Offenbar hatte sich um 1750 das Festgeschehen längst verselbständigt, wobei im Fall des Marienfestes es sich um einen Feiertag handelt, der nach 1610 immer noch gottesdienstlich begangen wurde[99]. Nitzsche gibt allerdings den wichtigen Hinweis, dass es sich zu seiner Zeit sogar um zwei Ablassfeste handelte: Das erste wurde am 24. Juni, den Johannistag, in Hohenleina begangen, das zweite

---

[98] Zit. bei F. Baentsch 8.
[99] So notiert es Zachäus Faber in seiner Meldung an das kurfürstliche Amt (o. J., KK-Archiv, Kros21).

exakt eine Woche später in Lehelitz, nämlich am 2. Juli, dem Fest von Mariä Heimsuchung (*visitatio mariae*). Zwar gehört der 2. Juli als Oktav des Johannestages zum Johannesfestkreis (wie bei anderen Hochfesten üblich zogen sich die Gedenkhandlungen über eine ganze Woche bis zum Abschluss am darauffolgenden Sonntag, der sogenannten Oktav). Aber der ausdrückliche Hinweis auf den Anlass des Marienfestes deutet darauf hin, dass dem zweiten Ablassfest ein eigenständiger Ablass zu Ehren der Gottesmutter Maria zugrunde liegt. Dabei fällt auf, dass auch in der Ablassurkunde von 1473 auf ein Marien-Hochfest Bezug genommen wurde und die nicht mehr vorhandene Mittelglocke eine Marienglocke vermutlich des frühen 15. Jahrhunderts war. Dies führt zu der Frage, welchen Anhaltspunkt die Marienverehrung in der Laurentiuskirche hatte.

Zeitsprung ins Jahr 1924

Der 1925 für den Heimatkalender verfasste Beitrag von dem ehemaligen Hohenleinaer Schuldirektor August Reulecke (Der Lehelitzer Ablaßmarkt) ist in seinen historischen Überlegungen wenig brauchbar, aber er beschreibt sehr farbig, wie das Fest im aktuellen Vorjahr, also 1924 gefeiert wurde (S. 67):

»So lebhaft wie in jenen katholischen Zeiten ist das Lehelitzer Ablaßfest in der Gegenwart nicht mehr. Zwar fehlen auch heute nicht die Possenreißer. Der Feueresser produziert noch immer seine Künste. Koupletsänger haben im obern Stockwerke des Gasthofes in einem Seitenraum des Tanzsaales ihre Stätte aufgeschlagen. Harfenmädchen durchziehen die Restaurationszelte und lassen ihre nicht übermäßig harmonischen Weisen erklingen, wofür sie spärlichen Lohn in Nickeln einheimsen. Karusselle und Luftschaukeln sind vorhanden und machen mit ihren großen Drehorgeln den obligaten Lärm. Dazwischen hört man die Ausrufer in Kraftworten ihre Waren ausbieten. An den Würfelbuden klingt der Becher, rollen die Knöchel und schnarrt das Glücksrad, und an den Verkaufsständen und Zuckerbuden wird noch genug gefeilscht. Bei Tanz und Musik erlustigt sich die erwachsene Jugend im Saal des Gasthofes. [...] Während des Krieges und nach ihm drohte der Markt einzugehen. Erst als die Geldentwertungsperiode vorüber war, lebte er wieder auf und konnte daher 1924 seine alte Anziehungskraft wieder entfalten. Die Eltern lassen ihren Kindern dazu neue Kleider anfertigen, und aus den nördlichen Vororten Leipzigs strömen die Leute herbei.«

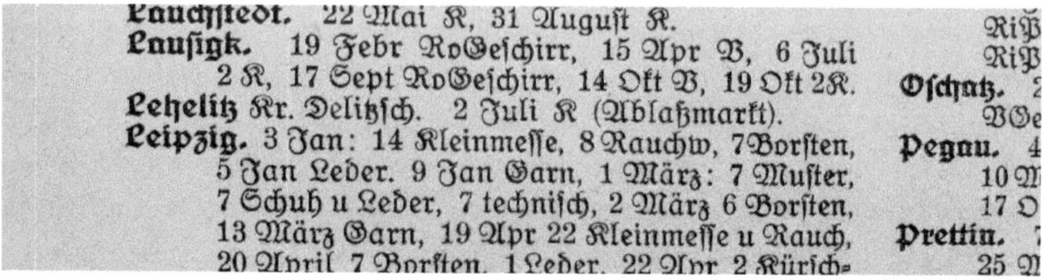
Lauchstedt. 22 Mai K, 31 August K.
Lausigk. 19 Febr RoGeschirr, 15 Apr V, 6 Juli 2 K, 17 Sept RoGeschirr, 14 Okt V, 19 Okt 2K.
Lehelitz Kr. Delitzsch. 2 Juli K (Ablaßmarkt).
Leipzig. 3 Jan: 14 Kleinmesse, 8 Rauchw, 7 Borsten, 5 Jan Leder. 9 Jan Garn, 1 März: 7 Muster, 7 Schuh u Leder, 7 technisch, 2 März 6 Borsten, 13 März Garn, 19 Apr 22 Kleinmesse u Rauch, 20 April 7 Borsten, 1 Leder, 22 Apr 2 Kürsch-

Abb. 25 Eintrag zu Lehelitz im Märkte-Verzeichnis des Jahres 1925, das »K« steht für Krammarkt, es wurden also von durchreisenden Händlern (Krämern) Gemischtwaren angeboten.

Schirmer und Baentsch berichten von einer mündlichen Überlieferung, wonach es in Hohenleina schon vor den spätgotischen Umbauten ein »wundertätiges Marienbild« gegeben habe, welches Anlass zu Wallfahrten gab[100]. Dies könnte zwar eine gewanderte Erzählung sein, denn sowohl die Eilenburger Nikolaikirche als auch die Wallfahrtskirche in Wöllmen besaßen solche wundertätigen Bilder – geschnitzte Holzfiguren der Maria, welche in der Eilenburger Ausführung sogar beweglich gewesen sein soll. Andererseits belegen diese beiden Beispiele, wie beliebt und angesehen solche Marienstatuen im ausgehenden 15. Jahrhundert waren, so dass die damit ausgestatteten Wallfahrtsorte trotz großer räumlicher Nähe äußerst erfolgreich agieren konnten. Die Marienverehrung in Hohenleina kann sich daher durchaus um 1473 an einer Marienfigur oder einem Marienbild manifestiert haben.

Bei dem Ablass zu Ehren Johannes des Täufers, auf den sich die Tradition des Hohenleinaer Ablassfestes gründete, wird es sich hingegen um eine gänzlich neu eingerichtetes »Altarprivileg« (*altare privilegiatum*) gehandelt haben, da dieser Heilige nicht in der Ablassurkunde von 1473 erwähnt wird. Damit legt es sich nahe, dass einer der 1504 errichteten Nebenaltäre eine Reliquie des Täufers beherbergt hat.

---

[100] F. Schirmer, Über die drei am frühesten genannten Pfarrkirchen unserer Muldekreise, 39. – Friedrich Baentsch notiert in seinem Brief vom 16. Mai 1934: »Früher ist mir einmal erzählt worden, doch weiß ich nicht mehr, von wem, in Hohenleina soll in alten Zeiten ein wundertätiges Marienbild gewesen sein, die Kirche sei Wallfahrtskirche gewesen und deshalb sei sie so groß. Vielleicht hat die Kirche manche Wandlungen durchgemacht. In den Akten habe ich noch nichts gefunden.« (Pfarrarchiv Hohenleina)

Die zweite Notiz, die entscheidend die Vorgänge erhellt und auch die hier vorgenommene Deutung untermauert, fand sich bei der letzten Öffnung der Turmknöpfe am 18.07.1981. Unter den Dokumenten befand sich eine beglaubigte Abschrift vom 8. Mai 1845 mit folgender Anweisung aus dem Jahr 1832[101]:

»Nach einer Verordnung der Königlich Hochlöblichen Regierung zu Merseburg vom 16. November 1832 ist die Fortdauer des Ablaßfestes in Lehelitz mit der Bestimmung genehmigt worden, daß dasselbe auf den eigentlichen Festtag, den 2. Juli jeden Jahres, beschränkt bleibt, und nur an diesem Tage das Feilhalten aller Waaren verstattet, am folgenden Tage, sowie am nächsten Sonntage, dem sogenannten Kleinablaß, schlechterdings untersagt ist. – Ausgezogen aus einer Verfügung des Patrimonial-Gerichts Lehelitz vom 18. Dezember 1832«

80 Jahre nach Nitzsche sind immer noch beide Ablassfeste, das in Lehelitz und das in Hohenleina, bekannt. So berichtet Geißler im Jahr 1829:»Das Ablaßfest, welches hier [in Hohenleina] am Johannistage und in Lehelitz zu Mariä Heimsuchung von einer großen Volksmenge noch durch Tanz und Spiel gefeyert wird«[102]. Die Gerichtsverfügung von 1832 belegt indes, dass das Lehelitzer Fest wie gewiss auch das Hohenleinaer mit dem Recht zum Abhalten eines oder mehrerer Markttage verbunden war. Der Hinweis auf die Oktav (»am nächsten Sonntage«, der »Kleinablaß«) untermauert die Annahme, dass dem Lehelitzer Ablass ein eigenständiges Ablasspriveleg zum Feiertag Mariä Heimsuchung zugrunde lag. Letztlich kann vermutet werden, dass die Ablassprivilegien in St. Laurentius dazu führten, dass sich die beiden Orte Hohenleina und Lehelitz erfolgreich um damit verbundene Marktprivilegien bewarben. Lehelitz unterstand dabei der Leipziger Obergerichtsbarkeit im albertinischen Sachsen, Hohenleina dem kursächsischen Eilenburger Amt. Geschickt hatte man also die verschiedenen Zuständigkeiten ausgenutzt und die Privilegien so aneinandergereiht, dass durch die beiden aufeinanderfolgenden Ablässe mit jeweiliger Oktav Markttage möglich wurden, die sich über zwei ganze Wochen

---

[101] Zit. in: Kuhne, Kurt, Personennamen im Turmknopf der Hohenleinaer Kirche, (maschinengeschriebenes Ms) 1981, 25.
[102] Geißler, Chronik 190.

erstreckten. Man hatte einen lokalpolitischen Coup gelandet. Die Hohenleinaer Laurentiuskirche war nunmehr als Ablasskirche etabliert und in dieser Funktion ein maßgeblicher Faktor für den sich entwickelnden Wohlstand in den Pfarrorten. Daher ist es auch kaum wahrscheinlich (und auch nicht belegt), dass bei einem dieser Märkte der berühmte Ablassprediger und Dominikanermönch Johannes Tetzel auftreten durfte. Tatsächlich pflegte Tetzel eher in den Städten aufzutreten; überdies war ihm als Subkommissar des Erzbischofs Albrecht der päpstliche Ablassverkauf sowohl im Kurfürstentum (ernestinische Linie) als auch im Herzogtum Sachsen (albertinische Linie) verboten worden[103]. Die sächsischen Landesfürsten wollten die begehrten Ablass-Einkünfte nicht nach Rom zur Finanzierung der Peterskirche abfließen lassen.

---

[103] So Hauschild, Wolf-Dieter, Lehrbuch der Kirchen- und Dogmengeschichte. Bd. 2, 37.

4 Zurück zu den Quellen

Am 31. Oktober 1517 wurden 95 Thesen wider den Ablasshandel an die Tür der Wittenberger Schlosskirche angeschlagen. Die Thesen waren in lateinischer Sprache verfasst und sollten, wie es üblich war, den Auftakt zu einer wissenschaftlichen Disputation geben. Da der Verfasser nicht nur Professor an der 1502 gegründeten Universität war, sondern auch Prediger und Seelsorger, ging es ihm bei diesen Thesen um mehr: Er wollte einen Missstand beheben, der durch das überbordende Ablasswesen unter seinen Beichtkindern sichtbar geworden war. Deshalb schickte er die Thesen mit einem Begleitbrief auch an den für Wittenberg zuständigen Magdeburger und Mainzer Erzbischof Albrecht von Brandenburg. Als eine Antwort ausblieb, reichte er sie unter Freunden weiter, die sie ohne sein Wissen in Druck gaben und damit in gebildeten Kreisen verbreiteten. Dann aber ließ der Wittenberger Anfang des neuen Jahres seine erste deutsche Schrift drucken, den »Sermon von Ablass und Gnade« – der in kürzester Zeit rasende Verbreitung fand und den Namen seines Verfassers weithin bekannt machte: Martin Luther.

Aus der Schrift nicht zu beweisen

Allein im Jahr 1518 wurde Luthers »Sermon von Ablass und Gnade« sechszehnmal nachgedruckt, bis 1520 noch weitere neunmal. In zwanzig Sätzen erläutert Luther darin die Grundzüge und Herkunft der gängigen Ablasstheologie und hält dagegen:

> »dass man aus der Schrift nicht beweisen kann, dass göttliche Gerechtigkeit von dem Sünder etwas an Strafen oder Genugtuung begehre oder fordere als allein seine herzliche und wahre Reue oder Bekehrung mit dem Vorsatz, hinfort das Kreuz Christi zu tragen und die oben genannten Werke (auch wenn sie von niemand vorgeschrieben sind) zu üben. Denn so sagt Gott durch Hesekiel: Wenn sich der Sünder bekehrt und recht tut, so will ich seiner Sünde nicht mehr gedenken (Hes. 18,21 f.; 14 ff.). Ebenso hat er selbst alle die absolviert [von Sünden losgesprochen]: Maria Magdalena, den Gichtbrüchigen, die Ehebrecherin usw. Ich möchte wohl gerne hören, wer da etwas anderes

beweisen soll, abgesehen davon, dass es etlichen Doktoren so gedeucht hat.«[104]

Luther hatte die Professur für Bibelwissenschaften inne, daher verstand er es als seine Aufgabe, von den biblischen Schriften her kritisch sich zu Wort zu melden, als das aufgeheizte Ablasswesen auch von anderer Seite als ausufernder Missstand empfunden wurde. Seine Argumente waren einprägsam und fanden ihren Weg sehr rasch auch nach Eilenburg und dessen ländliche Umgebung. Auch in Hohenleina haben die Argumente Luthers die Installation des dortigen Ablasswesens grundsätzlich erschüttert.

Was aber hatte Luther entdeckt, dass die Gemeinden nicht nur in Kauf nahmen, das einträgliche Ablassgeschäft zu verlieren, sondern auch in aller Welt als Ketzer verschrien zu sein, weil sie sich bald schon das Abendmahl in beiderlei Gestalt reichen ließen und zu diesem Zweck Pfarrer erwählten, die nicht regulär zum Priester geweiht waren und zudem noch heirateten? Hatte Luther lediglich entdeckt, dass die gängige Ablasspraxis irrig war? Diese Praxis wurde auch andersweit kritisiert (z. B. durch Herzog Georg) und schließlich durch das Trienter Konzil im Jahr 1562 zwar nicht aufgegeben, aber in wichtigen Punkten korrigiert. Dies konnte also kaum die Entdeckung sein, für die man eine Kirchentrennung riskierte. Oder hatte Luther entdeckt, dass ein sündiger Mensch sich nicht selbst durch gute Werke gerecht machen, sondern Gerechtigkeit nur durch den Glauben an die vergebende Gnade Gottes geschenkt bekommen kann? Diese sogenannte Rechtfertigungslehre war Luther zweifellos sehr wichtig und er hat sie immer wieder anhand biblischer Schriftstellen rekapituliert und gegen römische Lehrvorstellungen in Stellung gebracht. Heute scheinen die Lehrunterschiede jenseits der einstigen Polemik aber gar nicht so unüberwindlich zu sein.[105] Ging es stattdessen vielleicht um ein

---

[104] Martin Luther, Sermon von Ablass und Gnade, Absatz 6, sprachlich angepasst nach der Aland-Ausgabe.

[105] Am 31. Oktober 1999 wurde in Augsburg von Repräsentanten des Lutherischen Weltbunds und der Römisch-katholischen Kirche eine »Gemeinsame Erklärung zur Rechtfertigungslehre« unterzeichnet. Die daran beteiligten lutherischen und römisch-katholischen Theologen waren zu der Überzeugung gelangt, dass man in der Rechtfertigungslehre wichtige Grundwahrheiten teile und die gegenseitigen Lehrverurteilungen des 16. Jahrhunderts keine Geltung mehr besäßen.

neues Gottesbild? Hatte Luther einen »gnädigen Gott« entdeckt und damit das mittelalterliche Schreckensbild von einem zornigen und strafenden Gott revidiert? Solche Überlegungen entspringen eher den religionspsychologischen Vorstellungen des frühen 20. Jahrhunderts und werden keinesfalls den Gedankengängen Luthers gerecht, der bis zuletzt die biblisch komplexen Aussagen über den zu fürchtenden und doch auch zu liebenden Gott im Blick behielt. Auch wenn man meint, Luther als einen fortschrittlichen Aufklärer begreifen zu können, der alte Kirchenzöpfe abrasierte, kann man sich dabei kaum auf eine breitere historische Grundlage berufen. Vielmehr diente ab 1522 Luthers Arbeit und Mühe in erstaunlicher Weise der Bewahrung althergebrachter kirchlicher Überzeugungen: Er verteidigte die Bilder in den Kirchen, die altkirchlichen Glaubensbekenntnisse und die wirkliche Gegenwart von Leib und Blut Christi im Heiligen Abendmahl.

Die eigentliche Entdeckung Luthers bestand nicht in einer bestimmten dogmatischen Lehre, sondern generell in dem Schriftprinzip. Er war schlichtweg auf die erstaunliche Substanz der biblischen Schriften gestoßen, auf ihre präzisen Formulierungen, auf die kritische und pragmatische Kraft, auf die verstörenden und tröstlichen Handreichungen. Diese grundlegende Entdeckung setzte mit dem intensiven Bibelstudium ein, dem sich Luther schon in Erfurt vor seiner Berufung an den Wittenberger Lehrstuhl für Bibelwissenschaften widmete. Schon bei der Abfassung der Thesen und des Sermons von Ablass und Gnade schöpfte er die stärksten Argumente aus der Bibel. Dann aber drängten ihn die sich überschlagenden Ereignisse immer mehr dazu, die Worte der Bibel gegenüber anderen Autoritäten als vertrauenswürdiger zu begreifen. Zu allen Zeiten hatten die christlichen Konfessionen die Auffassung gemein, dass die biblischen Schriften von Gott dem Volk Israel und den Völkern der Kirche gegeben worden seien und diese Schriften deshalb »Heilige Schrift« seien. Die Auffassung der Gegner Luthers aber war, dass diese Schrift das leitende Lehramt der Kirche brauche, denn schließlich würde sich jeder Ketzer auf die Bibel berufen wollen und sich wer weiß was einbilden. Deshalb reagierte man von Seiten des römischen Stuhls auch barsch. Man verzichtete auf eine Prüfung der Argumente Luthers und forderte formal die Unterwerfung unter die kirchliche Autorität. Bereits im Juni 1518 wurde der Ketzerprozess eröffnet – nur aus politischer Rücksichtnahme auf Luthers Landesherrn lud man ihn im Herbst noch zum Gespräch mit dem römischen Kardinallegaten Cajetan nach Augsburg ein.

Cajetan forderte Luther auf, alle kritischen Schriften zum Ablass zu widerrufen, Luther aber verwies auf die Gewissheit einer vollkommenen Vergebung, die in der Heiligen Schrift von Gott selbst dem reuigen Sünder wirksam und ohne eine menschlich-kirchliche Verwaltung zuteilwird. Im Sommer 1519 nahm Luther an der Leipziger Disputation teil, die der theologisch interessierte und auf Vermittlung bedachte Herzog Georg in die Wege geleitet hatte. Herzog Georg genoss bei den Wittenberger Reformatoren aufgrund seiner politischen Integrität und humanistischen Bildung ein hohes Ansehen. Anfänglich schien er sogar dem lutherischen Lager zuzuneigen, hatte er doch dem Merseburger Bischof geraten, die 95 Thesen an möglichst vielen Orten anschlagen zu lassen. Dann aber wurde Luther durch den Ingolstädter Theologieprofessor Johannes Eck zu Aussagen gegen das päpstliche Primat gedrängt: Päpste könnten irren, und ebenso Konzile – wie in dem Fall von Jan Hus, der von dem Konstanzer Kirchenkonzil zum Ketzertod verurteilt worden war, obwohl etliche seiner Sätze von der Heiligen Schrift her gedeckt gewesen seien. Herzog Georg, der den komplexen lateinischen Darlegungen der Disputation durchaus folgen konnte, war entsetzt. Für ihn war die lutherische Position nun als hussitische Ketzerei entlarvt, die er fortan mit starken Mitteln bekämpfte[106]. So wurde der Herzog zu

einem entschiedenen Feind Luthers, der 1525 weitere Gegner im Dessauer Bund sammeln sollte, um die »vordampt luterisch secten« auszurotten.

Abb. 26 Das erste bekannte Lutherbild, es stammt vom Titelblatt einer Leipziger Predigt, die noch während seines Aufenthaltes bei der Disputation 1519 gedruckt wurde. Die spiegelverkehrte Umschrift lautet »Doctor Martinus Lutter Augustiner Wittenb.« und zeigt ihn mit Doktorhut im Redegestus, darunter die Lutherrose.

---

[106] Hierzu: H. Junghans, Georg von Sachsen, in: TRE 12, 386f.

Aber hatte Luther denn Recht mit seiner Berufung auf die Schrift? Der große kirchliche Humanist Erasmus von Rotterdam verfasste im Jahr 1524 eine lange erwartete Stellungnahme. In der Abhandlung »Über den freien Willen (*De libero arbitrio*)« setzte er gegen die lutherische Behauptung, dass der Mensch allein aus Gnade die Gerechtigkeit Gottes erlangen könne, den Hinweis auf die menschliche Willens- und Wahlfreiheit zum Guten oder Bösen. Gegen die Schriftargumente Luthers aber argumentierte er mit der Lehrhoheit der Kirche, die allein schon deshalb notwendig ist, weil viele Schriftstellen dunkel und unverständlich seien. Ja, die ganze Schrift gliche einer dunklen Höhle, in die der Mensch forschend sein Licht trage. Luther antwortete darauf mit einer Abhandlung »Über den geknechteten Willen (*De servo arbitrio*)«: Nicht die Schrift ist an manchen Stellen dunkel und braucht deshalb zur richtigen Auslegung die kirchliche Autorität, vielmehr seien die Menschen in ihren Sinnen und Verstand dunkel und würden von der Klarheit der Schrift beleuchtet. Die Schrift trage eine innere und äußere Leuchtkraft (claritas) in sich und muss nicht erst durch den Menschen oder ein kirchliches Lehramt erleuchtet werden. Gott selbst handelt an uns durch dieses sein Wort und verlangt nicht mehr und nicht weniger, als dass der Mensch diesem seinem Wort glaubt. Damit aber ergibt sich die Aufgabe für alle Theologie und kirchliches Handeln: Das biblische Wort ist wieder und wieder zu lesen »mit fleißigem Aufmerken und Nachdenken, was der Heilige Geist damit meint.« Es will betend gehört und durchdacht sein – und die daraus gewonnenen Schätze müssen sich in der Anfechtung des Denkens, Lebens und Sterbens bewähren. Die Theologen und Schriftgelehrten aller Zeiten aber stehen stets in der Gefahr, das von Gott gegebene Wort zu verdunkeln und für eigene Interessen zu missbrauchen. Dagegen steht als Abhilfe nur immer wieder das Wort selbst, welches zweischneidig (Hebr 4,12) solcherlei Interessen und Überlegungen bloßlegt.

Keine bestimmte reformatorische Erkenntnis, sondern ein widerständiges Grundprinzip des Denkens und Glaubens hatte Luther in der Beschäftigung mit der Heiligen Schrift wiederentdeckt und in den Auseinandersetzungen seiner Zeit fruchtbar werden lassen. Deshalb wurde von den Reformatoren und in den nun entstehenden protestantischen Gemeinden die Klarheit der Schrift – oder auch etwas verkürzt »die Schrift« – als allererstes und oberstes Prinzip des Glaubens und Denkens jenseits aller anderen Autoritäten festgehalten.[107]

Abb. 27 Altarbibel in der Übersetzung Martin Luthers, revidierte Fassung von 2017.

Ein Kachelofen für die Dörfer

Die neuartige Lehre muss schon frühzeitig Eingang in Hohenleina und den Dörfern ringsum gefunden haben und keineswegs erst 1543, wie 135 Jahre später Jonas Ditzscher meinte[108]. Die Dörfer auf dem Land standen meist im Schatten der Städte, die sich für die Reformation öffneten oder eben auch nicht. Was jeweils in den Dörfern den Funken überspringen ließ, war vielgestaltig: Es geschah durch einzelne aufgeschlossene Pfarrer oder durch Strukturreformen, durch Patronatsherren, die einen evangelischen Prediger berufen und einstellen konnten, oder eben auch durch einfache Gemeindemitglieder.[109] In Hohenleina mischten sich alle diese Anlässe. Der letzte katholische Inhaber der Hohenleinaer Pfarrei war Erasmus Hofmann von Eilenburg, der sich in den Amtsgeschäften von einem Kaplan vertreten ließ, der in Niederossig wohnte. Hofmann selbst war in Eilenburg ansässig, wo er spätestens für das Jahr 1533 als Stadtrichter bezeugt

---

[107] Vgl. hierzu insgesamt: B. Rothen, Die Klarheit der Schrift. Teil 1. Martin Luther: Die wiederentdeckten Grundlagen, Göttingen 1990.

[108] Ditzscher schrieb am 19. Juni 1678 in einer Notiz für die neu aufgesetzte Turmkugel (Baltzer, Nachrichten 2): »Anno 1543 ist das helle Licht des seligmachenden Wortes Gottes vom Herrn D. Martin Luthern, in der Augspurgischen Glaubens-Bekändniß, auf den Leuchter gestecket, auch in diesem Gotteshause allhier zur Hohenleina, welches im finstern Pabstthum die St. Lorenz Kirche gennennet worden, angezündet«.

[109] Ein Überblick hierzu findet sich in: H. Jadatz, Die Dorfkirche in der Reformationszeit, 87-97.

ist[110]. Die Konstellation aus Ämterhäufung und Amtsvertretung erklärt sich aus dem Pfründewesen: Der Inhaber genoss die Einnahmen aus seiner Pfarrstelle, bezahlte daraus einen Geistlichen der niederen Weihen und hatte, da jener die Amtsgeschäfte versah, noch Zeit, sich anderen Ämtern zu widmen. Allerdings geriet Erasmus Hofmann schon früh in den Einfluss der lutherischen Bewegung, die bereits 1519 die Stadt Eilenburg ergriffen hatte.

Luther war mehrfach persönlich in Eilenburg gewesen.[111] Der Weg von Wittenberg nach Leipzig, den der Reformator unter anderem zum Augsburger Verhör im Herbst 1518 oder zur Leipziger Disputation im Sommer 1519 bereiste, führte über die damals noch unzerstörte Muldebrücke bei Löbnitz und über Eilenburg. Dort hat Luther frühzeitig gepredigt, zunächst in der Petruskapelle des Schlosses, da die benachbarte Marienkirche von 1516-1522 einen spätgotischen Umbau erhielt. Die reformatorische Lehre führte in Eilenburg zu einer scharfen Kritik an den lokalen kirchlichen Verhältnissen. So wurde am 5. November 1521 die Terminei der Dominikanermönche[112] gestürmt. Die neue Lehre fand aber auch Zuspruch bei etlichen Ratsherren. Deshalb schrieb der Dominikaner Johannes Lindner im Auftrag der antireformatorischen Seite: »Eilenburg [...] hat viel windisch Volk. Und 1519 erhub sich daselbst die nawe unchristliche Secte, undern schutz der Obirkeit.«[113] Zu dieser Obrigkeit ist späterhin auch Erasmus Hofmann zu zählen.

An den Weihnachtsfeiertagen des Jahres 1521 predigte schließlich der Wittenberger Gabriel Zwilling, genannt Didymus, in der Eilenburger

---

[110] Jeremias Simon, Eilenburg'sche Chronica, 433.

[111] Zu den Eilenburger Aufenthalten siehe zuletzt und mit weiterführender Literatur: A. Flegel, Luther in Eilenburg oder wie Eilenburg fast zu einer Lutherstadt wurde, Gräfenhainichen 2022.

[112] Die heute nicht mehr zu lokalisierende Terminei in Eilenburg wird ein Gebäude des Bettelordens gewesen sein, in welchem nicht nur die für den Mönchskonvent eingesammelten Spenden und Gelder aufbewahrt worden, sondern auch dauerhaft Terminarier und einzelne Priester wohnten. Diese übten auch Seelsorge aus und feierten Messen – oftmals in unliebsamer Konkurrenz zu den Kirchgemeinden vor Ort.

[113] Zitiert bei A. Flegel, Luther in Eilenburg,61. Das Zitat stammt demnach aus: Johannes Lindner, Onomasticum mundi generale, 1530. – Flegel deutet den Ausdruck »viel windisch Volk« nicht im Sinne von »wetterwendisch«, sondern bezogen auf die »Wenden« als Sammelbezeichnung für die slawische Bevölkerung. »Offenbar bestand noch eine größere sorbische Bevölkerungsgruppe in und um Eilenburg« (ebd.).

Nikolaikirche. Zwilling, Augustiner-Eremit wie Luther, war im Monat zuvor aus dem Wittenberger Mönchskonvent ausgetreten. Nun predigte er sehr scharf gegen alle Missstände an und feierte am Neujahrstag in der Schlosskapelle (denn die Nikolaikirche blieb ihm verwehrt) ohne Priesterkleidung und in beiderlei Gestalt (d.h. mit Brot und Wein) das Heilige Abendmahl mit 130 Personen. Fünf Tage später predigte er wieder, diesmal im Eilenburger Ratssaal, und reichte das Abendmahl ca. 200 Anwesenden. Es ist bekannt, dass zu diesen provokanten Aktionen viele Besucher aus den umliegenden Gemeinden und sogar noch aus Wurzen und Leipzig kamen.

Zwilling, zwischenzeitlich wieder nach Wittenberg zurückgekehrt, radikalisierte sich zusehends zum Bilderstürmer, bekannte aber unter dem erneuten Einfluss von Luther, der im März 1522 aus seinem Versteck auf der Wartburg zurückgekehrt war, grundlegende Fehler begangen zu haben. Für Eilenburg erbat Luther beim Kurfürsten Friedrich dem Weißen einen evangelisch gesonnenen Pfarrer und schlug der Stadt den Domprediger Andreas Kauxdorf vor. Dieser hatte die erste reformatorische Predigt im Magdeburger Dom gehalten und war daraufhin am 14. September 1521 durch Albrecht von Brandenburg wegen Ketzerei der Stadt verwiesen worden. Ein knappes Jahr später trat er nun also die Predigerstelle in Eilenburg an. Nach dem Abzug der Dominikaner ließ er das »betriegliche Marienbild« aus deren Kapelle holen und auf dem Marktplatz auszustellen, damit sich jedermann von dem geheimen Mechanismus des hölzernen »Lügenbildes« überzeugen konnte, bevor es schließlich »weggeschaffet« und »zerschlagen« wurde[114]. In Wöllmen hatte man hingegen die wundertätige Marienfigur zusammen mit einer Barbarafigur einfach in der Dachkammer des Turmes, der sogenannten »Götzenkammer«, abgestellt.

---

[114] Gleich mehrfach nimmt Jeremias Simon in seiner Chronik von 1696 auf dieses Marienbild Bezug (Simon, Eilenburg'sche Chronik, 212f.239.556.) Da es keine früheren Quellen zu diesen Vorgängen gibt, bezweifelt A. Flegel, dass die Statue wirklich zerstört worden ist (ders., Luther in Eilenburg, 83).

Abb. 28+29 Kelch aus Wöllmen mit Detail, vergoldete Silberschmiedearbeit um 1500. Die Stifter und ein Priester kehren sich mit der Bitte um Erbarmen zum Kreuz; die hinteren Felder zeigen die Hl. Maria, Hl. Barbara und Hl. Dorothea, deren hölzerne Figuren auf dem Altar standen. Die Marienfigur (heute als Leihgabe im städtischen Museum Eilenburg) galt als wundertätig.

Nachdem die katholische Priesterschaft 1525 die Stadt vollends verlassen hatte, wurde Kauxdorf regulär als Pfarrer an der Nikolaikirche eingeführt. 1530 wurde schließlich die Ephorie Eilenburg (der evangelische Kirchenkreis) mit Kauxdorf als erstem Superintendenten begründet. Aber schon vorher fanden Kirchenvisitationen in den zum kurfürstlichen Amt Eilenburg gehörenden Gemeinden statt – unter anderem 1529 in Hohenleina[115]. Dort bestand zu diesem Zeitpunkt also eine evangelische Gemeinde. Aber wann genau ist die lutherische Lehre dorthin gelangt und wann wurde in der Laurentiuskirche zum ersten Mal evangelisch gepredigt?

Die Frage kann annähernd beantwortet werden anhand der heftigen Gegenmaßnahmen, mit denen Herzog Georg auf die »vordampt luterisch

---

[115] Vgl. Baentsch, a.a.O. 19.

secten« reagierte. Als am 6. Januar 1522 Gabriel Zwilling im Eilenburger Rathaussaal gepredigt und das Abendmahl unter beiderlei Gestalt ausgeteilt hatte, waren unter den ca. 200 Anwesenden auch Besucher aus dem albertinischen Herrschaftsgebiet. Die Teilnehmer aus dem herzoglichen Leipzig wurden im Anschluss an die Eilenburger Ereignisse auf das Geheiß Georgs inhaftiert, an einer Teilnehmerin aus Wölpern wurde sogar ein Exorzismus versucht. Letzteres Ereignis zeigt, dass die reformatorische Kunde bereits zum Jahreswechsel 1521 / 1522 auf die Dörfer gelangt sein muss. Besonders kritisch spitzte sich die Lage in der Hohenleinaer Parochie zu, denn mitten durch diese ging die Grenze zwischen dem albertinisch-herzoglichen und dem ernestinisch-kurfürstlichen Sachsen: Gehörten Hohenleina, Priester und Kupsal zu dem kurfürstlichen Amt Eilenburg, so Krostitz, Lehelitz und Pröttitz zu dem herzoglichen Amt Delitzsch. Herzog Georg ließ nun diese zu seinem Herrschaftsgebiet gehörigen Dörfer zur Kirche in Kletzen umpfarren. Damit verbunden war das Verbot, weiterhin an die Kirche in Hohenleina den Kirchenzehnt abzuliefern.[116] Die Bewohner befolgten zunächst die Anordnung und wählten nicht die Option, die Georg denjenigen Landeskindern, die der neuen Lehre anhingen, auch angeboten hatte, nämlich den eigenen Besitz zu verkaufen und außer Landes zu ziehen. Zu dieser Zeit muss also das Pfarramt in Hohenleina bereits evangelisch ausgerichtet gewesen sein. Dass es aber unter den herzoglichen Landeskindern dennoch Sympathisanten für die evangelische Sache gab, zeigt sich an einem prominenten Beispiel: Wolf von Lindenau auf Lindenau, dem nicht nur das gleichnamige Dorf bei Leipzig (seit 1891 eingemeindet) gehörte, sondern auch das Dorf Lehelitz, unterschrieb im April 1524 als erster von 105 Unterzeichnenden eine Bittschrift an den Rat der Stadt Leipzig mit dem Ziel, dass der lutherische Prediger Andreas Bodenschatz auch in einer der großen Stadtkirchen predigen dürfe. Herzog Georg reagierte ungehalten und zwang Wolf von Lindenau zur Abgabe der beiden Dörfer Lindenau und Lehelitz an seine beiden Söhne. Drei Jahre darauf wurden auch die Söhne, Sigismund und Caspar, gezwungen, beide Besitztümer im herzoglichen Bereich an den Rat der Stadt Leipzig zu verkaufen.

---

[116] Hierzu und im Folgenden: K. Kuhne, Einwohner des Dorfes Lehelitz bei Leipzig während der Reformationszeit, 138-142.

Die Umpfarrung der Dörfer Krostitz, Lehelitz und Pröttitz muss ebenfalls spätestens 1524/25 erfolgt sein, denn im April 1525 beschwert sich Erasmus Hofmann beim Kurfürsten Friedrich dem Weißen über die Bewohner jener Dörfer:

>*disse alle sampt gedenken mir widder zinse noch theczem zu geben, ursach, daß ich die messe, wie bis her gethan, nicht halde, sondern wi si unser her Cristus durchs heilige evangelion eingesetzt*« – [Diese allesamt gedenken mir weder Zinsen noch Kirchenzehnt (Decem) zu geben, weil ich die Messe wie bisher getan, nicht halte, sondern wie sie unser Herr Christus durchs heilige Evangelium eingesetzt hat].[117]

Da Erasmus Hofmann lediglich von der Absicht des Nichtbezahlens spricht, kann geschlussfolgert werden, dass erst nach Ende der letzten Abgabeerhebungen, die in der Regel im September, allerspätestens Anfang November erfolgten, dass also zum Ende des Vorjahres 1524 die Ablösung der Dörfer von der Hohenleinaer Kirche erfolgt war. In dieser Zeit muss auch spätestens die erste evangelische Predigt durch Erasmus Hofmann erfolgt sein, von der er seinem evangelisch gesonnenen Landesherrn so offen schreibt und die den albertinischen Nachbarn zu der erzürnten Reaktion veranlasste. Die erste evangelische Predigt muss also zwischen Januar 1522 und Herbst 1524 erfolgt sein, eher aber im Jahr 1524, da Herzog Georg, wie gezeigt, recht zeitnah zu reagieren pflegte.

Die Bewohner der umgepfarrten Dörfer setzten nun tatsächlich den Zehnt für das Jahr 1525 aus. Aber obwohl das Verbot mit scharfen Strafandrohungen ausdrücklich weiterhin bestand, kehrten sie im Jahr darauf zu der alten Gepflogenheit zurück, unterstützten das Hohenleinaer Pfarramt mit ihrem Zehnten, gingen auch dort zur evangelischen Predigt und nahmen das Heilige Abendmahl in beiderlei Gestalt. Was sie zu dieser gefährlichen Entscheidung geführt hat, kann nur vermutet werden. Sie hatten ja schon vorher evangelische Predigten gehört, aber es gab offenbar einen inneren Widerstand, der sich tatsächlich konkretisieren lässt, da auf ihn in der ersten Kirchenvisitation von 1529 rückblickend Bezug genommen wird. Das originale Visitationsprotokoll ist allerdings verschollen und nur durch eine bruchstückhafte Abschrift greifbar, die

---

[117] Zitat a. a. O. 139.

um 1917 mit zahlreich eingefügten Erklärungen vermutlich von Paul Obermann angefertigt worden ist[118]:

> *»In die Pfarre Kurfürstlichen Lehens Hohen-Leyne [Hohenleina] gehören nachfolgende Dörfer: Die zum Herzogtum Sachsen gehörenden Dörfer Protzen [Pröttitz], Beuden, Loen [Lohn], Crostewitz [Krostitz], Lelitz [Lehelitz], Nieder-Ossig. Trotzdem sie zum katholischen Glauben gehören, gehen sie doch zur Predigt von Hohen-Leyne und empfangen das Sakrament beider Gestalt. Der Amtmann in Delitzsch hat verboten, das Einkommen derselben Dörfer dem Pfarrer nicht zu reichen (das heißt wohl, daß diese Ortschaften den Zehnten an die Kirche in Hohenleina nicht abführen sollten). Sie hören das lautere Evangelium weiter in Hohenleina und führen dorthin die Einkünfte ab. Da wird ihnen Verlust ihrer Güter angedroht. Aber sie handeln nach den Worten des Reformationsliedes: Nehmen sie uns den Leib. Als ersten evangelischen Pfarrer erwähnen die Akten von 1529 Erasmus Hofmann von Eilenburgk. Die Gemeinde führt Klage darüber, daß er einen Kaplan halte, welcher in Niederossig ... wohne und sie versäume ... Infolgedessen wurde Briccius Kachelofen als Pfarrer hierher berufen mit der Weisung, das Evangelium frei zur Hohen Leyne [Hohenleina] und Hohen Heide [Hohenheida] zu predigen, bis so lang der Pfarrer zur Heide das Evangelium selbst versteht.«*

Der Abschreiber hat offenbar in runden Klammern seine Deutung des vielleicht auf einen Schreibfehler beruhenden Vorgängersatzes eingefügt. Auch die sich anschließenden Sätze besitzen eine auffällige Sprachgestalt und sind von dem Abschreiber offenbar paraphrasiert worden[119]. Ihm war offenbar auch nicht bekannt, dass die Dörfer zeitweise tatsächlich die Anordnungen ihres

---

[118] Die Abschrift, die leider ebenfalls im Pfarrarchiv Krostitz nicht mehr auffindbar ist, findet sich zitiert bei Baentsch, a. a. O. 19f.

[119] Am auffälligsten ist der anachronistische Verweis auf die »Akten von 1529«, weiter die plötzlich veränderte Schreibweise »Hohenleina« statt »Hohen-Leyne«; auch das Zitat, welches aus dem Lied »Ein feste Burg ist unser Gott« stammt, wirkt anachronistisch, weil dieses Lied erst 1529 in Augsburg veröffentlich worden ist. Die letzten beiden Halbsätze scheinen von ihrem Sprachduktus aber wieder zusammenhängendes Zitat aus dem Original zu sein.

Landesherrn befolgten. Den anfänglichen Gehorsam und die damit verbundene Zurückhaltung gegenüber dem evangelischen Pfarramt erklären aber womöglich die beiden letzten Sätze. Erasmus Hofmann, so kann vermutet werden, wird nur selten in Hohenleina persönlich zugegen gewesen sein, ließ er sich doch von einem Hilfspriester (Kaplan) vertreten. Da dieser aber bei den Dörfern in keinem günstigen Ruf stand, wurde stattdessen ein anderer Hilfsgeistlicher berufen. Dieser hieß Briccius Kachelofen und war, wie eine andere Quelle zu berichten weiß, als Pleban (»Leutpriester«) tätig, der in Vertretung für den Ortspfarrer oder in Ermangelung desselben dessen Aufgaben übernommen hatte.[120] Vermutlich übte er diese Tätigkeit zunächst in Hohenheida aus, weil der Pfarrer dort, wie es im Visitationsprotokoll heißt, das Evangelium noch nicht recht verstand. Welchen geistlichen Stand Kachelofen innehatte, lässt sich noch genauer fassen durch die Matrikel des Hochstifts Merseburg, die vermerkt, dass am 19. Dezember 1517 in Leipzig Briccius Kachelofen zum Akolyth bestellt wurde[121]. Das Laienamt eines Akolythen (von griech. akolouthos = Begleiter) war das höchste unter den niederen Weihen, welches den Priester unter anderem bei der Feier der Eucharistie unterstützte. Kachelofen hatte dieses geweihte Amt also schon ausgeübt und war dann von der evangelischen Lehre angezogen worden. Nun wurde er neben Hohenheida noch zusätzlich nach Hohenleina berufen, um dort zunächst auch als Hilfsgeistlicher für eine verlässliche Verkündigung zu sorgen. Dies geschah nach einer weiteren Quelle »vom Jahre 1524-1525 [an]« und stieß auf ein dankbares Wohlwollen der Gemeinden, die ihm »ein Zeugnis der Brauchbarkeit« gaben.[122] Dies scheint der Grund gewesen zu sein, weshalb sich sogar die katholisch umgepfarrten Dörfer

---

[120] Friedrich Adolph Schumann, Vollständiges Staats-, Post- und Zeitungs-Lexikon von Sachsen [etc.], Bd. 16, Zwickau 1828, 958.
[121] Die Merseburger Matrikel listet für die Jahre 1469-1558 alle geistlichen Amts- und Pfründeinhaber des Merseburger Hochstifts auf. Sie wird zitiert in: Archiv für Reformationsgeschichte, 1930, 267. Ebd. wird auch darauf hingewiesen, dass Kachelofen 1537/38 als Pfarrer der Filialkirche in Priester erscheint. Ob eine Verwandtschaft mit dem Leipziger Buchdrucker und Verleger Konrad Kachelofen (1450-1529) bestand, muss dahingestellt bleiben.
[122] C. Geißler, Chronik 193. Laut dem Vorwort stützt sich Geißler bei diesen Angaben auf die Aufzeichnungen von Polycarp Friedrich Elteste, der von 1771-1774 Superintendent in Eilenburg war und dem noch die ältesten Visitationsberichte vorgelegen haben müssen. Geißler irrt sich freilich mit Elteste, wenn er Kachelofen als ersten evangelischen Prediger benennt; er übersieht, dass dieser in der Anfangszeit nur Hilfsgeistlicher war.

nach kurzer Zeit wieder nach Hohenleina wandten und dort die Gottesdienste besuchten.

Die Folgen für die Bewohner waren gravierend.[123] Eine herzogliche Kommission wurde eingesetzt, die gegen die Lehelitzer und Krostitzer ermitteln sollte. Auf den Bericht der Kommission hin befahl der Herzog die Einleitung eines Strafverfahrens und ließ die Beschuldigten einsperren. Dann wurde am 16. März 1531 das Urteil verkündet, nach welchem die 23 Gefangenen bis zum 1. Mai ihre Häuser, Höfe und Güter verkaufen und das Herzogtum verlassen sollten. Als Geldstrafe wurde ihnen auferlegt, den Wert für den Zehnt, den sie unberechtigterweise dem Hohenleinaer Pfarramt zugeführt hatten, an das Delitzscher Amt zu zahlen – und zwar für die vergangenen 4 Jahre. Zugleich sollte ein jeder von ihnen einen Bürgen stellen, den sie schadlos zu halten hatten, und der wiederum für die Erfüllung der Strafzahlungen bis zum 16. April, für die Erfüllung des Verkaufs der Häuser und Höfe und für die lebenslange Ausweisung bis zum 1. Mai mit dem »eigen leibe« haftete. Es ist erstaunlich, dass unter diesen Bedingungen jeder Gefangene einen Bürgen fand. Letztendlich scheint die Ausweisung auch dem Landesherrn (und den neuen Dorfherrschaften) als nicht besonders vorteilhaft erschienen zu sein, da damit auch eigene verlässliche Einkünfte geschmälert wurden. So ließ der Delitzscher Amtsmann am 21. Mai wieder vorladen, und zwar die Betroffenen aus Krostitz, Lehelitz und »Lynau« (Hohenleina, wohin offenbar einige aus den anderen Dörfern bereits geflüchtet waren). Er stellte ihnen vor, dass der Räumungsbefehl aufgehoben werde, allerdings unter der Bedingung, dass die Verurteilten bei ihren ordentlichen und geistlichen Richtern Buße zu leisten und hinfort »in die alten geordneten Kirchen alten Gebrauchs gehorsamlich« zu gehen hätten. Alles unberechtigt nach Hohenleina gegebene Getreide und die Zinsen müsste noch einmal in gleicher Höhe an das Delitzscher Amt gegeben werden.

---

[123] Hierzu und im Folgenden wieder K. Kuhne, a. a. O. 139-141.

Abb. 30 Georg der Bärtige (1471-1539), Gemälde von Lucas Cranach d. Ä. um 1534.

Die Lage der Evangelischen blieb also schwierig, wenn auch die Schärfe der Maßnahmen etwas abnahm. Beharrlich versuchte Georg der Bärtige bis zu seinem Lebensende, den alten Glauben zu fördern, wozu auch die Installation geeigneter Amtspersonen gehörte. So verlieh er das Vorwerk in Krostitz im Jahr 1534 an »unsern lieben getrewen Hansen Walh« und erhob dabei das Vorwerk zum Rittergut samt Braurecht. Besagter Hans Wahl wird ein rechtgläubiger Lehnsmann im Sinne des Herzogs gewesen sein, der aber keinen festen Stand über den Tod Georgs hinaus gewinnen konnte, denn der Besitz wechselte danach mehrfach. Als Georg der Bärtige, wie er nach dem Tod seiner Frau genannt wurde, am 17. April 1539 starb, ging das Herzogtum an seinen lutherisch gesonnenen Bruder Heinrich über und wurde evangelisch.

Im selben Jahr verstarb auch Briccius Kachelofen. Er hatte in den 15 Jahren seines Dienstes die in mehrfacher Hinsicht schwierige Anfangszeit der evangelischen Gemeinde zu überstehen. Viele dieser ersten evangelischen Pfarrer befanden sich selbst in einer wirtschaftlichen Notlage. Nicht nur dass viele Einkünfte der früheren Zeit wie Sprengpfennig und Messheller wegfielen und die Ämterakkumulation verboten wurde, mussten die wenigen evangelischen Prediger auch noch unbesetzte Pfarrstellen übernehmen, ohne dass sie von deren Erträgen profitieren durften. In den Grenzgebieten wie in Hohenleina fehlten zudem die Unterstützungsleistungen zahlreicher Gemeindeglieder. Die zweite Visitation, die 1534 durchgeführt wurde, macht sichtbar, wie mühsam die Versorgung der Pfarrer im gesamten Eilenburger

Kirchenkreis zu bewerkstelligen war. Zur Gemeinde in Hohenleina heißt es im Protokoll von 1534[124]:

>*Hoheleyne [Hohenleina]. Der pfarrer zu Hoheleyne er Briccius Kachelofen ist nit ubel bericht befunden. Disem pfarrer geben seine leut gut gezeugnis. Die 20 mass Korn und sovil haber [Hafer] ist befolen den zu Priester vermoge der alden register geheuft zu geben und nicht gestrichen. Der 1 ½ erker [Äcker] halben so Augustin Thym von pfarrgutern soll inhaben, soll auf dieses pfarrers [?]errer ansuchen durch Asimus Spigel erkundt und gehandelt werden. Mit den leuten zu Mutschlen [Mutschlena] ist geschafft, dem pfarrer zu Hohenleine das mass an Korn und habern detzem [Decem] zu geben, wie sie es zuvor dem pfarrer zu Lymen [Liemehna] gegeben haben. Inventarium: 2 Kuhe, 1 Kalbe, 2 gense [Gänse].*«

Obwohl Kachelofen für seine Arbeit in den Gemeinden Anerkennung findet, ist es offenbar auch fünf Jahre nach der ersten Visitation noch üblich, nach Gutdünken den eigenen Beitrag zu reduzieren (Priester) oder ganz auszulassen (Mutschlena). Wobei in letzterem Fall sicher keine boshafte Absicht zu veranschlagen ist, sondern die Wirren um das Liemehnaer Pfarramt. Die Visitatoren vermahnen die Gemeindeglieder und bitten sie eindringlich, doch für das Auskommen ihres Pfarrers und seiner Familie zu sorgen. Denn Kachelofen hatte mittlerweile geheiratet und damit wahrhaftig das evangelische Pfarrhaus in Hohenleina begründet. Der Name seiner Frau ist nicht bekannt geblieben, an Kindern ist aber der Name einer gemeinsamen Tochter, Gertraut[125], überliefert. Wie eng das Auskommen der Familie Kachelofen bestellt war, zeigt die Inventarliste, die dem Visitationsprotokoll von 1534 bei allen visitierten Pfarrstellen angefügt wurde: Während in den anderen Pfarrstellen umfangreich

---

[124] KK-Archiv Delitzsch, 12/21 o. S. (Visitationsprotokoll zu Hohenleina). – Die Protokolle sind nicht datiert, dürften aber von der zweiten im Bereich Meißen durchgeführten Kirchenvisitation von 1534 herrühren, da unter dem Eintrag zu Pehritzsch Bezug genommen wird auf die erste Visitation.
[125] Siehe Pfarrerbuch der Kirchenprovinz Sachsen, Bd. 4, 442. Darin wird die Leipziger Hochzeit der Tochter, Gertraut Kachelofen, mit Hans Michael von Görlitz vermerkt, die 1550 stattfand. Die Bemerkung ebd. »war vor 1524 Priester in Hohenleina« ist ungenau; vor 1524 war er Akolyth, danach evangelischer Geistlicher und Pfarrer, der vermutlich in Wittenberg ordiniert worden war.

Mobilar und Viehzeug aufgezählt werden, kommen für Hohenleina nur zwei Kühe, ein Kalb und zwei Gänse zu stehen. Und das Pfarrhaus ist dürftig, der Boden aus festgestampftem Lehm, im Winter kalt, Brennholz ist kaum vorhanden.

Abb. 31 Rückseite des kursächsischen Spruchtalers von 1522, auch Schautaler genannt.

Zu den Spuren, die Briccius Kachelofen in der Gemeinde hinterlassen hat, gehört auch eine bauliche, die geringfügig zu sein scheint. Vermutlich fällt in seine Amtszeit die Anbringung einer in den Putz des Kirchturms gearbeiteten Kartusche, in welcher hoch über der südlichen Schallluke weithin die Abkürzung V:D:M:I:Æ zu lesen war[126]. Bis in die 1920er Jahre war die Inschrift an der Laurentiuskirche noch deutlich zu erkennen, bevor sie dann mehr und mehr verwitterte und 1992 unter neuem Putz gänzlich verschwand. Die lateinische

---

[126] Vgl. dazu Baentsch, Die Kirche zu Hohenleina, 8. – Baentsch zitiert u.a. aus einem Konzept, welches ohne Verfasserangabe wohl um 1917 angefertigt worden ist. Darin heißt es: »Nach alten Aufzeichnungen erhielt damals (zur Reformationszeit) unser Glockenhaus an der Südseite des Turmes den Wahlspruch der Reformation: V. D. M. I. A. (Gottes Wort bleibt in Ewigkeit)«. Dieses Konzept ist leider nicht mehr im Pfarrarchiv vorhanden, wird aber mehrfach von Baentsch zitiert (a.a.O. 8.17.19); in vielen Teilen scheint es ungenau und ausschmückend zu sein; es greift aber auch auf die ältesten Visitationsberichte zurück und ist deshalb gerade an diesem Punkt (»nach alten Aufzeichnungen«) doch eine wichtige Quelle.

Abkürzung steht für das Bibelwort aus dem Prophetenbuch Jesajas (40,8b): *verbum dei manet in aeternum* [Das Wort Gottes bleibt in Ewigkeit]. Dieser Satz bringt pointiert das reformatorische Anliegen zum Ausdruck und wurde abgekürzt zum evangelischen Slogan schlechthin. Er taucht erstmalig auf dem Spruchtaler des Kurfürsten Friedrichs des Weisen aus dem Jahr 1522 auf. Während auf der Vorderseite das Seitenprofil des Kurfürsten zu sehen ist, wird auf der Rückseite im Innenkreis mit einem Kreuz und den Buchstaben CCNS der persönliche Wahlspruch des Kurfürsten zitiert: *Crux Christi nostra salus* [Christi Kreuz ist unser Heil]. Im Mittelkreis findet sich die Jahreszahl der Prägung und im Außenkreis das ausgeschriebene lateinische Bibelwort: Verbum Domini Manet In Aeternum [Das Wort des Herrn bleibt in Ewigkeit][127]. Es wird angenommen, dass der Kurfürst den Spruchtaler, der nicht der gängigen Größe und üblichem Gewicht einer Geldmünze entsprach, als eine Art Gedenkmedaille für die neue evangelische Lehre in Auftrag gegeben hatte.

Freilich greift der gesamte Bibelvers noch viel umfassender in das Leben hinein und ist nicht als reformatorischer Slogan abzutun. Der Prophet Jesaja beginnt mit einer Klage (40,6f.): »Was soll ich predigen? Alles Fleisch ist Gras, und alle seine Güte ist wie eine Blume auf dem Felde. Das Gras verdorrt, die Blume verwelkt ...« Gras und Blume versinnbildlichen das Geschick des Menschen, dessen Verhängnis es ist, dass ihm nur eine kurze Lebensspanne zur Verfügung steht und damit auch sein gesamtes Tun zutiefst vergänglich ist und sein Erkennen nur bruchstückhaft möglich. Dann fährt der Prophet jedoch fort: »aber das Wort unseres Gottes bleibt ewiglich.« Und dann folgen jubelnde Verse, in denen Jerusalem selbst zur Freudenbotin wird und von Gottes fürsorglichem Tun sagt. Die Erkenntnis, dass Gottes Wort nicht verdorrt und verwelkt, sondern immerfort sein Werk tut, ist nicht durch Erfahrung zu gewinnen. Der Prophet behauptet es so und reiht sich damit ein in einen breiten Fluss von weiteren Schriftworten.

---

[127] Die leichte Abweichung »Wort des Herrn« statt »Wort Gottes« erklärt sich durch das paraphrasierende Zitat von Jes 40,6-8 in 1Petr 1,24-25, in welchem auch Anklänge an Ps 119,89 und Lk 21,33 einfließen.

KROSTITZ · KR. DELITZSCH

Abb. 32 Auf dieser Postkarte von 1971 ist über dem obersten Bogenfenster immer noch das helle Feld der Inschriften-Kartusche zu erkennen. An der Ecke Haupt- und Schulstraße steht auch noch das Gemeindehaus, der amtliche Wohnsitz des Gemeindedieners.

In den Psalmen heißt es etwa: »Herr, dein Wort bleibt ewiglich, so weit der Himmel reicht.« (119,89); und im Markusevangelium spricht Jesus: »Himmel und Erde werden vergehen, aber meine Worte vergehen nicht.« (13,31) Solche Zitate sagen etwas über die Qualität der biblischen Schriftworte aus, wie sie in den Gesetzes- und Prophetenbüchern oder den Evangelien gegeben sind. Im Gegenüber zur Vergänglichkeit des Menschen und der ihn umgebenden Schöpfung wird hier mit den Worten Gottes auf eine Wirklichkeit gewiesen, die den Menschen innerlich in seinem Vertrauen zu binden vermag und ihn äußerlich befreit und tröstet.

Zeitsprung in das Jahr 1878

Am 28. Juni 1878 verstarb der Brauereibesitzer Carl Friedrich Oberländer, zwölf Jahre nach ihm seine Frau Auguste Oberländer, geb. Heinkel. Oberländer hatte sich als Grabstelle einen Ort an der Südseite des Kirchturms erwählt, direkt unter der hoch oben angebrachten lateinischen Abkürzung V:D:M:I:Æ. Dies war offensichtlich kein Zufall, denn Oberländer bestimmte, dass auf der Westseite des Grabmals das abgekürzte Bibelwort vollständig aus der Lutherbibel zu stehen kommt, wo dann in einer Marmorplatte eingraviert zu lesen war (Jes 40,8): »Das Gras verdorrt, die Blume verwelkt; aber das Wort unsres Gottes bleibt ewiglich.«

Das Bibelwort, an das die Abkürzung hoch oben am Turm erinnerte, hatte also eine deutlich seelsorgerliche Ausrichtung, die sicher auch in die Verkündigung von Kachelofen mit einfloss. Zugleich drückt sich in der Anbringung auf der Südseite einiges diplomatisches Geschick aus. Denn einerseits wurde hier der Wahlspruch des Kurfürsten zitiert, der für die Hohenleinaer Kirche als Landesherr und für die evangelische Sache schlechthin der Schutzherr war. Andererseits wies die Turminschrift nicht in Richtung der nahegelegenen herzoglichen Dörfer, womit eine allzu starke Provokation vermieden wurde. Auch andere Provokationen wurden unterlassen. Hatte man in Eilenburg die wundertätige Marienfigur zerstört und in Wöllmen zusammen mit einer Barbarafigur auf den Dachboden des Turmes in die »Götzenkammer« verbannt, so wurde in Hohenleina der gotische Hauptaltar mit den Heiligendarstellungen an Ort und Stelle belassen[128] und weiterhin jährlich am 2. Juli dasjenige Marienfest gottesdienstlich begangen, welches zuvor mit der Gewährung von Ablass verbunden gewesen war. Dies wissen wir aus den Notizen des Hohenleinaer Pfarrers Zachäus Faber, der kurz nach 1610 notiert:

> *»Die Apostel [-Tage], und Mariae Magdalenentag werden nicht gefeyret, das Fest Mariae Heimsuchung aber wird gefeyret.«*[129]

Falls es eine Marienfigur gegeben hat, wissen wir nichts über ihren Verbleib[130]. Freilich wurden die drei Nebenaltäre in den Seitenwinkeln des Chores beseitigt,

---

[128] Der Alter ist noch Johann Benedict Metzler um 1720 bekannt, s. Metzler, Anmerkungen 486.

[129] KK-Archiv, Kros21.

[130] Eine Marienfigur könnte Teil des gotischen Altaraufsatzes gewesen sein, der im Jahr 1726 als äußerst wurmstichig beschrieben wird (siehe dazu unter Kap. 6). Am wahrscheinlichsten ist daher, dass die alte Altarwand mit Bildern und Figuren entsorgt

weil nun keine Seelenmessen (polemisch »Winkelmessen« genannt) mehr abzuhalten waren. Diese Privatmessen waren gegen einen gewissen Geldbetrag gestiftet und beim Priester bestellt worden, damit dieser sie für das Seelenheil von Verstorbenen feierte. An die Stelle der überflüssig gewordenen Nebenaltäre baute man nun ein Chorgestühl für die Kirchenältesten ein[131]. Andererseits verzichtete man auf die Beseitigung der Reliquie im Hauptaltar, die bis auf den heutigen Tag noch in diesem fest verschlossen aufbewahrt wird[132]. Man hatte also sanfte Korrekturen bevorzugt – im Respekt vor den Vätern, vielleicht auch aus Rücksichtnahme auf die politisch disparate Gemeindesituation, sicher auch um der im Evangelium befohlenen Liebe wegen. V:D:M:I:Æ – das Wort Gottes, wie es in der Heiligen Schrift gegeben ist, sollte wieder die Messschnur sein für das, was um der Liebe willen zu ertragen und was um der Liebe willen nicht zu ertragen sei.

Ein Schatz, von Drachen bewacht

Nun stellten die »Hinterlassenschaften« (Reliquien) der Heiligen nicht länger den Schatz dieser Kirche dar und die sprudelnde Einnahmequelle des Ablassgeschäftes versiegte mit einem Schlag. Von neuem bricht die Frage des Laurentius auf, was denn der eigentliche Schatz der Kirche sei. Die Reformatoren hatten in Gottes Wort und der Möglichkeit, dieses frei verkündigen und hören zu können, den größten Schatz gesehen. Aber neben einem solchen Schatz gab es noch sehr

---

wurde. Der barocke Säulenaltar könnte mit der mittleren Frauenfigur Bezug auf eine frühere Mariendarstellung nehmen.

[131] Das jetzige Chorgestühl ist allerdings erst nach 1900 eingebaut worden; das Vorgängergestühl ist noch auf Abb. 54 zu erkennen: Es war doppelreihig angelegt mit gotischen Bögen über der vordersten Einschalung und zum Altar hin. Wann das erste Chorgestühl eingebaut wurde, ist nicht bekannt. Die Nutzung durch die Kirchenältesten war 1941 auf die Konfirmation beschränkt (s. KK-Archiv Delitzsch, Krostitz 45, Briefkarte Friedrich Baentsch vom 21. März 1941 im Diensttagebuch).

[132] Dazu trägt auch die um 1726 errichtete barocke Retabel bei, die auf einer hölzernen Mensa steht, die wie ein Deckel die steinerne Mensa bedeckt. Der Holzaufsatz ist zwar zerbrochen, so dass man den vorderen Teil abheben kann, die Reliquienkammer (Sepulcrum) wird dadurch aber nur zur Hälfte sichtbar; der barocke Aufbau schützt also mit seinem Gewicht die Reliquie weiterhin vor neugierigen Zugriffen. Die Bleiversiegelung des Sepulcrums scheint unbeschädigt zu sein. Dass dies keine Selbstverständlichkeit ist, zeigen die vielen leeren Reliquienkammern in vorreformatorischen Altären der Region, z.B. in Krensitz, Behlitz und Mocherwitz.

reelle Einnahmen und Vermögenswerte, die den Kirchgemeinden zukamen. Stiftungsgelder und Erträge von verpachtetem Kirchenland gingen auch weiterhin ein, hatten aber oft ihre ursprüngliche Zweckbestimmung verloren. Dazu kamen noch die Güter, die zum Unterhalt der Klöster gestiftet worden waren und deren Einnahmen durch die schrittweise Auflösung der Klöster, die Luther empfohlen hatte, nunmehr frei verfügbar waren. Wohin auch mit den Erträgen, die der von den Wettinern übereignete Hohenleinaer Hof seit 300 Jahren (vor 1239) an das Zisterzienserkloster Altzella abgeliefert hatte? Es bestand die reale Gefahr, dass solche Vermögenswerte »zur Plünderung kommen und ein jeglicher an sich reiße, was er erhascht«[133]. Luther empfahl daher eine Vorgehensweise, die die zwischen Leipzig und Meißen gelegene Stadt Leisnig entwickelt hatte. Diese wollte nach dem Vorbild der Stadt Wittenberg schon früh ihr Gemeindeleben nach den Grundsätzen des Evangeliums erneuern. Unter der beratenden Teilnahme Luthers entwarf der Stadtrat und die Gemeinde von Leisnig im Herbst 1522 eine Gottesdienstordnung, regelte die kirchlichen Vermögensverhältnisse und argumentierte für das Recht der Gemeinde, ihre eigenen Prediger (Pfarrer) zu berufen. Luther unterstützte die Vorgänge mit eigenen Veröffentlichungen. Die Leisniger Kastenordnung befand er allerdings als so vorbildhaft, dass er sie mit wenigen Veränderungen und nur mit einer eigenen Vorrede versehen, veröffentlichte, um sie damit auch anderen Städten und Gemeinden zu empfehlen. In Leisnig hatte man unter anderem aus den Einkünften, die bislang an das Kloster Buch flossen, einen »gemeinen Kasten«, d. h. eine Gemeindekasse, errichtet. Damit wollte man der sozialen Verpflichtung gegenüber den Armen nachkommen, so wie sie im Evangelium und den Apostelbriefen befohlen worden war. Luther lobt in der Vorrede die Stadt- und Gemeinderäte, dass sie »ein gemeindliches Eigentum nach dem Beispiel der Apostel eingerichtet hab[en]« und empfiehlt entsprechend als beste Verfahrensweise, dass man daraus »nach christlicher Liebe allen gebe und leihe, die im Lande bedürftig sind«. Auch an die Stifterfamilien solle man denken, wenn deren Nachkommen verarmt oder in Not geraten sind. Durch die Kastenordnung wurde die Grundlage für eine neue allgemeine Sozialfürsorge gelegt.

---

[133] Hier und im Weiteren M. Luther in seiner Vorrede zu: Ordnung eines gemeinen Kastens. Ratschlag, wie die geistlichen Güter zu handeln sind, 1523 (WA 12;11-15).

Abb. 33 Die Einbaumtruhe an ihrem ursprünglichen Standort in der Sakristei, daneben die zweite hölzerne Truhe, von der Nitzsche 1753 berichtet. Aufnahme vom 27. September 1932.

Die Gelder, die nunmehr für die allgemeine Fürsorge bestimmt waren, sollten aber auch sicher aufbewahrt und transparent verwaltet werden. Zu diesem Zweck waren die Örtlichkeiten nützlich, an denen man auch zuvor die kostbaren Kirchengeräte und Gewänder verwahrt hatte. In Hohenleina war bei den Umbauten von 1504 bereits eine Sakristei geschaffen worden, die mit einem massiven Gewölbe und einer eisenbeschlagenen und mit zwei Schlössern bewehrten Tür versehen war. Auch entsprechendes Mobiliar wird schon vor Ort gewesen sein, so dass die Anschaffung eines eigenen »Kastens« nicht sofort nötig wurde. Dass aber eine Gemeinde- und Armenkasse in den zum Amt Eilenburg gehörenden Orten eingerichtet werden sollte, scheint schon bei der ersten Kirchenvisitation von 1529 angeordnet gewesen zu sein, denn in dem zweiten Visitationsbericht von 1534 wird auf eine bereits eingerichtete Kastenordnung in Mörtitz, Zschepplin, Eilenburg und Düben Bezug genommen. Nicht überall war freilich der gemeine Kasten so gut gefüllt wie in Eilenburg, wo die zahlreichen Handwerksbetriebe auch freiwillig spendeten. In Hohenleina aber reichte die Gemeindekasse nur zur Erfüllung der notwendigsten Aufgaben und Arbeiten aus.

Auch späterhin scheint die Pfarrstelle in Hohenleina nur notdürftig versorgt zu sein, auch wenn sich wegen der Größe der Kirche und der Vielzahl der Dörfer das Gerücht erhob, der Hohenleinaer Pfarrer würde »so oft er auf die Kanzel ginge, einen Scheffel Korn, und wenn er wieder herunterginge, einen Scheffel Weizen [bekommen]«[134]. Aber die wirtschaftliche Situation war, wie auch in anderen ländlichen Pfarrorten, schlecht. Insbesondere die Pfarrhäuser waren oft in einem ruinösen und völlig ungenügenden Zustand, was vor allem daran lag, dass zwar der Landesherr für die Errichtung aller zur Kirche gehörenden Häuser verpflichtet war, der Unterhalt aber zur Aufgabe der Gemeinden gehörte. Diese aber verweigerten sich, indem sie Abgaben unterschlugen oder sogar Gebäude über Nacht abrissen – so mit einer Kirchnerei in Pehritzsch geschehen[135]. Aber auch ohne zu solch drastischen Mitteln zu greifen, konnten die Dörfer darauf hinweisen, dass ja erst einmal die Kirchen und gegebenenfalls Schulen baulich zu versorgen seien. Zum Hohenleinaer Pfarrhaus heißt es 1574 in den »Gebrechen« (Beschwerden), die Pfarrer Simon Gerlach an das Kirchenamt richtet:

> »Die Pfarrbehausung ist zimlich [= fest] gebaut. Die Stube übel des winters halben bewart, der ampt Verwalter hatt befehl gethan, das sie gedielt werden solt. Aber es geschieht keine volge. Der Pfarrhof übel bewart, das man das vieh nicht behalten kann. [...] Feuerholz ist der große mangel dieser pfarre.«[136]

Vom selben Pfarrer, der von 1543 bis 1585 in Hohenleina tätig war, heißt es in einer weiteren Notiz über das Pfarrhaus und den Pfarrhof:

---

[134] So nach einem 1750/53 von G. B. Nitzsche verfassten Bericht, der als Nachschrift bei Baentsch, a.a.O. 19, erhalten ist. Burkhardt, a.a.O. 184f., bestätigt zu den beiden kursächsischen Visitationen von 1529 und 1534, dass diese vor allem dazu dienten, eine Besoldung notdürftig zu erstellen; eine solche war aus dem gemeinen Kasten kaum möglich, die Versorgung auch deshalb dürftig, weil Sprengpfennig und Messheller wegfielen und viele Stiftungen auch nicht sofort an die Kirchgemeinde zurückfielen, sondern erst, wenn damit geschaffenen Stellen z.B. von Kaplanen durch den Todesfall wegfielen.

[135] Burkhardt, a.a.O. 186. – Diese Nachricht kommt nach der zweiten Visitation von 1534 zu stehen.

[136] Aus dem Kirchenvisitationsbericht von 1574 (KK-Archiv Delitzsch, 12/21).

»Ein arm und gering Pfarrhaus, sind Säulen gerichtet und Sparren darüber gehangen wie eine Scheune, hat keinen Boden, dass man zum Vorrat etwas behalten kann. Die hohe Notdurft [Notwendigkeit] erfordert, dass eine neue Behausung gebaut werde. Einen Garten am Hause, darin habe ich Obstbäume gezeuget [gepflanzt], sind zuvor keine vorhanden gewesen. Eine Grube im Garten, die ganz wüst; wo [wenn] dieselbe wieder aufgeführt und richtig gemacht, könnte ein Pfarrer ein wenig Fischlein behalten für seinen Haushalt.«[137]

Die hier beschriebene Ständerbauweise des allerersten Pfarrhauses könnte bis auf die Erbauungszeit der romanischen Kirche zurückgehen. Ein Neubau erfolgte trotz all der Mängeln nicht, sondern erst nachdem das Haus im 30jährigen Krieg niedergebrannt worden war.

Trotz der schwierigen Wirtschaftslage aber besaß die Gemeinde eine Armenkasse und ließ endlich für deren Aufbewahrung 1582 eine Einbaumtruhe fertigen[138]. Diese Truhe, auch Armenkasten oder »gemeiner Kasten« genannt, befindet sich heute neben dem Altar, stand aber ursprünglich hinter der eisenbeschlagenen und mit zwei Schlössern gesicherten Sakristeitür[139]. War der Schutz der Sakristeitür nicht mehr ausreichend? Beim genaueren Besehen kann man erstaunt feststellen, dass die Truhe nicht wie andernorts zwei oder drei Schlösser besitzt, sondern fünf. Rechnet man also noch die Türschlösser hinzu, so benötigte man sieben Schlüssel, um an den Schatz für die Armen zu gelangen. Wieso aber benötigte Hohenleina einen Tresorraum mit einem derartig aufwendig gesicherten Safe?

---

[137] Die handschriftliche Notiz aus dem Hohenleinaer Pfarrarchiv ist erhalten geblieben durch die auszugsweise Abschrift bei Baentsch, a.a.O. 16.
[138] Solche Truhen tauchen ab dem 12. Jahrhundert in Deutschland auf und erlebten ihre Blütezeit im 13.-16. Jahrhundert. Die bislang älteste bekannte Einbaumtruhe stammt aus dem thüringischen Dörna und wird nach neuesten Untersuchungen auf das Jahr 1133 geschätzt.
[139] Die Truhe stand in den 1920er Jahren noch nicht im Chorraum. Dies belegen Fotos aus dem Pfarrarchiv Hohenleina, s. Abb. 33.

Technische Details: Der gemeine Kasten

Der »gemeine Kasten« ist raffiniert wie ein Tresor konstruiert worden. Der Kasten misst ungefähr 175 cm in der Länge und 40 mal 40 cm im Querschnitt. Aus einem einzigen Stück Eiche gehauen, wird er von drei geschmiedeten Eisenbändern umspannt, auf deren mittlerer Verschlussschnalle die Jahreszahl 1582 punziert worden ist. Dies passt zu den Ergebnissen der 2005 (2008) durchgeführten dendrochronologischen Untersuchung, die das Alter des Eichenstammes auf das Jahr 1556 datiert hat[140]. Die schweren Eisenbänder und mehrere Eisenbuckel sorgten für ein Gesamtgewicht von ca. 500 kg, was schon an sich einen raschen Diebstahl verhinderte. Durch die starke Eisenbewährung konnte das Holz auch nicht schnell und geräuscharm aufgehackt werden. Sollte aber tatsächlich jemand die drei Schlösser an den drei Eisenbändern aufbrechen können, so verbargen sich unter einigen der geschmiedeten Eisenbuckel geschickt versteckt noch zwei weitere anspruchsvoll-mechanische Schlösser. Inwendig war an der Hinterwand eine geschmiedete Öse angebracht worden, in die beim Verschließen ein am Deckel angebrachter eiserner Sporn einhakte und so ein Aufhebeln des Deckels von der Scharnierseite her verhinderte. An der Außenseite mündeten schließlich die eisernen Beschläge in kunstvolle Drachenköpfe aus. Ursprünglich müssen es 24 Köpfe gewesen sein: 24 Drachen also, die den Schatz für die Armen bewachten.

Der Grund für die aufwendige Sicherung lag jedenfalls nicht in einem hohen Betrag der im Kasten aufbewahrten Gelder. Das kostbare Abendmahlsgerät und die sakralen Tücher und Gewänder wird man in eigenen Truhen aufbewahrt haben, von denen es in der Sakristei noch zwei weitere, eine hölzerne und eine eiserne, gab, die aber jeweils nur mit einem Schlüssel abzuschließen waren[141].

---

[140] R. Wilke, Dendrochronologie 94.

[141] Dies geht aus der Nachricht von Nitzsche aus dem Jahr 1753 hervor, KK-Archiv Delitzsch, Kros 21. – Die hölzerne Truhe dürfte diejenige sein, die momentan noch im Gemeindehaus Krostitz aufbewahrt wird. Da sie aber Einwurfschlitze besitzt, könnte diese auch als Kollektenkasten gedient haben. Interessanterweise besitzt diese Truhe am Boden ein verborgenes Fach, über dessen Gebrauch aber nichts Weiteres bekannt ist.

Abb. 34 Detail am Armenkasten: Einige der Drachenköpfe.

Wozu aber die vielen Schlösser am Armenkasten in der eh schon wohlverschlossenen Sakristei? Nicht der Diebstahlschutz war hierfür federführend, sondern eine kluge paritätische Vorgehensweise. Für jedes Schloss gab es nur einen passenden Schlüssel, der von verschiedenen vertrauenswürdigen Personen aufbewahrt wurde. Noch in der Inventarbeschreibung von 1753 wird vermerkt:

> »Neun Schlüssel zu 3. Sacristey-Thüren, dem Geld-Kasten, der eisernen u. höltzernen Lade, davon 2. den Pfarrer u. 7. Die Kirch-Väter bey sich haben.«[142]

Die Kirchväter waren Kirchenälteste, die Verantwortung für die Gemeinde trugen – nicht nur in finanziellen Dingen, sondern auch was die Verkündigung und die Verwaltung der Sakramente anging. Deshalb baute man auch im Chorraum zur Rechten und Linken, wo in katholischer Zeit die Nebenaltäre

---

[142] KK-Archiv Delitzsch, Kros21, Seite 4, Punkt 49: Inventarium bey der Kirchen zu Hohenleina.

gestanden hatten, ein Presbytergestühl ein. Bis zu 20 Kirchenälteste konnten dort sitzen und ihren Pfarrer unterstützen oder auch gegebenenfalls Einspruch erheben. Mit der Verwaltung des Armenkastens sollten aber nur diejenigen Kirchväter und Älteste betraut werden, die »Gott vor augen« haben und »gottesfürchtig, getreu, vleissig und nicht eigennutzig sind«[143]. Solche also erhielten einen der Schlüssel und konnten nur gemeinschaftlich den Kasten öffnen und nach gemeinsamer Beratung die Mittel verwenden. Über ihr Tun und Lassen führten sie selbstverständlich Buch. Ein Quasimodogeniti 1589 begonnenes Rechnungsmanual der Kirchen zu Hohenleina und Priester hat glücklicherweise die späteren Zerstörungen des 30jährigen Krieges überstanden, vermutlich weil es in Priester aufbewahrt worden war. In diesem Manual wird durch Pfarrer Johann Bencker (1586-94), die Kirchenväter zu Hohenleina Antonius Medern und Christoff Hafr, und die Kirchenväter zu Priester Asmus Graul und Marcus Schon Rechenschaft abgelegt über die Einnahmen und Ausgaben des gemeinen Kastens. Die Einnahmen sind unter Rubriken wie zum Beispiel »vom Erbzins«, »vom Bescheiden Geldt« [gerichtliche Bußgelder?], »Seckelgeldt« [mit dem Klingelbeutel gesammelte Spendengelder] mit den Beträgen und den Namen der Einzahler angegeben. Die Ausgaben werden nur mit Betrag und Verwendungszweck angeführt, wobei schon einmal für einen neuen Glockenstrang oder um das »Kirchgereth zu waschen« Gelder entnommen wurden. In der Regel aber wurden bedürftige Empfänger bedacht, deren Name meist nicht extra aufgeführt wurde. So finden sich unter anderem folgende Personen, welche Zuwendungen erhalten hatten:

> »dem pfarrer zum Synoto; einem armen pfarrer; einem armen Man; einem abgebrandem Man; einem armen Handwerksman; einem abgebranten pfarrer; dem lichtmacher [Name unleserlich]«.

Dass unter den Bedürftigen gleich dreimal Pfarrer zu stehen kommen, spiegelt deren prekäre Situation wider. Nur bei dem Ersterwähnten scheint es sich um Johann Bencker selbst gehandelt zu haben, der für eine Dienstreise »zum Synoto« (hier wohl: Zusammenkunft der Pfarrer der Ephorie Eilenburg) nicht das nötige Reisegeld aufbringen konnte oder wollte.

---

[143] KK-Archiv Delitzsch, 12/21 o. S. (Visitationsprotokoll zu Eilenburg).

»Zurück zu den Quellen« bedeutete in Hohenleina: Zurück auch zu der Quelle, die der Namensgeber der Kirche, Laurentius, aus dem Evangelium erschlossen hatte. Der ihm zugeschriebene Ausspruch von den Notleidenden als dem wahren Schatz der Kirche erwächst aus zwei Jesusworten, die der Evangelist Matthäus überliefert hat. Zunächst fordert Jesus in der Bergpredigt auf, sich Schätze im Himmel zu sammeln und nicht auf Erden, wo sie von Motten und Rost zerfressen werden (Mt 6,19f.). Wie das gemeint sein kann, wird dann in Jesu Rede vom Weltgericht deutlich, in welchem die Menschen und Völker daran gemessen werden, ob sie ihre Aufmerksamkeit und ihr Vermögen auch denen gewidmet haben, die hungrig, durstig, fremd, frierend, krank oder im Gefängnis gewesen sind. Denn so wird dann der Christus richten: »Was ihr getan habt einem von diesen meinen geringsten Brüdern, das habt ihr mir getan« (Mt 25,40). Daher ist die Aussage des Laurentius von doppelter Relevanz: Die Hilfsbedürftigen sind der Schatz der Kirche, weil in ihnen Christus begegnet – und weil alle in sie investierten zeitlichen und materiellen Mittel nicht verloren sind, sondern bei Gott wie in einer ewigen Schatzkammer aufgehoben bleiben. Deshalb nannte man den Armenkasten auch »Gotteskasten«: Wer für die Armen gibt, leiht Gott.

Das Anvertraute bewahren

Luther hatte das wiederentdeckte Evangelium mit einem fahrenden Platzregen verglichen, der das verdorrte Land kurzzeitig aufblühen lässt. Es sei ein gänzlich unverdientes Geschenk, dass die Klarheit und Leuchtkraft der Heiligen Schrift wieder in die Ohren, Herzen und Hände der Menschen gegeben worden sei. Damit aber das Anvertraute nicht rasch wieder verloren geht, müsse der Platzregen gleichsam wie in Zisternen aufgefangen werden. Zu solchen zu bauenden Brunnen zählt nun nicht allein die durch die Leisniger Kastenordnung angestoßene Armenfürsorge, sondern gleichermaßen auch die Errichtung von Schulen und Bibliotheken und die Erneuerung des Gottesdienstes.

Bereits in der Kastenordnung bemerkte Luther, dass aus den Bettelklöstern »gute Schulen für Knaben und Mädchen zu machen« wären. Ein Jahr darauf erscheint die Schrift: »An die Ratsherrn aller Städte deutschen Landes, dass sie christliche Schulen aufrichten und halten sollen« (1524). Jeder Bürger, schreibt Luther, solle sich folgendes durch den Kopf gehen lassen: »Bisher hatte er so viel Geld und Gut an den Ablass, Messen, Vigilien, Stiftungen, Testamente,

Anniversarien [das sind die Jahrestage der Heiligen], Bettelmönche, Bruderschaften, Wallfahrten, und was des Schwindels mehr ist, verlieren müssen. Von jetzt an ist er aber durch Gottes Gnade von solchem Rauben und Geben frei; da möge er doch, Gott zum Dank und zur Ehre, hinfort einen Teil davon an die Schule geben, die armen Kinder zu erziehen.« Das sei »ungemein gut angelegt« und diene dazu, dass man nicht gleich wieder das verliere, was die Gnade Gottes geschenkt hat. Besonderen Wert legt Luther darauf, dass auch die Mädchen unterrichtet werden, und weiter, dass alte und neue Sprachen spielerisch erlernt werden, Geschichtserzählungen zu hören sind, auch dürfe das Singen, überhaupt die Musik und die Mathematik nicht fehlen. Weiter solle man gute Bibliotheken einrichten und die begabtesten Schüler fördern. Denn für die weltlichen und geistlichen Berufe müsse man gewissenhaft vorsorgen, damit nicht Stadt, Land und Kirchen verderben. Vielmehr noch, man würde sich an den Kindern und der Jugend vergehen, wenn man sie zu ungebildeten Narren und unerzogenen Bestien werden ließe. All dies weiß Luther mit vielen Worten aus den Evangelien und den Apostelbriefen zu begründen.

Wie aber sah dies in Hohenleina und den Dörfern ringsumher auf dem Land aus? Im Eilenburger Kreis umfasste die allererste Kirchenvisitation, die vom 11. Mai bis 22. Juni 1529 durchgeführt wurde, zugleich eine Schulvisitation. Leider sind aus den Protokollen dieser ersten Visitation nur Bruchstücke in recht mangelhaften Abschriften erhalten geblieben. Dennoch zeichnet sich ein Muster ab, nach welchem die Visitationskommission in den ländlichen Bereichen verfuhr. Zu den Vorgängen von 1529 im Eilenburger Kreis bemerkt Karl August Burkhardt:

> »[I]n den Dörfern der Diöcese aber strebte man wenigstens, den nothdürftigsten Unterricht der Jugend an, wo derselbe in der Regel dem Küster zufiel, in so weit sich solche vorfanden oder bestellt wurden.«[144]

Diese Lösung wählte man auch für den Hohenleinaer Bereich. So wurde das Haus des Küsters (heute Schulstraße 5) zur »Küsterei-Schule«.[145] Wann aber

---

[144] K. A. H. Burkhardt, Geschichte der deutschen Kirchen- und Schulvisitationen im Zeitalter der Reformation, Leipzig 1879, 102.
[145] Noch im Jahr 1913 wird das Gebäude in den Umbauplänen die »Küsterei-Schule Hohenleina« genannt. In dieser Schule wohnte laut dem Adressbuch des Kreises Delitzsch

genau dort an der südöstlichen Ecke des Kirchhofes die erste Schule eingerichtet wurde, lässt sich nicht genau bestimmen. In der vom Eilenburger Amt vom 24. Februar bis 28. März 1539 durchgeführten zweiten Visitation spielen die Schulen nahezu keine Rolle mehr, da die Visitation der Lehrer und Schulen in den Aufgabenbereich der Ortspfarrer gerückt worden war. Metzler kann in Gegenüberstellung zu der Schule in Priester lediglich anmerken: »Hier in Hohenleina ist eine Schule zuerst von undenklichen Jahren her.«[146] Ab 1604 ist die Vokation von Schulmeistern in Hohenleina belegt[147], wobei die dazugehörige Schule nach Metzlers Worten bedeutend älter sein muss. Als Magister Zachäus Faber im Jahr 1610 (oder schon 1609?) das Hohenleinaer Pfarramt antrat, fand er jedenfalls eine Schule vor, deren Schüler mit chorischem Gesang den Gottesdienst bereicherten. Faber, der bis zu seinem Tod 1628 im Hohenleinaer Pfarramt verbleiben sollte, hatte bereits von 1576 bis 1584 als Lehrer und Rektor an der Torgauer Stadtschule gearbeitet und war also in schulischen Dingen mehr als bewandert. Mit diesem Hintergrund ist es nicht verwunderlich, dass unter seiner Regide als Visitator die zweite Schule im benachbarten Filialort Priester, welche ebenfalls eine Küstereischule war, erheblich gestärkt und ausgebaut wurde. Hatte zuvor der Hohenleinaer Schulmeister »Vocation auch auf Priester«, wo »vor alters kein absonderlicher Schulmeister, sondern nur ein Kinderlehrer« tätig war, so wurde im Jahr 1618 der Schuldienst geteilt und durch eine gottesdienstliche »Konfirmation« der erste Schulmeister, Hans Eichner, in Priester eingeführt und beauftragt[148]. Auch für Priester bleibt das eigentliche Gründungsjahr der Schule im Dunkeln.

---

von 1934 der »Lehrer und Kantor« Friedrich Schnause (ebd. S. 297; der Direktor Karl Böhme wohnte indessen in der Schulstraße 9); zu dieser Zeit wohnte der eigentliche Küster bzw. »Kirchendiener« Otto Schöne in der »Mutzschlenaer Straße 11«, während im südwestlichen Eckhaus der Kirchhofs (Schulstraße 1) der Gemeindediener Kurt Mennicke wohnte. Dessen Haus wurde nach Aussage von K.-H. Uth ohne Vorankündigung im Jahr 1978/79 abgerissen.

[146] Metzler, Anmerkungen 503.

[147] Landesarchiv Sachsen-Anhalt, A 29a, I Nr. 408 (Präsentation und Vokation der Schulmeister von Hohenleina 1604-1797).

[148] Metzler, Anmerkungen 167f.503. - Letztere Information geht aus einem Turmkugeldokument der Kirche in Priester hervor, der Nachricht des Schulsubstitutus Johann Friedrich Scheibe, der im Jahr 1818 schreibt: »weil gerade vor 200 Jahren der

Zeitsprung in das Jahr 1934/39

Die Loslösung der Schule von der Kirchgemeinde erfolgte vermutlich erst in den 1930er Jahren. Noch 1934 ist in den Dokumenten von der »Schul- und Kirchengemeinde Hohenleina« und dem kirchlichen »Gesamtschulverband Hohenleina« (inklusive der Schule in Priester) die Rede. Ab 1935 polemisierte der nationalsozialistische Staat gegen die Schulen in kirchlicher Trägerschaft und forcierte ab 1936 die Säkularisierung mit dem Ziel einer reichsweit zentralisierten und völkisch ausgerichteten Schule. Der Vorgang in Hohenleina und Priester könnte wie im nahen Hohenroda erfolgt sein[149]: Dort gab am 14. März 1939 die Kirchgemeinde das Schulgebäude samt Grund und Boden für 4625,- Reichsmark an die politische Gemeinde ab. Diese bezahlte überdies 160,- Reichsmark als jährliche Rente für niedere Küsterdienste – auch dort hatte es sich vom Ursprung her um eine Küstereischule gehandelt.

Gab es im Hohenleinaer Pfarrbereich auch eine allgemein zu gebrauchende Bibliothek, so wie dies Luther ebenfalls empfohlen hatte? Auf den Dörfern waren solche Bibliotheken meist in den Pfarrhäusern untergebracht, ihre Bestände gingen oftmals bis ins 16. Jahrhundert zurück, so wie das in der Pfarrbibliothek von Weltewitz der Fall ist, die in einigen Teilen erhalten geblieben ist. Das Zustandekommen solcher Bibliotheken ist bislang nur in Ansätzen erforscht worden[150], es scheint aber so, dass die privaten Kostbarkeiten der Pfarrer oftmals als Hinterlassenschaft in die Sammlungen mit einflossen (s. Abb. 35). In Hohenleina allerdings wurde das Pfarrhaus mit den darin zu vermutenden Archivalien und Buchbeständen gleich mehrfach zerstört: 1637 durch Brandstiftung schwedischer Truppen, 1672 durch »Mordbrenner«, 1702 durch ein Feuer, das von der Schmiede an der Nordwestecke des Kirchhofs ausgegangen war. Letzterer Brand vernichtete auch die kostbare Privatbibliothek des Pfarrers M. Johann Benedict Metzler (1686 – 1723) mit über

---

erste hiesige Schulmeister konfirmiert worden ist« (Pfarrarchiv Krostitz, Abschrift Dokument 4b, S. 1).

[149] Helmut Berger, Chronik der Gemeinde Hohenroda, o. O., o. J., 33.

[150] Vgl. dazu und mit weiteren Literaturangaben: Th. Fuchs, Der Pfarrer und seine Bücher. Sächsische Kirchenbibliotheken in der Frühen Neuzeit, in: Martin Mütze (Hg.), Die Dorfkirche in Sachsen. Geschichte und Gegenwart einer lebendigen Institution, (Kohrener Schriften 5), Leipzig 2021, 99-110.

1200 Bänden. Von den insgesamt 23 Bänden, die heute noch einer älteren Hohenleinaer Kirchenbibliothek zugeordnet werden können, stammen lediglich zwei Bände aus der Zeit vor 1702. Die Tradition der Pfarrbibliothek wurde dennoch mit sich wandelnden Schwerpunkten mindestens bis in die 1930er vermutlich sogar bis in die 1950er Jahre fortgesetzt.

Wandel einer Bibliothek

Bei den wenigen aus dem 17./18. Jahrhundert erhalten gebliebenen Büchern handelt es sich vor allem um theologische und kirchenrechtliche Werke. Ab 1777 (Drucklegung) taucht pädagogische Literatur auf, etwa Basedow oder eine französische Ausgabe von A. Berquin, L'ami des enfans. In der ersten Hälfte des 19. Jahrhunderts werden die schulischen Schriften (etwa die von J. G. Lindner gesammelten »Schulgebete für Bürger- und Landschulen«, 1812 in Leipzig erschienen; oder die von dem Zwochauer Kantor und Lehrer Carl Heinrich verfassten »Erzählungen«) ergänzt durch botanische und landwirtschaftliche Schriften. Spätestens um 1900 können die Bücher mit Leihschein aus der nunmehr »Volks- und Schulbibliothek der Parochie Hohenleina« genannten Sammlung ausgeliehen werden. Schließlich wurde im Nebengelass des Pfarrhofs durch Pfarrer Obermann 1915 ein Jugendheim mit Leseraum eingerichtet und die Büchersammlung mit belletristischen Werken ergänzt (z. B. Onkel Toms Hütte). Sie trug ab diesem Zeitpunkt den Namen »Pfarr- Volks- und Jugendbücherei Hohenleina«.

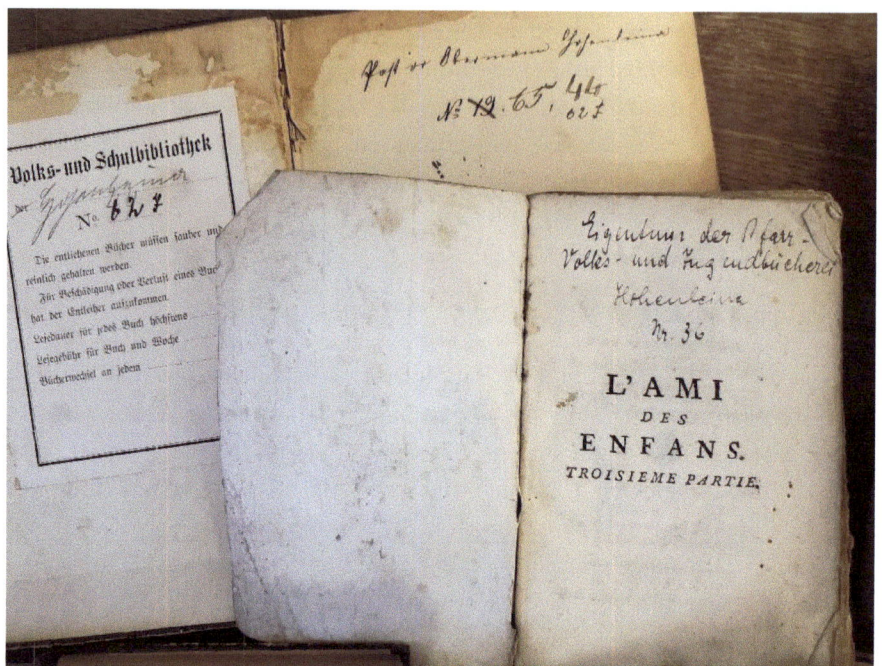

Abb. 35 Zwei Bücher mit Inlays der Volks- und Schulbibliothek zu Hohenleina bzw. der Pfarr-Volks- und Jugendbücherei Hohenleina. Der hintere handschriftliche Eintrag belegt, dass immer wieder Bücher aus den privaten Bibliotheken (hier von »Pastor Obermann Hohenleina«) in die öffentliche Pfarrbibliothek gelangten.

Auch die Erneuerung der Gottesdienste orientierte sich an den Vorschlägen, die Martin Luther dazu in der »Deutschen Messe« unterbreitet hatte. Ein schriftliches Zeugnis für die Veränderungen in Hohenleina ist uns wiederum aus der Hand des Zachäus Faber erhalten geblieben, welcher in einer Meldung an das Eilenburger Amt Rechenschaft ablegt[151]:

> *»Die Evangelia und Episteln werden vor dem Altar deutsch vom Pfarrer gesungen. Die öffentliche Beichte und Absolution und verordneten Gebete werden ohne Veränderung gebraucht und gebetet.«*

---

[151] KK-Archiv Delitzsch, Kros21. – Der von Faber unterschriebene Bericht ist nicht datiert und kann also nur in die Zeit zwischen 1610 und 1627 verortet werden. Der Bericht ist stichpunktartig und summarisch gehalten, die hier wiedergegebenen Ausschnitte wurden orthographisch an die heutige Rechtschreibung angepasst.

Faber verweist darauf, dass die Vielzahl der Heiligentage nicht mehr gottesdienstlich begangen werden mit Ausnahme des einen Marienfestes, welches für die Kirchgemeinde eine besondere Bedeutung erlangt hatte. Die Betonung der gesungenen Schriftlesungen auf Deutsch hat zum Hintergrund das Drängen Luthers, dass die biblische Mehrsprachigkeit sich auch im Gottesdienst niederschlagen müsse. Dementsprechend gibt es bis heute griechische und hebräische Bestandteile im normalen liturgischen Ablauf. Interessant sind auch die weiteren Ausführungen Fabers zur Gestaltung des Hohenleinaer Gottesdienstes. So wurde vor der Predigt ein stilles Vaterunser gesprochen und durch die Schola ein Credo (vermutlich der lutherische Choral »Wir glauben all an einen Gott«) gesungen. Nach der Predigt folgte ein gemeinsames Vaterunser. Das heilige Abendmahl wurde in der »Hauptkirche« (Hohenleina) vierzehntägig, und »in Filial« (Priester) monatlich gefeiert. Erst zu Beginn dieser Feier, die nach der Predigt einsetzte, wurden die Kerzen auf dem Altar angezündet und zog der Pfarrer ein Messkleid über die Albe (weiß und langärmelig), welches sein normales liturgisches Gewand darstellte. Die »Kirchenväter« assistierten ihm »in ihren gewöhnlichen Habitu oder Kleidung« und vor der Kommunion stimmte die Gemeinde das Lied an: »Christe, du Lamm Gottes«.

Abb. 36 Lukas Cranach d. Ä., kolorierter Holzstich von 1546. Der Bildausschnitt zeigt eine idealtypische Abendmahlsfeier. Der evangelische Pfarrer (rechts mit Kelch) trägt wie von Faber beschrieben eine Albe mit darüber geworfenem Messgewand.

Es ist davon auszugehen, dass Faber an dieser Stelle das Gegebene beschreibt und schlichtweg betont, dass er sich an diese Gegebenheiten genauestens hält. Wovon er nicht schreibt, sind seine Versuche, durch eigene Liedtexte das gottesdienstliche Geschehen zu bereichern. Aus der Vielzahl der von ihm verfassten Dichtungen gehört eine bis heute in das lebendige Liedgut der Kirchgemeinden: Das Lied »Fröhlich wir nun all fangen an« (aus dem Jahre 1601) findet sich im Evangelischen Gesangbuch unter der Nummer 159, war aber von Faber keineswegs für den Gottesdienstbeginn gedacht, sondern noch zuvor »Ein Betgesang, Wenn man zur Predigt und Gottesdienst sich verfüget«, also wenn sich die Familien am Sonntagmorgen auf den Kirchweg machen wollten und sich darauf vorbereiteten. Das anvertraute Evangelium sollte nicht nur in den Kirchen bewahrt werden, sondern auch in den Wohnhäusern. Dem entsprechen weitere Liedtexte Fabers, in denen er das anspruchsvolle häusliche Gefüge zwischen Eltern und Kindern thematisierte. Als ein weiteres Beispiel der Dichtkunst Fabers[152] sei hier aber ein Lied zitiert, dass tatsächlich für den Gottesdienst geschrieben ist und als Lied vom fröhlichen Ende als Gegenstück zu seinem bekannten Lied vom fröhlichen Anfang gehört werden kann[153]:

1. Nu macht euch heim in Fried und Freud ihr Christen groß und kleine, die Christus hat gebenedeit zu seiner Kirchen Gemeine. Der HErr, unser Vater und Gott, euch segne und für [vor] aller Not an Leib und Seel bewahre.

2. Gesegnet sei euer Ausgang in Jesu Christi Namen, gesegnet sei euer Eingang, und was ihr werd anfahen [anfangen] in eurm Beruf christlicher Weis zu Jesu Christi Lob und Preis, muss alles wohl gelingen.

---

[152] Zachäus Faber wurde zum kaiserlich gekrönten Poeten (poeta laureatus caesareus) ernannt – eine Ehre, deren Vergabe an die Universitäten übergeben worden war und im 17. Jahrhundert inflationäre Ausmaße annahm. Dennoch muss Faber, der nicht nur auf Deutsch dichtete, sondern auch griechische, lateinische und sogar hebräische Verse ersann, als außerordentlich sprachbegabt gelten.

[153] Mit leichten orthographischen Anpassungen entnommen aus: Fischer, Albert, Das deutsche evangelische Kirchenlied des siebzehnten Jahrhunderts, Gütersloh 1904, 58. Die Überschrift zu diesem Lied lautet: »Ein Segen, nach volbrachtem Gottesdienst zu singen. Im Thon: Nu frewd euch lieben Christen gemein«.

3. O heilige Dreifaltigkeit, HErr Himmels und der Erden, lass walten dein Barmherzigkeit über uns, dein klein Herde; leit uns mit deiner rechten Hand, führ uns ins ewge Vaterland durch Jesum Christum, Amen.

Die zentrale Veränderung der evangelischen Gottesdienste beruhte auf der Erkenntnis, dass Kirche und Gemeinde immer *creatura verbi divini* – eine Schöpfung durch Gottes Wort sei. Daher bekam der reine Wortgottesdienst seinen festen Platz neben den Abendmahlsgottesdiensten, wiewohl Luther sehr auf eine häufige Feier des heiligen Abendmahls und die Teilnahme aller evangelischen Christen gedrungen hatte. Der Gottesdienst vollzog sich nun durch das aufmerksame Hören der Gemeinde auf Gottes Wort und in ihrem Antworten darauf durch Gebet und Gesang. Diese Form der Kommunikation brauchte Zeit und Geduld, wozu sich eine sitzende Körperhaltung eher eignete. Daher fällt spätestens in diese Zeit der Einbau von Kirchenbänken und einer ersten erhöhten Kanzel, was wiederum zur Folge hatte, dass weniger Menschen in die Kirche passten. Als nach dem Tod Herzog Georg des Bärtigen 1539 auch die albertinischen Lande evangelisch wurden, dürften zudem diejenigen Bewohner der Parochie, die sich bislang auf Distanz hielten, wieder zu der Gemeinde hinzugestoßen sein. Der gestiegene Platzbedarf zeigt sich an dem Einbau von hölzernen Emporen auf der Nordseite des Kirchenschiffs. Gestiftet wurde diese Empore in den Jahren 1583-85 durch das landesherrliche Patronat, vertreten durch den Eilenburger Amtsmann, und mindestens einen lokalen Zustifter[154]. Nach 1539 war das Vorwerk in Klein-Krostitz an die Familie von Crostewitz gelangt und 1586 in den Besitz des Friedrich von Hack, einem Stiefbruder des Herrn von Crostewitz[155]. Drei Jahre zuvor war aber bereits die

---

[154] Die Jahreszahl 1583 taucht zweimal auf den Säulen der Nordempore auf, ein geschmiedeter Zuganker trägt hingegen die punzierte Jahreszahl 1585. Weiterhin finden sich auf den Säulen auch die Initialen »B. S.« bzw. »G. S.« – hierbei könnte es sich um weitere Stifter oder aber auch um ausführende Handwerker handeln.

[155] Vgl. Ulla Heise, Ur-Krostitzer. Chronik einer Brauerei in Mitteldeutschland, 2. Auf. Leipzig 2014, 31.33. Ein »Heinrich Hack« wird in dieser Chronik allerdings nicht erwähnt. Die »Familie Haaken« hat allerdings nach Pfarrer Nitzsche um 1550 (die Pfarrmatrikel von 1753 schreibt »vor zweihundert Jahren«) nach und mit der Familie »von Crostewitz« das Rittergut in Klein-Crostitz innegehabt haben. (Friedrich Baentsch, Die Kirche zu Hohenleina 14, zitiert hier aus dem nicht mehr im Pfarrarchiv vorfindlichen Notizen von Pfarrer Gottlob Benedictus Nitzsche (1746-1766), Nachrichten von denen Pastoribus in Hohenleina und Priester und dasiger Parochie (von 1753).)

Empore über der Rittergutsloge gestiftet worden von Heinrich und Maria Hack. Diese Familie förderte sichtbar ihre Kirche, noch bevor ihr Anverwandter zum Inhaber des Rittterguts wurde.

Abb. 37 Das stilisierte kursächsische Wappen auf einer der Säulen, die die Empore von 1583 tragen.

Mittig zur gesamten Nordempore, die sich im Westen an die bereits vorhandene gotische Steinempore anschloss, trug eine der Emporensäulen das Wappen des kursächsischen Landesherrn. Die vereinfacht geschnitzte Wappenform besaß wohl ursprünglich eine andere farbige Fassung. Von 1553 bis 1585 hatte die Kurfürstenwürde August inne, der sich als vielfältiger Förderer, Mäzen und »Vater August« einen Namen machte und auch in Hohenleina als Kirchenpatron seine Spuren hinterließ. Dass aber die neue Empore an der Nordseite errichtet wurde, spricht sehr dafür, dass die Kanzel an der Südseite der Kirche stand. Erst 1666 erweiterte man die steinerne Empore im Westen, wo vermutlich eine erste Orgel den Platzbedarf erhöhte, und schließlich baute man 1823 auch im Süden die Emporen aus, was dann wohl erst zur Versetzung der Kanzel an den Triumphbogen führte.

Auf mancherlei Weise hatte also der wiederentdeckte Zugang zur Quelle des Evangeliums die Gestalt der Laurentiuskirche verändert. Erfindungsreich und pragmatisch hatte man versucht, das Empfangene umzusetzen und zu schützen. Allerdings zeigten alle diese Versuche, die doch aus einer großen Freude und dankbarem Optimismus erwachsen waren, auch bald ihre Zweischneidigkeit. Deutlich wird dies noch einmal an der Gestalt des Zachäus Faber, der nicht nur ein gewissenhafter Pfarrer, Pädagoge und sprachbegabter Dichter gewesen ist, sondern auch ein eifriger lutherischer Kontroverstheologe. Mehrere Streit-schriften verfasste er gegen die römisch-katholische und die reformiert-calvinische Lehre, und gebrauchte dabei nicht nur das gut sortierte Handwerkzeug einer umsichtigen Argumentation, sondern auch ein Übermaß an polemischer Schärfe. Dies springt schon an den Buchtiteln ins Auge, die nach der Mode der Zeit sehr ausführlich gehalten sind. Hier ein Beispiel eines seiner Bücher, welches Faber 1620 in Leipzig verlegen ließ:

>>*Kurtzer Beweiß / Das etlicher Calvinischen [Lehr] / doch bey ihnen hochgeachteten Lehrern Schwarm / in vielmal ärger und verdamlicher sey / denn der Papisten Lehr ...*«

Die Reaktionen fielen nicht minder scharf aus. So veröffentlicht der reformierte Theologe Friedrich Schmidt, der sich mit dem Decknamen Friderico de Pegav schützt, im Jahr 1624 eine Gegenschrift:

>>*Gründlicher Beweiß / Daß Zachaeus Faber, Pfarrherr zur Hohenleina ein uberwiesener Calumniant [Verleumder] und Lügenschmidt sey: Als welcher Zweyhundert Grausame / und unverschämbte Lügen gantz unchristlicher weise außgespyen hat / In dem Er den Evangelischen Reformirten Kirchen zweyhundert Ketzereyen unbillicher weiß beymessen wollen: Gestellet / Der Warheit zum besten / zur Rettung der Reformirten kirchen unschuldt / und allen auffrichtigen Lutheranern zur nachrichtung.*«[156]

Die Kontroverstheologie war in der lutherischen Orthodoxie und überhaupt im konfessionellen Zeitalter weit verbreitet[157]. Natürlich hat die wilde Lust an der

---

[156] Ein weiteres Beispiel: Faber griff von Hohenleina aus in einem Brief den Superintendenten Mamphrasen von Wurzen so hart an, dass er auf kurfürstlichen Befehl Abbitte leisten musste.

[157] Hinzu kamen die kursächsischen Ereignisse rund um den Leipziger Calvinistensturm des Jahres 1593. Zuvor hatte der Landesherr die Einflussnahme der calvinistischen Theologie deutlich gefördert. So war auch Elias Rebhuhn, 1592 für zwei Jahre suspendiert worden, weil er calvinistische Ansichten vertreten habe. Danach wurde er von Delitzsch nach Hohenleina versetzt, wo er von 1594-1609 den Pfarrdienst versah (KK-Archiv Kros 5). Fabers erste in Wittenberg 1598 veröffentlichte Druckschrift, über die »Unwahrheiten,

Polemik manche Kontroverstheologen auch hingerissen. Wer wollte bestreiten, dass der Streit um des Streites willen, um der eigenen Überlegenheit oder anderer zweifelhafter Motive willen unfruchtbar und schädlich wird[158]. Aber auf der anderen Seite zeigt das Beispiel der Apostel und von Jesus selbst, dass sie ungesucht immer wieder in heftige theologische Streitgespräche verwickelt waren und das klare (klärende) Wort nicht gescheut haben. Jesus kritisiert scharf das Verhalten der Schriftgelehrten. Und auch Paulus widersteht dem vordersten der Apostel, Petrus, öffentlich »ins Angesicht«, als dieser aus Sorge um seinen Ruf nicht mit Heidenchristen speisen will. Daher versuchte man in der lutherischen Orthodoxie, das Anvertraute auch durch den scharfen Widerspruch zu bewahren.

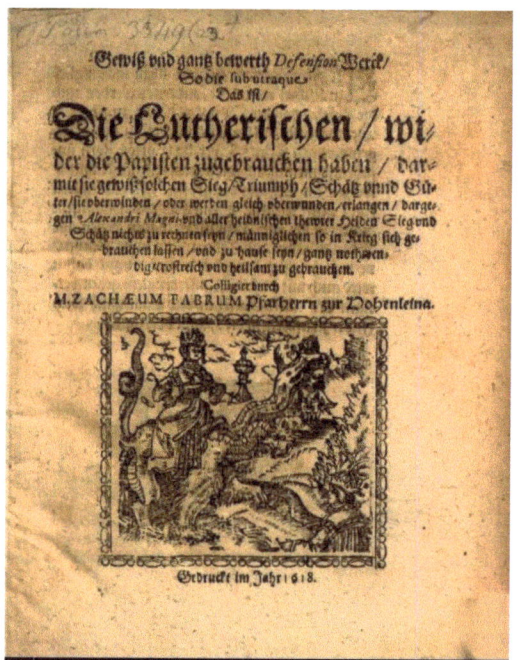

Abb. 38 Titelblatt einer polemischen Schrift Zachäus Fabers, welche im ersten Kriegsjahr 1618 erschien und den lutherischen Ständen »wider die Papisten« helfen sollte. Das Bild deutet Rom und die Papstkirche als die auf dem siebenköpfigen Drachen reitende Hure, die den Kaiser und alle Welt verführt.

welche die Calvinisten begehen an der Heiligen Schrift«, ist innerhalb dieses Kontextes zu verstehen.

[158] Die späteren Ireniker wie Philipp Jacob Spener haben mit vielen Schriftverweisen auch auf diese Seite der biblischen Überlieferung aufmerksam gemacht. So warnt der Apostel Paulus vor der lieblosen Nutzlosigkeit endloser Streitfragen (2Tim 2,14), und der Herrenbruder Jakobus mahnt: »Ein jeder Mensch sei schnell zum Hören, langsam zum Reden, langsam zum Zorn« (Jak 1,19).

Aber die Kontroverstheologen haben die Schärfe der Schrift nicht gegen sich selbst gewandt und sind damit schnell in eine unangenehme Selbstgerechtigkeit abgerutscht. Die innere Schwierigkeit dieser Theologen bestand in dem Wunsch, die Entdeckung Luthers übergenau und mit dogmatischer Schärfe bewahren zu wollen. Dabei fand fast unmerklich eine folgenschwere Verschiebung statt: Aus der von Luther entdeckten »Leuchtkraft der Schrift« (lat. *claritas*), wurde bei seinen Nachfolgern die »Durchsichtigkeit der Schrift« (lat. *perspicuitas*)[159]. Damit aber nährte man die Vorstellung, dass ein rechtgläubiger Theologe selbst die Schrift durchleuchten könne. Der ehrgeizigen Rechthaberei wurde so Tor und Tür geöffnet. So reihte sich auch Zachäus Faber mit seinen kontroversen Schriften ein unter diejenigen, die einen Schatz bewachen wollten – so wie sich die wehrhaften Drachen um den Hohenleinaer Gotteskasten schlängeln. Drachen aber können Feuer spucken und zubeißen. Und es kann zurückgebissen werden.

---

[159] Vgl. Bernhard Rothen, Die Klarheit der Schrift. Teil 1, Martin Luther, Die wiederentdeckten Grundlagen, Göttingen 1990, 19.

5 Der Krieg zerstört das Land

Längst schon wurde auf andere Weise gestritten und Feuer gespien. Am 23. Mai 1618 brach sich mit dem Fenstersturz in Prag ein Konflikt Bahn, der sich rasend schnell zum unübersichtlichen Krieg ausweitete und in dreißig langen Jahren alle deutschen Lande verwüstete. Die Enkel der letzten Kriegsgeneration haben später die einstigen Kontroverstheologen beschuldigt, für dieses Blutvergießen zumindest mitverantwortlich gewesen zu sein. Allerdings ist es keineswegs zwingend, dass ein literarisch ausgetragener Konflikt auch in einen politischen Konflikt mündet – im Gegenteil kann die schriftliche Form wie ein hilfreiches Druckventil wirken. Vor allem aber hatte man auf politischer Ebene längst zu einem Kompromiss der religiösen Gegensätze gefunden. Auf dem Augsburger Reichstag hatten die protestantischen und katholischen Stände bereits im Jahr 1555 einen Religionsfrieden ausgehandelt, der sich über 60 Jahre hinweg als äußerst tragfähig erwies. Vertieft wurden die Rechte auf freie Religionsausübung noch durch den Majestätsbrief Kaiser Rudolfs II., der sich im Jahr 1609 an die böhmischen Protestanten richtete. Die auslösende Ursache für den Krieg lag deshalb nicht in den konfessionellen Gegensätzen an sich, sondern in einem Verfassungskonflikt. Der neue böhmische König und spätere Kaiser Ferdinand verletzte die Vereinbarungen des Majestätsbriefes und des Augsburger Religionsfriedens und die evangelischen Stände in Böhmen waren nicht gewillt, dieses Unrecht demütig zu ertragen.[160]

Kriegseinbruch in Sachsen

Das lutherische Sachsen stellte sich gegenüber den Kriegsparteien lange Zeit auf einen neutralen Standpunkt. Der sächsische Kurfürst Johann Georg I. trat weder dem Schutzbündnis der protestantischen Union bei, noch versagte er dem katholischen Habsburger Ferdinand II. seine Stimme bei der Kaiserwahl im Jahre 1619. Als loyaler Reichsfürst wollte er eine friedensstiftende »Mittelpartei« stellen und hoffte wohl darauf, dass ihm darin andere Reichsstände folgten. Dies war keineswegs der Fall. Von den protestantischen Anhängern einer selbstbewusst-aktiven Richtung wurde er für seine zögerliche Art als »Bierjörge«

---

[160] Vgl. hierzu und im Folgenden H. Münkler, Der Dreißigjährige Krieg, 42ff.

geschmäht, der erst etliche Kannen Hopfen leeren müsse, bevor er um die Mittagzeit zu politischen Entscheidungen fähig sei. Gleichwohl gelang es dem Kurfürsten für die erste Kriegshälfte, den Frieden in seinen Landen zu halten. Im Einflussbereich der kaiserlichen Liga aber, die von einem militärischen Erfolg zum nächsten eilte, traten die Absichten einer großflächigen Rekatholisierung immer unverhüllter vor die Augen der Zeitgenossen. Zachäus Faber meldete sich aus dem kleinen Hohenleina gleich im ersten Kriegsjahr zu Wort mit der Druckschrift »*Gewiß und gantz bewerth Defensions-Werk, so die sub utraque, das ist die Lutherischen, wider die Papisten zu gebrauchen haben*« (*Abb. 38*); dann wieder nach dem Sieg der kaiserlich-ligistischen Partei über die böhmischen Rebellen und der zwei Jahre darauf einsetzenden Vertreibung der Lutheraner aus Böhmen mit der 1623 in Leipzig erscheinenden Schrift »*Gründlicher und augenscheinlicher Beweiß / Weil die Papisten die Lutherische Lehrer und Lehr aus ihren Ländern vertrieben / und die armen Leute zur Papistischen Lehr anhalten und zwingen [...]: Männiglich den Lutherischen / so im Bapsthumb und in Lutherischen Landen seyn / zu trost / und gewißheit ihrer Lehr und Seeligkeit / und den Papisten sämptlichen zu warnung [...] gestellet*«. Diese hilflos wirkenden Versuche wollten der inneren Selbstvergewisserung dienen angesichts einer urplötzlich erwachsenen äußeren Bedrohung.

Am Ende der 20er Jahre hatte sich die Lage für die deutschen Protestanten drastisch verschlechtert. Die kaiserlichen Generäle Tilly und Wallenstein hatten Norddeutschland unterworfen, so dass im Restitutionsedikt von 1629 der Kaiser gemeinsam mit dem neugebackenen bayrischen Kurfürsten Maximilian die Wiederherstellung aller seit 1552 eingezogenen geistlichen Güter fordern konnte. Das Ziel war eine Neuordnung des konfessionellen Deutschlands durch die Durchführung der Gegenreformation. In diesem Moment größter Bedrohung griff König Gustav II. Adolf mit einem schwedischen Heer in das Geschehen ein. Im Sommer 1630 landete er auf Usedom und forderte vor allem den brandenburgischen und sächsischen Kurfürsten auf, der evangelischen Seite doch in aller Deutlichkeit – das heißt: als schwedische Bündnispartner – beizustehen. Kurfürst Johann Georg versuchte dennoch die Neutralität weiterhin zu wahren, indem er die evangelischen Reichsstände im Februar des Jahres 1631 zu einem Konvent einlud. In Leipzig schloss man sich nach sächsischem Vorbild zu einer Mittelpartei zusammen, die die Wiederherstellung des Augsburger Religionsfriedens forderte und sich durch eine mäßige Aufrüstung als ernstzunehmende Verhandlungspartner präsentieren wollte. Doch gerade einmal zwei Monate später wurde das evangelische Magdeburg durch die Belagerung Tillys und einem dabei ausgelösten Brand komplett zerstört. Nun hieß es auf dem propagandistischen Schlachtfeld: Tilly sei ein »Jungfrauen-schänder«; der sächsische Kurfürst aber habe durch seine Taktik einer Mittelpartei verhindert, dass der Schwedenkönig die Stadt rettete. Von kaiserlicher Seite wurde Johann Georg ebenfalls unter massiven Druck gesetzt: Ihm wurde der Aufbau eines eigenen Heeres verboten und völlige Unterwerfung gefordert. Schließlich wurde Tilly die Erlaubnis gegeben, in Kursachsen einzufallen. Am 7. September[161] nimmt er zusammen mit Pappenheim Leipzig nach starkem Beschuss ein und plündert es. Fünf Tage darauf kommt das Bündnis zwischen Gustav Adolf und Johann Georg zustande. Das schwedische und das sächsische Heer vereinen sich am 15. September in Düben und ziehen die alte Reichsstraße hinab, geradewegs an Hohenleina und Krostitz vorbei, wo sich nach der berühmten Ortslegende der Schwedenkönig ein Bier reichen ließ und die Gabe mit einem Fingerring belohnte[162].

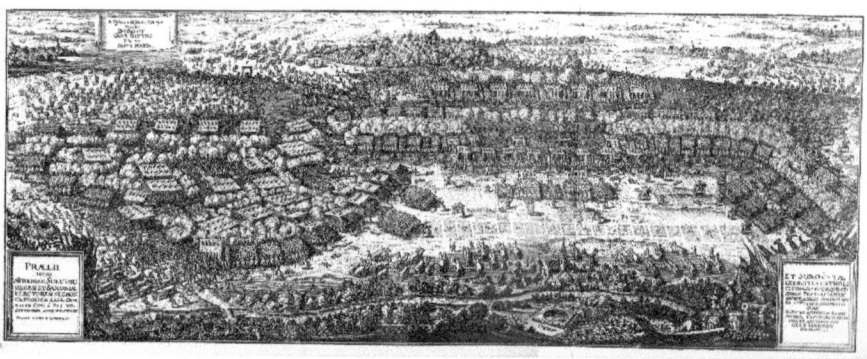

Abb. 39 Die Schlacht bei Breitenfeld, zeitgenössischer Kupferstich. Im Vordergrund sind die Orte Podelwitz und Zschölkau am Lober zu erkennen, linkerhand fliehen die sächsischen Kontingente über Göbschelwitz in Richtung Eilenburg, rechterhand und mittig behaupten sich die Schweden gegen die Truppen Tillys.

---

[161] Dieses Datum nennt der im kaiserlichen Heer dienende Peter Hagendorf, zitiert bei H. Münkler, a.a.O. 493; andere Beschreibungen gehen vom 14. September aus.
[162] Eine erzählerisch ausgeschmückte Version dieser Legende findet sich in: U. Heise, Ur-Krostitzer. Chronik einer Brauerei in Mitteldeutschland, 34-37.

Kurz darauf, um die Mittagszeit des 17. Septembers, trafen die beiden großen Armeen südlich der Höhe zwischen Podelwitz und Göbschelwitz zusammen. Die »blutigste Schlacht des Krieges« (H. Münkler) währte nur fünf Stunden und forderte von den beteiligten 75.000 Mann ca. 15.000 Tote. Kurfürst Johann Georg, der recht früh aus dem Kampf mit großen Teilen seines Heeres über Göbschelwitz bis nach Eilenburg geflohen war, vernahm dort die verblüffende Nachricht, dass das in all den Jahren ungeschlagene kaiserliche Heer seine erste große Niederlage erlitten hatte. Gustav Adolf hatte unter großem persönlichem Einsatz (er pflegte, stets zu den Brennpunkten des Kampfes zu reiten) und mithilfe einer modernen Gefechtstaktik das Heer der Liga trotz ungünstiger Umstände besiegt. Nun also war Sachsen Kriegsteilnehmer und blieb es auch unter wechselnden Bündnissen. Dafür musste es einen hohen Preis bezahlen, denn es wurde nunmehr für viele Jahre zum blutigen Schlachtfeld, gebrandschatztem Durchzugsgebiet und ausgebeutetem Quartier für die Heere beider Seiten.

Panic Room

Nach dem Erfolg bei Breitenfeld trat Gustav Adolf einen Siegeszug quer durch Deutschland an, mit dem Ziel, auch den südwestdeutschen Protestantismus wieder in seine alten Rechte einzusetzen. Der König wurde in Flugschriften als Retter und Held gepriesen. Doch nur 14 Monate später fand dieser schon bei der Verfolgung des Wallensteinischen Heeres auf dem Weg nach Sachsen den Tod. In der Schlacht bei Lützen, im Südwesten von Leipzig gelegen, fiel er am 16. November 1632 in einem kleinen Scharmützel, in das er geraten war. Die von vielen bewunderte Symbolfigur der Protestanten fehlte nunmehr, aber das schwedische Heer reorganisierte sich erstaunlich schnell. Der Krieg ging weiter. Bald schon waren auch in den kursächsischen Landen die bitteren Folgen allerorten zu spüren. Schon im Umfeld der Schlacht von Breitenfeld und im Jahr darauf musste der Hohenleinaer Pfarrbereich von »Feind und Freund« Repressalien erdulden. Ausgerechnet der Pfarrer, Magister Caspar Vollgnad, der 1628 die Pfarrstelle übernommen hatte, organisierte in Hohenleina eine handfeste Gegenwehr, mit der die schlimmsten Überfälle verhindert wollte. In einer Bittschrift an Johann Georg I. erinnert er daran:

»Geschweige ich, als der in das mit schlechter Bestallung hinterlassene Pfarrgut viel gewendet, meinen Zuhörern in ihrer Dürftigkeit fort

gedienet und ausgeholfen, mich ihrer auch in Feindesnot und Gefahr
Leibes und Lebens redlich angenommen und zumal Anno 1632 das Dorf
Hohenleina mit Erlangung auf eigene Unkosten einer Salva guardia von
der schon angestellten Inflamierung errettet. Was nun ich, - weil gar
nahe dabei Anno 1631 die erste Hauptschlacht ergangen Feind und
Freund mit Ausplündern gleich hausiert und hernach Anno 1632 in der
kaiserlichen Gewalt zu Eilenburg das wenige, was mir noch übrig,
vollends gar im Stiche geblieben – dafür keine Seide gesponnen und
erworben, ist leichtlich zu erachten.«[163]

Caspar Vollgnad war kein gewöhnlicher Pfarrer. Aus Eilenburg stammend zog er
1599 für etliche Jahre als sächsischer Feldprediger mit in die Kämpfe des Reiches
gegen die türkische Fremdherrschaft in Ungarn und übernahm im Anschluss ein
evangelisches Predigeramt in Österreich. 1618 als Protestant vertrieben, begab
er sich wieder an den sächsischen Hof, wo er sich »ein Zeitlang« aufhielt und von
Johann Georg I. ein »Gnadengehalt« und 1628 die Hohenleinaer Pfarrstelle
zugewiesen bekam[164]. Vermutlich wird er als Feldprediger rudimentäre
militärische Kenntnisse erlangt haben. Anders ist es wohl kaum zu erklären, dass
er aus eigenem Antrieb und mit eigenen Mitteln eine Schutzwache (»Salva
guardia«) aufstellte, die tatsächlich das Niederbrennen (die »Inflamierung«)
vorerst verhinderte.

Zu diesen wenigen Anhaltspunkten aus der Feder Vollgnads passt am besten das
Ereignis, welches Pfarrer Nitzsche über 100 Jahre später aus mündlichen
Berichten zusammengetragen hat, ohne es näher datieren zu können:

»Die Bauern sollen, der Erzählung nach, vor dem Dorfe gegen die
Mitternachtseite zu eine Schanze aufgeworfen, die noch jetzt vulgo
[gewöhnlich] die Bastei genannt wird, und sich dahinter gegen die
überfallenden schwedischen Parteien defendiret [verteidigt], ihr Vieh
aber hinter der Kirche in einen zu dem Ende gemachten tiefen Graben
gezogen und, da sie nicht übermauert gewesen, sich in die Kirche
retiriret [zurückgezogen], solche verschlossen und vom Turme auf die

---

[163] Die Bittschrift (Memorial) war um 1750 Nitzsche noch bekannt, der sie in seinen
Nachrichten mitteilt, Abschrift bei Baentsch, 32.
[164] Vgl. hierzu C. Geißler, Chronik 194f.

Schweden geschossen und deren verschiedene erlegt haben, welches
dann diese so erbittert, dass sie Feuer an die große Kirchentüre gelegt in
der Absicht, die Kirche samt allen darin befindlichen Leuten zu Pulver zu
verbrennen. Gott hat aber dieses Unglück noch gnädig abgewendet,
indem eine sächsische Partei dazugekommen, die Schweden verjagt, das
angelegte Feuer, welches schon tief in die Tür hineingebrannt und
wovon die Kohlen- und Brandspuren noch jetzt an derselben zu sehen
sind, wieder gelöscht und die armen Leute sowohl als die schöne Kirche
dadurch von ihrem augenscheinlichen Untergange gerettet hat.«[165]

Die Laurentiuskirche mit ihren starken Mauern und Türen diente den
Bewohnern als Panikraum. Aber wann geschah das? Die strategischen
Maßnahmen zur Dorfverteidigung und insbesondere das Vorhandensein
bewaffneter Leute weisen am ehesten auf Caspar Vollgnad und seine
Schutzwache und damit auf das Jahr 1632 hin. Die verwaschene Formulierung
der Bittschrift von »Feind und Freund« kann sehr wohl als Vorsichtsmaßnahme
gedeutet werden – schließlich wendet sich Vollgnad in seiner Bittschrift offiziell
an den Kurfürsten, der zu dieser Zeit noch mit den Schweden verbündet ist. Zu
einer späteren Zeit, insbesondere nach den umfassenden Plünderungen von
1635 und der Brandschatzung von 1637, dürften keine Waffen und erst recht
kein Vieh mehr im Dorf zu finden gewesen sein. Schlussendlich ist Vollgnads
Hinweis auf die Errettung »von der schon angestellten Inflamierung« dermaßen
auffällig, dass hier nur dasselbe Ereignis gemeint sein kann. Der Verlauf zeigt
aber auch, dass eine kleine Schutzwache den Kriegsgewalten nichts
entgegenzusetzen hatte. Als im Herbst 1632 Wallenstein in Sachsen einfiel und
seine Truppen in Eilenburg einquartierte, ging bei den Plünderungen und

---

[165] Zitiert bei Baentsch, 33. – Baentsch kommentiert dazu, dass das Vorkommnis von
Nitzsche »zeitlich nicht genau festgelegt« worden ist (a.a.O. 34). Tatsächlich hängt es
Nitzsche an die Chronik der Kriegsereignisse an, die er bis 1648 erzählt. Auch Metzler
kommt auf das Ereignis zu sprechen, aber viel kürzer, und ebenfalls ohne Datierung
(Anmerkungen 133). »Im 30jährigen Krieg sind auch einst einige Fremde vor die Kirche
kommen. Die Leute haben sich aus der Kirche auf den Turm salviert [gerettet], die Turm-
Treppe mit Mist zugelegt. Auch ist vom Turm herunter ein Reuther erschoßen worden,
die feindlichen haben Feuer an die große Kirchtür gemacht und sie wollen aufbrennen,
welches an der Türn noch zu sehen ist. Sie haben auch öfters mit denen Merodebanden
unter feindlichen Soldaten contractiert [verhandelt], und dem ein Stücken Vieh oder
sonst etwas gegeben.«

Kontributionsforderungen auch das persönliche Vermögen Vollgnads verloren. Im selben Jahr wechselte er mit seinem Schwiegersohn, Magister Caspar Schellenberg (auch Schellenberger genannt), die Pfarrstelle und zog nach Behlitz.[166]

Ein erhaltenes Sterberegister

Nach dem biblischen Buch der Offenbarung gesellt sich zu dem apokalyptischen Reiter des Krieges bald schon die Pest. Noch vor der großen Pestwelle von 1637 brachen vereinzelt Seuchen aus – so Ende 1631 und Anfang 1632 in Eilenburg, im Sommer 1633 im Hohenleinaer Filialort Priester und in Kupsal. Durch das spätere Niederbrennen der Dörfer fehlen die meisten Kirchenbücher und damit auch genaue Nachrichten vom zeitlichen und geographischen Ausmaß der Epidemie. Nur durch Zufall dürfte sich das Sterberegister von Priester erhalten haben, welches uns mehr über die Geschicke des kleinen Ortes in den Jahren 1633-34 erzählt. Hier war der Schuster Johann(es) Eichner schon seit 15 Jahren als erster Schulmeister von Priester tätig.[167] Hier im Filialort führte Eichner auch die zugehörigen Kirchbücher für Pfarrer Schellenberg. Die Zeit des großen Sterbens setzte in dem kleinen Dorf und dem Nachbarort Kupsal im Frühsommer des Jahres 1633 ein. Gleich von Anfang an war die Familie des Schulmeisters betroffen: Am 10. Juni sterben an der Seuche zwei seiner Schwägerinnen, am 1. Oktober sein fünfjähriger Sohn David, am 3. Oktober die 16jährige Tochter Elisabeth, am 4. Oktober der 6jährige Sohn Elias, und schließlich am 5. Oktober seine Frau. An diesem Tag kommentiert er die von ihm geführte Sterbeliste:

> »*Ach elendes Betrübnis vorstirbet mir Johan Eichnern Schulmeister mein liebes Weib Margerita geschwindt hinder den Kindern her, den 6. Octob. wirt den 7. Zur erden bestattet mit einer LeichPredigt in gar gefehrlichen sterbens und Kriegsleufften. Ach Gott schütze uns, und stehe uns gnedig bey in diesem trübseligen Zustande.*«

---

[166] Vgl. dazu: Chronik der Stadt Eilenburg und Umgegend. Herausgegeben von Carl Geißler, Rector der Stadtschule, Delitzsch 1829, 195. - Geißler (a.a.O. 16) greift für die Biogramme der Pfarrer des Eilenburger Kirchenkreises auf die Aufzeichnungen des Eilenburger Pastors und Superintendenten M. Elteste zurück (Geschichte sämmtlicher Prediger der Eilenburger Diöces seit der Reformation, o. J.).

[167] Dies geht aus dem Visitationsprotokoll von 1618/1619 hervor, wiedergegeben bei Baentsch, a.a.O. 30f.

Zu Beginn des neuen Jahres hegt Johann Eichner offenbar die Hoffnung, für seinen letzten verbliebenen Sohn Johannes und sich selbst etwas zum Guten hin ordnen zu können. Er plant wohl um seines kleinen Sohnes willen eine schnelle Wiederverheiratung, die schon 4 Monate später vonstattengehen soll. Doch dann erkrankt er selbst an der Seuche und stirbt am 18. Februar 1634, exakt an dem Tag seiner geplanten Hochzeit. Bald darauf, am 11. März, verstirbt auch sein Sohn Johannes an der Seuche. Innerhalb eines guten halben Jahres sind also, wie das Sterberegister anmerkt,

> *er, sein Weib und alle Kinder an der schädlichen Pest nach Gottes Wille verstorben, Gott gebe ihnen eine sanfte Ruhe und selige Auferstehung zum ewigen Leben. Amen.*«

Ob es sich bei der Epidemie tatsächlich um das Pestvirus handelte, kann nicht mit Sicherheit festgestellt werden. Möglicherweise handelte es sich auch um Typhus. Insgesamt verstarben an der Krankheit innerhalb eines knappen Jahres 86 Bewohner aus Priester und Kupsal. Sie wurden »die meisten mit Leichenpredigten« begraben[168]: Schellenberger war zu jenem Zeitpunkt noch nicht aus Hohenleina geflohen, sondern beerdigte, so gut er es vermochte, die vielen Opfer. Vielleicht war er auch derjenige, der die zitierten Worte unter die letzten Einträge des Schulmeisters niederschrieb. Was konnte ein Pfarrer in solch einer bedrückenden und angstvollen Situation sagen? Erstaunlicherweise wirken die wenigen Worte ruhig und gefasst. Dass eine Krankheit nur die äußere Todesursache darstellt, weil ein jeder Mensch letztlich und zutiefst an Gottes Willen stirbt, ist eine Erkenntnis, die nur im ersten Moment bitter wirkt. Und dass man diesen Menschen dann vertrauensvoll Gott anbefiehlt, den man bittet um »eine sanfte Ruhe und selige Auferstehung zum ewigen Leben«, das ist nur im ersten Moment eine Vertröstung. Trost hat oft den Charakter einer Vertröstung und lebt schlicht aus der Nähe dessen, der die Vertröstung ausspricht. Und wenn sich diese Person bislang als vertrauenswürdig erwiesen hat, dann hat man gute Gründe, ihr auch in den noch nicht abzusehenden Dingen zu vertrauen. Was Schellenberger und den geplagten Dorfbewohnern mitgegeben worden war, war das Wissen um Gottes Tun an seinem Volk Israel und unter allen Völkern im Namen seines Sohnes Jesus Christus. Sie besaßen

---

[168] So Metzler in seiner Pfarrmatrikel von 1720, zit. bei Baentsch, a.a.O. 32.

deshalb ein großes und kaum zu widerlegendes Vertrauen in ihrer Sicht auf die letzten Dinge.

Die Dörfer brennen

Der eigentliche Tiefpunkt des Elends war aber noch nicht erreicht. Der sächsische Kurfürst, der schon immer der Einmischung durch andere europäische Mächte und damit auch der schwedischen Intervention skeptisch gegenübergestanden hatte, nahm bereits im Spätherbst 1631 heimlich und ab 1633 offiziell Gespräche mit kaiserlichen Vertretern auf, die 1635 zum Prager Teilfrieden führten. Damit stand Sachsen wieder auf kaiserlicher Seite – und auch andere lutherische Reichsstände traten dem Friedensschluss bei. Allerdings enthielt der Frieden kein Beitrittsangebot an ausländische und reformierte Mächte, so dass Schweden sich mit dem katholischen Frankreich verständigte, um seine Forderungen durchsetzen zu können. Der Krieg wurde also fortgesetzt und traf nun mit aller Wucht das kursächsische Gebiet. Der schwedische General Johan Banér besiegte bei Wittstock das kaiserlich-sächsische Heer und brach in Kursachsen ein, wo er durch eine gezielte Kleinkriegführung mit Überfällen, Hinterhalten und kurzen Schlägen zugleich dafür sorgte, dass sich seine Truppenmassen besser auf das Land verteilten. So blieben die Truppen beweglich und konnten sich gleichzeitig aus der Bevölkerung die Versorgung erzwingen. Dass dies mit großer Härte geschah, dürfte durch die Verbitterung befeuert worden sein, die man gegenüber den abtrünnigen Sachsen empfand.

Die Hohenleinaer Parochie wurde 1635 dermaßen geplündert, dass Pfarrer Schellenberg mit anderen Bewohnern in das befestigte Eilenburg flüchtete. Ganze Ortschaften taten es ihnen gleich und tappten in eine üble Falle. Denn 1637 brach die Pest in Stadt und Land aus und forderte im übervölkerten Eilenburg an manchen Tagen weit über 100 Tote, die kaum rechtzeitig beerdigt werden konnten. Auch Schellenberg war unter den Opfern. Die Dörfer aber Hohenleina, Krostitz, Priester, Kupsal und Lehelitz wurden von schwedischen Truppen am 16. März 1637 angesteckt und fast komplett niedergebrannt. In Hohenleina blieb einzig die Laurentiuskirche erhalten; die Schule, das Pfarrhaus und alle Wohnhäuser lagen in Asche[169]. Die Folgen der grassierenden Brandschatzung und Pest sind nicht minder tödlich. Der Liemehnaer Pfarrer Jeremias Simon notiert mit kurzen Worten für das Folgejahr: »Furchtbare Theuerung und Hungersnot griff um sich, die Felder hatten nicht bestellt werden können.« Damit hatte auch der letzte der apokalyptischen Reiter Stadt und Land erreicht.

Inmitten dieser schwierigsten Umstände wurde tatsächlich am 2. Oktober ein neuer Pfarrer nach Hohenleina entsandt. Er hieß Jonas Ditzscher[170], stammte aus Altranstädt und war gerade einmal 24 Jahre alt. Dennoch hatte er schon drei Jahre als Feldprediger gedient. Als er an seinem neuen Dienstort anlangte, fand er in den sechs Dörfern nur noch 28 Menschen vor, die in den Ruinen überlebt hatten. Eine Zeitlang hauste er mit fremden Flüchtlingen in der Kirche, das Milchgeschirr einer Krensitzerin befand sich auf der Kanzel, das Inventar des Schulmeisters unter dem Turm, vor der Kanzeltreppe auf der Südseite stand ein »Ungemach [ein Austritt]«. Vor dem Altar aber brannte ein Feuer, an dem das Essen zubereitet wurde. An Inventar war offenbar manches zerstört oder abhandengekommen: Der Gotteskasten erweckt auf der Rückseite den Eindruck, als habe dort jemand versucht, das Holz aufzuhacken - später wurde diese Stelle mit Blechen geschlossen. Auch das gesamte alte Gottesdienstgerät ist nicht erhalten geblieben und vermutlich in dieser Zeit oder kurz zuvor bei der schwedischen Brandschatzung verloren gegangen. Da die Überfälle aber noch lange kein Ende hatten, sorgte Jonas Ditzscher dafür, dass Bewohner, die er noch in der Umgebung fand (wie die besagte Krensitzerin) ihr Vieh auf den Kirchhof hinter die Kirche trieben. Einen Wächter postierte er auf dem Turm, der warnte, »wenn nur eine Partei anmarschiert«. Für diesen Fall hatte man das Kirchengestühl der Frauen ausgeräumt, um Platz zu machen auch für die Tiere.[171]

Als sich die Lage ein wenig beruhigte, suchte Ditzscher sich einen notdürftigen Unterschlupf in einem der wüsten Bauerngüter, welches er bis 1659 bewohnen

---

[169] Eine kurze Skizze dieses Ereignisses findet sich bei Nitzsche, Nachrichten, zit. in Baentsch, a.a.O. 33.
[170] Hierzu und im Folgenden: C. Geißler, Chronik 195f.; Baentsch ebd.
[171] Metzler, Anmerkungen, Bl. 99-101.

sollte. Die Kirchenbücher waren verbrannt, er begann ein neues. Sein erster Eintrag einer Amtshandlung: »Den 28. December [1637] Hanß Schwartzen zu Crostitz eine Tochter getaufft mit Nahmen Margaretha«.

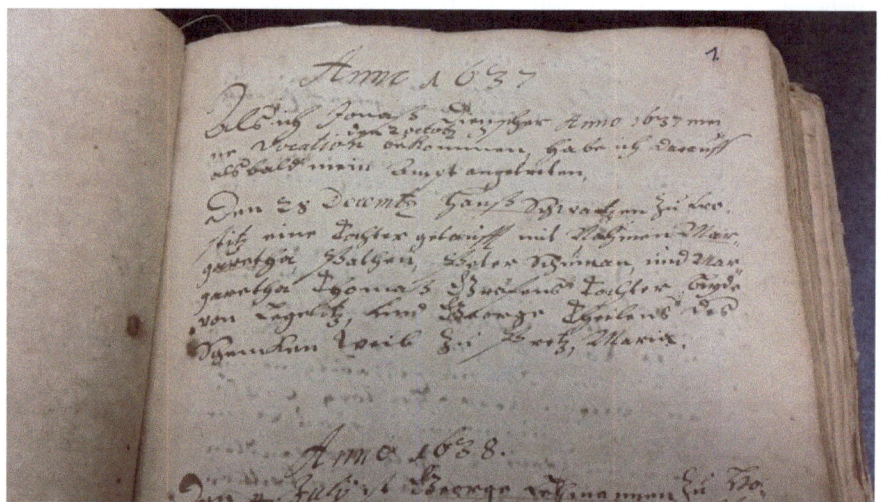

Abb. 40 Der erste Eintrag Jonas Ditzschers in ein neues Kirchenbuch, nachdem alle anderen Hohenleinaer Bücher verbrannt waren. Der Krieg war noch lange nicht am Ende.

Aus eigenem Vermögen versuchte er unter schwierigsten Bedingungen, Saatgut zu erwerben und neues Vieh anzuschaffen, damit die brachliegenden Felder bestellt werden konnten. Dann aber erfolgten erneut Überfälle. Ditzscher floh mehrfach nach Leipzig oder Eilenburg, um dann nur wieder bei seiner Rückkehr die verwüsteten Felder und die geraubte Habe zu beklagen. Besonders heftig wurde der Eilenburger Kreis im Jahr 1643 von wechselnden Kriegsparteien heimgesucht, so dass sich gleich für mehrere Monate unter anderem die Gemeinden von Pehritzsch, Püchau, Hohenleina, Liemehna, Zschepplin, Wölkau, Sprotta mit ihren Predigern nach Eilenburg flüchteten[172]. Weitere drei Jahre mussten vergehen, bis im April 1646 im Vertragswerk von Eilenburg ein Separatfrieden zwischen Schweden und Sachsen geschlossen wurde. Mit dem Westfälischen Frieden endete endlich im Oktober 1648 reichsweit der Krieg.

---

[172] Geißler, Chronik 401ff. – In Eilenburg erging es den Flüchtlingen durch wechselnde Besatzungen, Plünderungen und Überfälle allerdings kaum besser, als auf dem Lande.

»Auf so viel Blutvergießen«

Zum Ende des Krieges dichtete der Berliner Hauslehrer Paul Gerhardt ein Lied »zum sel'gen neuen Jahre«[173]. Der spätere Propst und Pfarrer kannte die Vorgänge in Eilenburg sehr genau, stammte doch die Familie seiner Mutter aus dieser Stadt. Er selbst erfuhr von Wittenberg aus, wie das nahegelegene kursächsische Gräfenhainichen, seine Heimatstadt, 1637 in Schutt und Asche gelegt worden war und sein Bruder Christian darin starb. Aber nun schien dieser schier endlose Krieg doch ein Ende zu haben. In dem mit kurzen Versen und 15 Strophen gedichteten Lied drängt eine dankbare Verwunderung voran und besingt die Bewahrung des eigenen Leib und Lebens:

1. Nun lasst uns gehn und treten mit Singen und mit Beten zum Herrn, der unserm Leben bis hierher Kraft gegeben.

2. Wir gehn dahin und wandern von einem Jahr zum andern, wir leben und gedeihen vom alten bis zum neuen

3. durch so viel Angst und Plagen, durch Zittern und durch Zagen, durch Krieg und große Schrecken, die alle Welt bedecken.

4. Denn wie von treuen Müttern in schweren Ungewittern die Kindlein hier auf Erden mit Fleiß bewahret werden,

5. also auch und nicht minder lässt Gott uns, seine Kinder, wenn Not und Trübsal blitzen, in seinem Schoße sitzen.

In der zehnten Strophe ahnt man die zitternde Sorge, ob denn der Friede auch ein haltbarer ist. Es ist freilich auch möglich, dass diese Zeilen als innige Bitte kurz vor dem großen Westfälischen Vertragswerk entstanden sind:

10. Schließ zu die Jammerpforten und lass an allen Orten auf so viel Blutvergießen die Freudenströme fließen.

---

[173] Das Gedicht erschien in der 5. Auflage von Johann Crügers Gesangbuch »Praxis Pietatis Melica«, war aber vermutlich schon in der heute verschollenen Auflage von 1648 enthalten. Das Lied ist im Evangelischen Gesangbuch unter der Nummer 58 zu finden.

Endlich kam der Friedensschluss zustande. Die Freudenströme stießen allerdings auf enorme Verwüstungen. Die Dörfer rund um Hohenleina zeigten zum Kriegsende ein vergleichbares Bild aus Brandruinen, leerstehenden Häusern und entvölkerten Orten. Vielerorts waren auch die Kirchen zerstört worden: In Wölpern sichtete man Wölfe in der Kirchruine; in Liemehna hatten zuletzt schwedische Söldner wie Räuber im Kirchturm gehaust und von dort aus Transporte auf der Salzstraße überfallen, letztendlich war die Kirche mitsamt Schule und Pfarrhaus abgebrannt. Ein rascher Wiederaufbau all dieser Zerstörungen war kaum vorstellbar – auch weil die Städte wie Eilenburg durch extreme Kontributionszahlungen hochverschuldet waren. Und dennoch setzte bald schon eine erstaunliche Erneuerung ein. Zunächst geschah dies durch eine großflächige Wiederbesiedlung, die noch Johann Georg I. entscheidend förderte, dann ab 1656 durch das Wiederaufbauprogramm seines Sohnes weitergeführt wurde. Das Verlorene sollte nicht einfach wiederhergestellt werden, sondern verbessert neu entstehen. Bezahlt wurde das Vorhaben mithilfe der Silbervorkommen des Erzgebirges und neuen Gewerbeansiedlungen, auch trugen die böhmischen Exulanten entscheidend zur Entwicklung von Wirtschaft und Handel bei. Dennoch wäre das ambitionierte Programm nicht ohne die Aufnahme erheblicher Staatschulden zu meistern gewesen.[174]

In Hohenleina wurde 1677 auf Anweisung des Eilenburger Superintendenten und des kurfürstlichen Amtsmanns sowie mit Unterstützung des Leipziger Stadtrats und weiterer Ortsvertretern der Beidörfer die alte Kirchturmbekrönung abgetragen, das Gesims neu aufgemauert und im Folgejahr eine schiefergedeckte Doppelspitze aufgesetzt[175]. Bei Aufsetzung der kupfernen Turmknöpfe habe der Schieferdecker, Meister Andreas Schrey aus Leipzig, zusätzlich zu seiner Bezahlung ein paar Schuhe und Strümpfe erhalten. In einen

---

[174] Insgesamt gehörte Kursachsen nach dem Schlussstrich des Krieges zu den Gewinnern, hatte es doch die beiden Grafschaften der Oberlausitz und Unterlausitz hinzugewonnen. Auch nach der Westfälischen Friedensordnung blieben diese Gebiete kursächsisch.
[175] So Baltzer, Nachrichten 3f. – Ditzscher spricht hingegen in den Turmknopfdokumenten vom Abriss der »beiden Haupttürme«; obwohl seine Aufzeichnungen mehrere Ungenauigkeiten aufzeigen, könnte es doch sein, dass schon zuvor das Turmdach eine Doppelspitze erhalten hatte. Bereits 1666 war der kleine Dachreiter auf dem Kirchenschiff neu ausgeführt worden, so Ditzscher.

der Turmknöpfe hatte Jonas Ditzscher auch einen Bericht und Verzeichnis von eigener Hand hinterlegt, der auf den 19. Juni 1678 datiert ist:

> »Verzeichnis der Nachbarn so 1678 in Hohenleina sind wohnhaft gewesen, da zuvor das Dorf 1637 abgebrannt, und ganz wüste gelegen bis 1649, da es von nachgesetzten Nachbarn wieder aufgebaut und bewohnt, wie folgt …«

Es folgen die Namen von 26 Personen in Hohenleina, 16 Personen in Lehelitz, 6 Personen in »Crostewitz«, 9 Personen in »Brotz« (Pröttitz). Dies dürften großteilig die Hausväter gewesen sein, denn nur vereinzelt werden Frauen erwähnt, die wohl als Witwen ein Haus oder Hof führten. Frauen und Kinder sind also wohl noch hinzuzuzählen. Besonders interessant sind die Angaben zu Hohenleina, denn hier wurde auch die Herkunft der Neubesiedler angeführt.

Von diesen stammten gebürtig aus Hohenleina lediglich 6 Personen, aus dem benachbarten Crostewitz (Krostitz) gebürtig 1 Person, aus Dresden und Umgebung 4 Personen, weitere aus Liebenwerda, der Pfalz, Grafschaft Schiebeln (?), Grafschaft Altenburg, Torgau, Radeberg, Wartha, Gerbsdorf, Mentzdorf, Hartenstein und Lummitzsch. Die Besiedlung erfolgte also zu einem kleineren Teil durch ehedem geflüchtete Einwohner, zum größeren Teil durch Neusiedler aus den kursächsischen Ländern. Bereits 1666 war die Bevölkerung der zu Hohenleina gehörenden Orte so stark angewachsen, dass der Einbau einer weiteren Empore notwendig wurde – man setzte diese kurzerhand vor die steinerne Westempore.

Abb. 41 Schlichtes Zinn ersetzte das verlorengegangene liturgische Gerät, wie dieser Kelch mit der Umschrift: DER KIRCHENN ZV HOHENNLEINA 1672.

Im näheren Umfeld der Kirche waren auch 1659 die Schule und das Pfarrhaus neu errichtet worden. Im Allgemeinen muss wohl gesagt werden, dass in den sächsischen Landen mit dem breit angelegten Wiederaufbauprogramm und den umfassend geförderten Neuansiedlungen äußerst erfolgreich agiert wurde. Auch die Außenwirkung der Hohenleinaer Kirche war nach dem Aufsetzen der Doppelturmspitze sogar noch prächtiger als vor dem Krieg. Nach Metzler hat sein Vorgänger Jonas Ditzscher 1678 für das aufwendige Turmdach gesorgt mit dem Argument, »es wäre die Grenzpfarre in denen Churf[ürstlichen] S[ächsischen] Landen, so müsste auch der Thurm dem Churfürsten zu Ehren ein förmliches und bestes Ansehen haben.«[176]

Manche Verwüstungen lagen jedoch viel tiefer und konnten nicht ohne Weiteres beseitigt werden. Sie stachen nicht sofort in die Augen wie die verkohlten Mauerreste und waren dennoch heftig zu spüren. Zu diesen tieferen Verwüstungen gehörten der unwiederbringliche Verlust an kollektivem Gedächtnis und die zerstörten Bindungen und Verantwortlichkeiten. Die Löschung des dörflichen Gedächtnisses zählt zu den bis heute anhaltenden Langzeitfolgen des Krieges. Die totale Entvölkerung der Orte und die Zerstörung schriftlicher Dokumente führte dazu, dass die Erinnerung an die Namen zahlreicher Dorfkirchen verloren ging. So sind von den elf Kirchen, die seit dem Jahr 2008 zum Kirchspiel Krostitz gehören, lediglich St. Laurentius in Krostitz und St. Katharina in Behlitz namentlich bekannt, in Wölpern hat man die wiederaufgebaute Kirchenruine auf den neuen Namen »Zur Himmelspforte« geweiht, alle anderen acht Kirchen sind komplett namenlos. In Krensitz hat sich der Stifter einer 1657 gefertigten Taufschale damit beholfen, dass er die Kirche nach dem nahegelegenen und sehr bekannten Gasthof des Ortes benannt hat »Die Kirge zum Rohten Hahn«. Die alten Kirchenbücher, die eventuell Auskunft geben könnten, sind vernichtet worden. Mit ihnen sind auch die Namen und Geschicke, die sich mit den Generationen vor dem Krieg verbanden, unwiederbringlich verlorengegangen. Auch der Verlust an Gottesdienstgerät, auf dem bildlich oder inschriftlich an die früheren Stifter erinnert wurde, bedeutet, dass die Bindung an die früheren Generationen des Ortes gekappt worden war. Was für ein Verlust an Herkunft!

---

[176] Metzler, Anmerkungen 487.

Auch die Verrohung der Sitten und das zerstörte Vertrauen in den Mitmenschen, die zerstörten Loyalitäten und Verantwortlichkeiten gehörten zu den tieferliegenden und langanhaltenden Kriegsfolgen. Dies wird exemplarisch sichtbar an dem fast endlosen Rechtsstreit, den Pfarrer Jonas Ditzscher mit dem Rittmeister Wackernagel führte. Von alters her hatte der Inhaber des Rittergutes immer wieder Verantwortung als Unterstützer und Fürsprecher für die Kirchgemeinde übernommen. Nun hatte der letzte Inhaber, Balthasar von Crostewitz der Jüngere, bei seinem Tod seiner Frau Anna Maria und dem gemeinsamen Sohn ein tief verschuldetes Gut hinterlassen. Pfarrer Jonas Ditzscher heiratete am 16. November 1652 die Witwe und nahm damit auch den Sohn an, der, wie Metzler bemerkt, »aber nicht allerdings sanu mentis [bei gesundem Verstand]«[177] sei. Im selben Jahr aber hatte der Rittmeister Christoph Wackernagel, der von Johann Georg I. protegiert wurde, den Gläubigern die Forderungen abgekauft und beim Kurfürsten das Rittergut zugewiesen bekommen. Es folgte ein teurer Rechtsstreit, der sich über unglaubliche 35 Jahre zog. Zwischenzeitlich waren die Fronten dermaßen verhärtet, dass der Rittmeister nicht mehr zu Beichte und Abendmahl ging und in seinem Zorn sogar den Pfarrer mit einer Schusswaffe bedrohte, als beide zufällig im Kupsaler Hölzchen aufeinandertrafen. Daraufhin erging die konsistoriale Anordnung, dass der Pfarrer auf seinem Weg nach Priester vom Hohenleinaer Schulmeister und auf dem Rückweg vom Schulmeister aus Priester begleitet werden müsse. Erst auf dem Sterbebett bat Wackernagel seinen Pfarrer zu sich, versöhnte sich mit ihm und ließ sich von ihm das Abendmahl reichen. Am 9. August 1682 war Christoph Wackernagel »nach 12 Uhr mittags verstorben nachdem Er den 29. Juli zuvor sich mit Gott und Menschen durch Gott erleuchtet versöhnet«. Der juristische Streit endete allerdings erst vier Jahre später mit einem gerichtlichen Vergleich zugunsten von Ditzscher, der noch im selben Jahr verstarb.[178]

---

[177] Metzler, Anmerkungen zur Pfarr-Matricel, Bl. 141. In freier Wiedergabe mit den weiteren Umständen auch bei Baentsch, a.a.O. 40ff.

[178] Der Rechtsfall stellt sich durchaus kompliziert dar und kann keinesfalls so leicht abgetan werden, wie dies Ulla Heise, Ur-Krostitzer 41, tut. Da es anfänglich einen männlichen Nachkommen gab, hatte der Kurfürst offensichtlich widerrechtlich dem Rittmeister das Gut zugesprochen. Pfarrer Metzler hat mit spitzer Feder wiedergegeben, was missliebige Leute über seinen Vorgänger tratschten: »in solcher Zeit ist Herr Jonas täglich hinaus hinter die Kirche gegangen, wie die Leute sagten, und hat hinunter [zum

Zeitsprung 1828

»Eine Eigenheit ist es, daß der hies[ige] Schulmeister den Pf[arrer] allemal aufs Filial [nach Priester] begleitet, u[nd] jener des Filiales den Rückweg hierher mitmacht, obgleich dabei nichts zu tragen ist.«[179]

Mit diesen Worten verwundert sich Friedrich Adolph Schumann in dem 1828 in Zwickau erscheinenden 18. Band des Staats-, Post- und Zeitungslexikons von Sachsen über die Kuriosität in dem Ort Hohenleina. Fast 170 Jahre nach dem auslösenden Vorfall wird die konsistoriale Anordnung noch immer befolgt, der ursprüngliche Zweck scheint vergessen zu sein.

Missgunst und Rachsucht traten auch anonym auf, so dass Sühne und Versöhnung gar nicht möglich wurden. So wurde das 1659 neu errichtete Pfarrhaus schon 13 Jahre später wieder ein Raub der Flammen – »durch Mordbrenner«, so lautet die etwas schmale Auskunft Jonas Ditzschers zur Brandursache[180].

Noch unheimlicher brach sich kurz nach Kriegsende eine Welle von Hexenprozessen in Kursachsen Bahn. Die Ursachen hierfür sind wie auch der

---

Rittergut] gesehen und sich ausgedacht, wie er es wollte bauen lassen« (Metzler, Bl. 141). Solche Berichte dürfen nicht den Blick verstellen, dass der gerichtliche Entscheid gegen eine mächtige Gegenpartei zuletzt die Entschädigungsansprüche von Jonas Ditzscher anerkannte. Sie müssen also als berechtigt gelten.

[179] Schumann, a.a.O. 958. - Ein kurioses Beispiel deutscher Amtshörigkeit? Vielleicht auch das. Am meisten aber wird die Langlebigkeit befördert haben, dass ein jeder Schulmeister für seinen Wegedienst »ein gewisses Salarium zur Ergötzlichkeit bekommt, welches noch jetzt so gebräuchlich ist« (Nitzsche im Jahr 1750, zit. bei Baentsch 44). Metzler, Anmerkungen 167f., vermerkt auch die Höhe des Salärs, und dass doch eine Wenigkeit zu tragen ist: »der hiesige Schulmeist [soll] den Priester Rock ihm hinüber tragen. Davor soll er aus jedem Hof jährlich 2. Groschen empfangen«; ein gleiches galt für den Rückweg für den Schulmeister aus Priester.

[180] Pfarrarchiv Krostitz, undatierte Einzelblätter vermutlich aus dem Jahre 1685, darin Nachrichten von dem Brand des Pfarrhauses und »Gebrechen [Beschwerden] der Hohenleinaer Gemeinde«. Der darauffolgende Neubau war mit etlichen Mängeln behaftet. Mit 72 Jahren, ein Jahr vor seinem Tod, beschwert sich Ditzscher, dass in dem Nachfolgebau noch immer die Dielung durch den Amtmann nicht angeordnet worden ist.

jeweilige Verlauf vielgestaltig[181]. Dennoch lassen sich immer wieder auch Verleumdungen ausmachen, die offensichtlich aus nachbarschaftlichem Streit und Neid geboren worden waren und manchmal der persönlichen Bereicherung, manchmal der Ablenkung von eigenen Straftaten oder eigenem Versagen dienten. Zu diesen Fällen gehörte in Mocherwitz (3 km westlich von Krostitz gelegen) die im Jahr 1657 erfolgte Denunziation von Anna Stäter, ihrer Schwiegertochter Barbara Stäter und den Nachbarinnen Anna Hennig und Barbara Stäter. Die vier Frauen werden im November 1657 bzw. im Februar 1658 in Delitzsch wegen Hexerei verurteilt und teils durch Feuer, teils durch Schwert hingerichtet. Mocherwitz ist fortan verschrien als »Hexendorf«[182]. Zehn Jahre später ereilte auch eine Frau aus Priester dieses Schicksal. Der Schulmeister zu Priester, Andreas Vogel, verdächtigte gegenüber dem Eilenburger Amtmann die Frau von George Bräutigam, sie habe »in etwa jemand anders [...] seine Frau und eine Kuh zu Todte gehexet«[183]. Eine eigene Vorteilsnahme scheint bei dieser Denunziation ausgeschlossen zu sein, eventuell spielte Neid eine Rolle, womöglich auch der Kompensationsdruck über das erfahrene Unglück und ein unterdrückter Selbstvorwurf. Warum Andreas Vogel aber ausgerechnet Elisabeth Bräutigam beschuldigte, die nicht einmal direkte Nachbarin war, lag wohl darin begründet, dass sie verwandtschaftliche Beziehung nach Mocherwitz unterhielt, eventuell von dort stammte. Den weiteren Verlauf kann Metzler minutiös schildern, weil der Schulmeister ihm selbst die Vorkommnisse auf dem Weg von Priester nach Hohenleina erzählte »als er mit mir herüber ging und den Priesterrock trug«[184]. Aufgrund zweifelhafter Beobachtungen am Kreuzweg in der Walpurgisnacht und der vieldeutigen Aussagen von Kindern galt der Verdacht bald als erhärtet; ein »guter Advokat« hätte wohl das Schlimmste verhindern können, wie Metzler

---

[181] Eine umfassende Darstellung der Problematik bietet die Habilitationsschrift von Manfred Wilde, Zauberei- und Hexenprozesse in Kursachsen, Köln 2003. – Eine eher novellistische Aufbereitung ohne exakte Quellenangaben findet sich bei Regina Röhner, Hexen müssen brennen. Geschichten vom Hexenwahn in Sachsen, Chemnitz 2000.

[182] So zum Beispiel genannt in F. A. Schumann, Vollständiges Post- und Zeitungslexikon, 526.

[183] Metzler, Anmerkungen, Bl. 156. – Der gesamte Bericht daselbst, Bll. 155-157.

[184] Metzler, Anmerkungen, Bl. 157. – Der Zeugenbericht mag aus der frühen Amtszeit Metzlers stammen, da dieser noch Substitut unter Jonas Ditzscher war und der Hexenprozess gerade einmal 18 Jahre zurücklag.

schreibt, aber unter der gerichtlich verhängten Tortur gesteht die gequälte Frau die absonderlichsten Dinge. Bevor nun aber Elisabeth Bräutigam wegen Hexerei am 29. Oktober 1668 in Eilenburg mit dem Schwert hingerichtet wurde, äußerte sie den dringlichen Wunsch, von ihrem Seelsorger, Jonas Ditzscher, besucht zu werden, zu dem die gequälte Frau offenbar Vertrauen hatte (Metzler, Bl. 156):

>*Sie [Elisabeth Bräutigam] hat H[errn] Jonas Ditzschen verlanget, der sie mit begleiten solle, der Ambtmann hats auch verstattet. Der Diacony auf dem Berg [der Pfarrer der Marienkirche] hat sich darüber beschweret [...]. H[err] Jonas hat endlich ein paar Stunden müssen in die Sacristei zu Eilenburg gehorsam gehen.*«

Vermutlich handelte es sich bei dem mehrstündigen Aufenthalt in der Eilenburger Sakristei um ein Beichtgespräch, - und nicht, wie behauptet wurde, um eine Feiung des auswärtigen Pfarrers gegen Hexenzauber[185]. Der berichtende Metzler, der zwar das gerichtliche Vorgehen und insbesondere die Rechtmäßigkeit der Tortur bei dem Nichtvorhandensein von »bessere[n] Indicia« anzweifelt, ist dennoch überzeugt, dass es »solche Leute [wie die der Hexerei überführte Elisabeth Bräutigam] hier und da noch mehr [gibt]« [Bl. 157]. Daher soll sein Hinweis auf die »ein paar Stunden« wohl eher illustrieren, wie schuldbeladen jene Frau sein musste, wenn ihre Beichte so viel Zeit benötigte. Jonas Ditzscher hingegen scheint sich für das sicherlich notvolle Gespräch viel Zeit genommen zu haben – und dies noch gegen den Widerstand seines Eilenburger Amtsbruders.

In einem gänzlich anderen Fall entschied sich der schon betagte Jonas Ditzscher, die Rolle des Seelsorgers zu überschreiten und in einem Fall von heftiger häuslicher Gewalt Anzeige zu erstatten. Ihm war auf eine nicht näher überlieferte Weise ein Verdacht überkommen, dass der gebürtig aus Hohenleina

---

[185] So aber R. Röhner, Hexen müssen brennen, 128. – Röhners fantasievoll ausgeschmückte Erzählung fügt noch in Klammern an (ebd.): »Leider ist nicht überliefert, mit welchen Mittel [sic] der hexengläubige Diakon seinen gutherzigen Amtsbruder vor ›Hexenzauber‹ schützte.« Mit spöttischem Unterton wird der Eindruck erweckt, als ob die zuvor erwähnte Feiung auf historischen Quellen fußt. Ebensowenig hat der Pfarrer vom Berg (»Diakonus« bezeichnet hier den zweiten Pfarrer hinter dem Hauptpfarrer, der an der Marktkirche tätig war) etwas in der Sakristei von St. Nikolai zu suchen gehabt.

stammende und nun in Lehelitz eingeheiratete Elias Marggraf seine Tochter (vermutlich die Stieftochter) »stupriert [vergewaltigt]« habe. Ditzscher schickte daraufhin den Hohenleinaer Schulmeister, Paul Schneider, auf den Lehelitzer Hof, um das Mädchen heimlich zu befragen. Es »gestand, doch ist sie davon nicht schwanger worden« (Metzler, Bl. 114). Der Fall wird angezeigt, der (Stief-)Vater flieht. Daraufhin zieht das Mädchen ihre Aussage zurück und wird von einem Delitzscher Amtsarzt, Dr. Westphal, dem sogenannten »Katzen-Doctor«, und der Frau des »geschworenen Ambts-Barbiers« untersucht. Das Ergebnis: Sie habe noch alle »nota illasa virginitatis [unverletzten Kennzeichen der Jungfräulichkeit]« bei sich (ebd. 114f.). Als Ditzscher dieses ärztliche Attest scharfzüngig kritisiert, erhält er und der Schulmeister vom Konsistorium einen Verweis, denn er solle sich nicht über das, »was vor die weltliche Obrigkeit gehöret [...] große Sorgen machen, und sein Ambt mit Predigtstrafen und absolvieren verrichten« (115). Letztendlich hatte die Anzeige aber doch einen gewissen Erfolg gehabt: »dem Elias Marggrafe [sei] ein Jurament zuerkannt worden, welches er auch geleistet« (ebd.).

Jonas Ditzscher war von 1637-1686, also über fast 50 Jahre Pfarrer in Hohenleina – ein einsamer Rekord in dieser Pfarrstelle. In den letzten drei bis vier Jahren wurde er durch seinen Sohn Michael als Substitut (Pfarramtsgehilfe) unterstützt, der aber kurz vor ihm, am 25. Juni 1686 verstarb. Der Vater folgte ihm am 21. Dezember nach. In seiner Amtszeit gab es wohl manchen Streit, mit dem Superintendenten, mit dem Rittmeister, auch mit manchen seiner Bauern um aufgelaufene Unterstützungen. Dennoch ist nicht zu übersehen, dass die vielen Jahre seines gewissenhaften Dienstes eine wichtige Grundlage geschaffen haben für den Aufbau und das zukünftige gemeinsame Tun. Nicht von ungefähr erinnert sein späterer Amtsnachfolger Nitzsche daran, dass Ditzscher von den Bauern vorzugsweise nur mit Vornamen und zugleich respektvoll »Herr Jonas« genannt worden war[186].

---

[186] Zit. bei Baentsch 33. – Auch der Nachfolger Metzler nennt Ditzscher in den Anmerkungen wiederholt »Herrn Jonas«.

6 Neue Götter: Verstand und Gefühl

Die Erfahrung des Krieges mit der alltäglichen äußersten Gefährdung von Leib, Gut und Leben bewirkte eine massive Hinwendung zu einer Perspektive der Innerlichkeit. Das Evangelium ist daran nicht unschuldig, heißt es doch darin: »Fürchtet euch nicht vor denen, die den Leib töten, doch die Seele nicht töten können.« (Mt 10,28) War es da verwunderlich, dass man dem seelischen Erleben besondere Aufmerksamkeit zollte? Ablesbar ist das an den dichterischen Zeugnissen der Nachkriegsjahre. Die eher für persönliche Andachten geschriebenen, berührenden Verse von Paul Gerhardt, Johann Olearius oder auch des Wurzener Pfarrers Salomo Liscow wurden in kurzer Zeit vertont und verbreiteten sich schnell. Allerdings war schon bald eine Tendenz zu beobachten, die eigene Glaubenserfahrung übermäßig stark zu betonen. Immer beliebter wurde ebenso, das seelische Erleben mystisch zu deuten und allegorisch auszugestalten. Auf diese Weise distanzierte man sich deutlich von einer rein äußerlichen Rechtgläubigkeit und schaffte es tatsächlich, in der aufkeimenden Bewegung der Reformorthodoxie und des Pietismus die konfessionellen Schranken zu überwinden. Allerdings wurde dabei die reformatorisch entdeckte Klarheit der Schrift durch die angebliche innere Klarheit eines erweckten und bekehrten Gewissens verdrängt. Von anderer Seite her setzte man auf die Klarheit und Leuchtkraft der aufgeklärten Ratio (Vernunft), die den Ausweg schaffen sollte aus den Verengungen des konfessionellen Zeitalters. Auch die Bewegung des Rationalismus setzte also bei einer Innerlichkeit an und wollte unabhängig von Empirie und sonstigen äußeren Erkenntnisquellen zu überzeugenden ethischen Ergebnissen gelangen. Man entwarf auf bemüht vernünftiger Grundlage hochambitionierte Tugendlehren und verwarf gleichzeitig die Autorität und den Anspruch der biblischen Schriften. Vielfach hatte es sogar den Anschein, als ob die Vertreter des theologischen Rationalismus geradezu die Dunkelheit und Widersprüchlichkeit der biblischen Bücher beweisen wollten, um sich so emanzipieren zu können.

Ein Altar großer Tugenden

Die Hinwendung zur neuen Innerlichkeit hat auch in der Laurentiuskirche ihre Spuren hinterlassen. Im Innenraum wurden mit dem Beginn des neuen 18. Jahrhunderts zahlreiche Veränderungen und vermeintliche Verbesserungen durchgesetzt. Beinahe wäre aber der ganze Bau ein Opfer des Brandes geworden, der am 29. Mai 1702 durch Funkenflug von der Schmiede ausging, die in der nordwestlichen Ecke des Kirchhofs gebaut worden war.

Abb. 42 Der Schalldeckel über der 1705 entstandenen Kanzel wurde erst nach 1901 im historisierenden Stil geschaffen und am Triumphbogen angebracht.

Dabei hatten zwar viele Helfer das Übergreifen der Flammen auf die Kirche verhindern können, mehrere Wohnhäuser aber und das Pfarrhaus mitsamt der Bibliothek Metzlers und ihren 1200 wertvollen Bänden waren vernichtet worden[187]. Während der Bau eines neuen Pfarrhauses lange auf sich warten ließ und Pfarrer Metzler mit seinem Substitutus (Pfarramtsgehilfen) Christian Teichmann sechs Jahre lang in einem Bauernhaus wohnte, wurden doch die Pläne für das Kircheninnere ungestört umgesetzt. So gab man an den Eilenburger Tischlermeister Johann Ernst Fehmel den Auftrag, eine neue Kanzel aus Eiche und anderen Holzarten zu fertigen. 1705 wurde die Kanzel vermutlich zunächst an der Südseite mit einer nicht mehr erhaltenen Treppe eingesetzt.

---

[187] So Geißler, Chronik 197. – Geißler gibt allerdings als Brandursache wie auch andernorts (den Pfarrer Nitzsche betreffend) einen Blitzschlag an, womit er wohl unliebe Diskussionen ausräumen will. Metzler selbst erzählt in seiner Matrikel von dem Brand der Schmiede, vor deren Gefahr er immer gewarnt habe. Umso empörter reagiert er, als die Schmiede am selben Ort wieder aufgebaut wird.

Streiflicht: Johann Benedict Metzler

Der 1658 in Cranzahl bei Annaberg-Buchholz geborene Johann Benedict Metzler entstammte einer illustren Pfarrerfamilie. Unter seinen älteren Brüdern haben sich Benjamin als Gründer eines bis heute bestehenden Bankhauses und August als Begründer eines ebenfalls noch bestehenden Verlagshauses einen Namen gemacht. Letzteres verweist mit dem Namen »Johann Benedict Metzler« auf den Neffen und Großneffen des gleichnamigen Hohenleinaers. Dieser zeigte schon in seiner Jugend Interesse am wissenschaftlichen Arbeiten. Nach dem Besuch der Dresdner Kreuzschule und der Universitäten in Leipzig und Straßburg wurde er von Dresden aus gegen seinen Willen nach Hohenleina entsandt. Am 29. September 1686 eingeführt, arbeitete er noch wenige Wochen unter dem Seniorpfarrer Jonas Ditzscher, der am 21. Dezember verstarb. Metzler hatte Pläne einer wissenschaftlichen Veröffentlichung mit nach Hohenleina gebracht. Jedoch kommt er in den ersten Jahren nicht dazu, »weil theils der ungewohnten Ammts-Verrichtungen, theils die schwehren Haußhaltungs-Sorgen und andere mehr die Zeit fast alle wegnahmen«[188]. Stattdessen entwirft er Predigtreihen und legt Materialsammlungen an, deren Systematisierung ihn zur Abfassung seines Hauptwerkes »Artificium Excerpendi« führte. Dieses erstaunliche Werk umreißt mit einer großen sprachlichen Farbigkeit die eher trockenen Problemfelder des Exzerpierens und Zitierens und der Frage, wie man sinnvoll Register, Systematiken und Bibliotheken anlegt. Das Ziel solle sein, nicht nur dem Gedächtnis zu helfen und die Materialen »alsbald bey handen zu haben«, sondern auch »GOttes Ehre allenthalben damit zu befördern.« Das 644 Seiten starke Werk wurde 1709 in Leipzig veröffentlicht, war aber schon am 12. April 1702 vollendet und an den Leipziger Juristen und Ratsherrn Gottfried Gräve gesandt worden. Gerade noch rechtzeitig – denn am 29. Mai vernichtete das Feuer alle Vorarbeiten und die bereits gebundene, zweibändige Materialsammlung. Die Brandkatastrophe bewirkte bei Metzler eine schwere Gemütserkrankung mit heftigen Anfällen, die über mehrere Jahre hinweg auftraten. Erst spät kann er seinem Substitutus Christian Teichmann wieder zur Seite stehen. Seine mehr als 500 Seiten zählenden Anmerkungen zur Pfarrmatrikel von 1720 zeigen, dass er zu dieser Zeit wieder kontinuierlich arbeiten konnte.

---

[188] Metzler, Artificium Excerpendi 35.

Leider fehlen in Metzlers Anmerkungen solche baulichen Details. Er konzentrierte sich stattdessen auf Nachrichten aus den verschiedenen Kirchorten und griff dabei überwiegend auf mündliche Quellen zurück. [189]

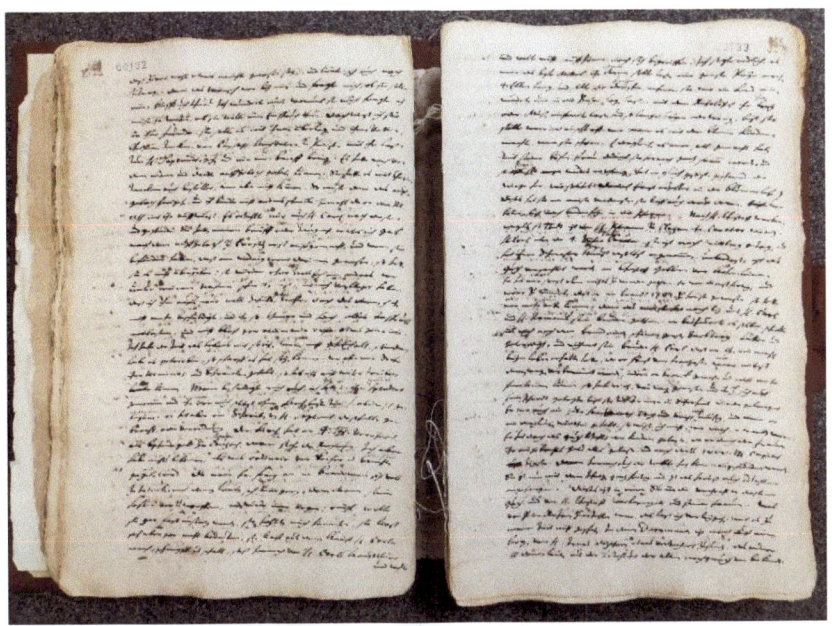

Abb. 43 Metzler, Appendix oder Anfang oder Anmerckungen an die Pfarr-Matricul zu Hohenleina, 504 Seiten. Aufgeschlagen ist der Bericht über Elisabeth Bräutigam.

Auch der Gesang hatte sich verändert. Die neuen Melodien von Schütz, Schein, Crüger und Ebeling wirkten wie solistische Oberstimmen und verlangten nach einer akkordlichen Begleitung, die am besten von einer Orgel zu gestalten war. 1718 wurde daher ein erstes Instrument von dem Eilenburger Orgelbauer Georg Rothe für 240 Taler eingebaut. Das augenfälligste Glanzstück der Veränderungen aber war ein Portikusaltaraufsatz, der den gotischen Vorgänger »[s]intemahl er noch aus dem Pabsthum ist und von den Würmern ganz durchnaget« [190] nach

---

[189] Geißler, Chronik 198f., vermerkt weiter, dass Metzler mit Dorothea Elisabeth, geb. Brettmützin, verheiratet war. Von den gemeinsamen 8 Söhnen und 4 Töchtern brachten es nur 3 Söhne und 2 Töchter bis ins Erwachsenenalter. Am 8. Juni 1723 verstarb Metzler.
[190] Kreiskirchenarchiv D-T, Kros. 42, Hohlenleina ACTA (29.07.1726), Brief von Christian Teichmann, 1. – Der Altar wurde komplett aus Spenden der Gemeindeglieder finanziert.

dem neuesten Zeitgeschmack ablösen sollte. 1726 schuf der Tauchaer Bildhauer Christian Zimmermann für 100 Taler den Schnitzaltar, der auf die alte gotische Steinmensa aufgesetzt wurde und dabei das Sepulcrum (die Altarnische für die Reliquien) verdeckte und schützte.

Abb. 44 Der gotische Altar mit dem geschnitzten Portikusaltaraufsatz von 1726.

Der gesamte Säulenaltar hat die Grundgestalt eines Triumphbogens, in dessen Mitte aber nicht der siegreiche Feldherr einreitet, sondern der gekreuzigte Jesus hängt. Widersprüchlicher kann man sich eine Siegergestalt kaum denken. Aus fast dem gesamten Kirchenschiff ist der Gekreuzigte sichtbar und wird zum visuellen Fluchtpunkt des gesamten Raumes. Er erinnert daran, dass das Leben permanent unter dem Vorzeichen von Leid und Tod steht – eine bleibende Spitze gegen die Vorstellung, dass nur ein durch möglichst viele Glücksmomente angereichertes Leben sinnerfüllt sein könne.

Was weiter sofort zu erkennen ist, ist ein in Sujet und Gestaltung typischer barocker Säulenaltar mit kunstvoller Marmormalerei und vergoldeten Rahmungen. In der Vertikale zeigt er wie bei vielen seiner Art die Jesusgeschichte als Heilsgeschichte: Zuunterst die Einsetzung des Heiligen Abendmahls, dargestellt in einer Kartusche, die sich unmittelbar über dem Altartisch befindet, darüber die Kreuzigung, über der mit einer Wolke, den Himmelsmaien und dem trinitarischen Gottessymbol die Himmelfahrt angedeutet wird. In der Horizontalen wird das Abendmahlbild auf der Höhe des Tisches erweitert durch zwei weitere Kartuschen mit den Aufforderungen »Koehmet hin und eßet« und »Koehmet hin und trinket«. Die Horizontale erweitert sich durch die Mitfeiernden des Abendmahls – sie alle haben Anteil an dem horizontalen Jesus, der sich den vielen in Brot und Wein gibt. In Jesus treffen die Horizontale und die Vertikale aufeinander und haben aneinander Anteil. Daher findet sich über dem Triumphbogen eine vierte Kartusche mit dem horizontal und vertikal geschriebenen Jesus-Namen. Von weitem sieht man auch drei Frauengestalten, von denen die zur Linken ein Kreuz als Symbol für den Glauben, die zur Rechten eine Lilie als Symbol für die Hoffnung trägt. Auch hier gewinnt man (etwas vorschnell) den Eindruck, dass es sich um ein in der Region weit verbreitetes und in der Barockzeit beliebtes Motiv aus dem 1. Korintherbrief handelt (13,13): Nämlich um Glauben, Hoffnung und Liebe, die bleiben werden, auch wenn anderes vergeht.

Tritt man näher an den Altar heran, zeigen sich einige Besonderheiten. Zur rechten Seite des Gekreuzigten findet sich ein abgebrochener Baum, der aber neu ausschlägt. Dies soll wohl an das Prophetenwort Jesajas erinnern: »Und ein Spross wird hervorgehen aus dem Stumpf Isais, und ein Schössling aus seinen Wurzeln wird Frucht bringen.« (11,1) Isai ist nach der biblischen Überlieferung der Vater Davids, mit dem das jüdische Königshaus seinen Anfang nahm. Jesaja verweist mit dem Bild des Baumstumpfs darauf, dass die gesamte Königsdynastie der Davididen fruchtlos geblieben ist – erst wenn eigentlich nichts mehr zu hoffen ist, soll aus der ursprünglichen und wie tot erscheinenden Wurzel ein letzter Spross und König hervorgehen. Auf dem aber soll »ruhen der Geist des HERRN« (11,2).

Unterhalb des Baumstumpfes findet sich unter den Felsbrocken verborgen eine Sonne. Im Lukasevangelium wird berichtet, wie am Tag der Kreuzigung es zur Mittagszeit dunkel wird: »und es kam eine Finsternis über das ganze Land ... und die Sonne verlor ihren Schein« (23,44f.). Wie Jesus stirbt und seine Strahlen verlöschen, muss auch der Abglanz des Schöpfungswerkes seine Kraft verlieren. Umso heller strahlt im Volutengiebel eine andere Welt mit Blumen, die aus den Wolken herauswachsen und darüber eine Sonne mit drei Flammen in der Mitte als Symbol für den dreieinigen Gott mitsamt dem auferstandenen Christus.

Abb. 45 Die Trauernde unter dem Kreuz, rechterhand im Gestein verborgen eine Sonne und der Baumstumpf, der von neuem ausschlägt.

Die Frauenfiguren sind bei näherem Besehen ebenso ungewöhnlich. Nur die äußeren Figuren tragen ein Symbol, welches sie als Allegorie kennzeichnet.

Unter der Allegorie des Glaubens mit dem Kreuz steht die Aufforderung »Glaube richtig!«, unter der Allegorie der Liebe, die ursprünglich keine Lilie, sondern ein flammendes Herz in der Hand hielt[191], die Worte »Liebe brünstig!« Auf das rechte und linke Postament sind zwei weitere Frauenfiguren gemalt, die durch ihre Beigaben und Bildunterschriften ebenso als Allegorien gekennzeichnet sind. Unter der Allegorie des Glaubens findet sich mit einem Anker und einem Blumenkranz in den Händen die personifizierte Hoffnung. Sie spricht: »Hoffe beständig!« Unter der Liebe findet sich indes die Allegorie der Geduld, eine Frauengestalt, die auf zwei Schafe an ihrer Seite zeigt und in der linken Hand ein Schermesser hält. »Leide geduldig!«, steht unter ihr. Die vier weiblichen Allegorien verkörpern also vier christliche Tugenden. Hier wird überdeutlich, dass der Bildhauer nicht einfach die Trias Glaube, Hoffnung, Liebe nach 1 Kor 13,13 dargestellt hat. Denn dort sind diese drei Dinge keineswegs Tugenden, sondern Gegebenheiten, denen man dankbar ein Loblied singen kann. Erst in einem weiteren Kapitel heißt es dann, dass man der Liebe als dem Größten und in Gottes Wesen begründet nachstreben soll (14,1). Dies ist freilich etwas anderes als die moralisierende Pädagogik eines »Liebe brünstig!« Dennoch zeigen sich in der kunstvollen Komplexität des Bildwerkes bedenkenswerte Einsichten: Wer sich um die drei klassischen christlichen Tugenden bemüht, hat auch mit einem Erleiden zu rechnen! Dieses aber wird selbst zu einer Tugend, wenn man es geduldig auf sich nimmt. Auch hier zeigt sich der Unterschied zu 1 Kor 13,13, nicht nur dadurch, dass ein Viertes dazukommt, sondern weil das Leiden nach biblischem Verständnis definitiv nicht zu den Dingen gehört, die bleiben. Als Tugenden aber stehen sich Glaube und Hoffnung auf der einen Seite und Liebe und geduldiges Leiden auf der anderen Seite ergänzend und korrigierend gegenüber. Denn ein Glaube ohne hingebungsvolle Liebe wirkt rechthaberisch und nutzlos, die Liebe aber ohne ein gut fundiertes Vertrauen

---

[191] Auf einem Foto des Pfarrarchivs vom 15.02.1935 ist noch das flammende Herz in der Hand dieser Figur zu erkennen (vgl. auch den Baentsch-Brief vom 16.05.34). Die Lilie wurde erst bei den Restaurierungsarbeiten 1991/93 hinzugefügt, vermutlich um eine größere Eindeutigkeit in der Zuweisung der drei Frauenskulpturen zu erreichen (Identifikation von links nach rechts als Glaube, Liebe, Hoffnung nach der kunstgeschichtlich und literarisch geprägten Reihenfolge und verbreiteten Hörgewohnheit; in 1 Kor 13,13 steht die Liebe als letztes). Diese Identifikation zerstört das ursprüngliche viel komplexere Bildprogramm, welches aber durch die Aufschriften weiterhin erkennbar bleibt.

wird schnell schwärmerisch und fanatisch. Geduldiges Leiden ohne Hoffnung ist destruktiv; eine Hoffnung aber, die vom Schmerz absieht, findet sich auf einer utopischen Blümchenwiese wieder. Solche ausdifferenzierten Überlegungen zur Tugendlehre fallen nicht aus heiterem Himmel. Sie sind über mehrere Jahre durch den Vorgänger Christian Teichmanns in der Gemeinde gepredigt worden. Johann Benedict Metzler hatte gleich im dritten Jahr seiner Hohenleinaer Pfarramtszeit (1689) damit begonnen, nach einer Predigtreihe über die Evangelien und einer weiteren über die grundlegenden Glaubenslehren über die »Christen-Tugenden mit ihren oppositis vitiis [ihren schädlichen Gegenstücken]« zu predigen[192]. Teichmann aber, der vermutlich das Bildprogramm entworfen hat, ist als jahrelanger Substitutus bei Metzler in die Schule gegangen. So ist ein Altar entstanden, der den Besuchern beständig die großen Tugenden vor Augen hält.

Man könnte sagen: Wie die vier Marmorsäulen die Altarbekrönung tragen, so tragen die vier Tugenden die christliche Gemeinde. So zugespitzt tritt die Veränderung deutlich in den Blick. Zuvor stand ein gotischer Aufsatz auf dem Altartisch, der Seitenflügel besaß, auf deren einem das Martyrium des Laurentius von Rom und auf dem anderen das Martyrium des Erasmus von Antiochien gemalt gewesen ist; der Mittelteil aber, so kann vermutet werden, zeigte geschnitzt oder gemalt weitere Heilige und Apostelfiguren, vielleicht auch eine Marienfigur. Von einigen dieser Personen wird im Neuen Testament gesagt, dass sie Säulen der Gemeinde waren oder sein könnten (Gal 2,9; Offb 3,12). Sie waren aber dennoch keine Idealgestalten, sondern zutiefst angefochtene Persönlichkeiten, die auch immer wieder nötig hatten, dass ihnen vergeben wurde. Wie anders dagegen die schwer zu fassenden Tugenden, die man in dem Barockaltar zu Idealgestalten personifizierte: Das Innere tragen sie nach Außen, indem sie heftige Gefühlsregungen zeigen. Wer kann diesen Göttinnen ungeheuchelt gerecht werden?

---

[192] Metzler, Artificium Excerpendi 37.

Abb. 46 Die Allegorie der Liebe, die ursprünglich ein Herz in der linken Hand hielt und fordert: Liebe brünstig!

Es fehlt noch die mittlere Frauengestalt, die weinend unter dem Kreuz niederkniet (Abb. 45). Eine Allegorie ist sie wohl nicht, denn sie besitzt weder Attribut noch Aufschrift. Verschiedene Vorschläge wurden schon gemacht: Ist sie eine der Frauen, die auch nach den Evangelien sich bei dem Kreuz aufhielten, allen voran die Mutter Maria oder Maria Magdalena (Mt 27,55f.)? Oder verkörpert sie doch allegorisch die Ekklesia (die Kirche) als eine Konklusion aus allen anderen vier Allegorien? Als der Altaraufsatz geplant und hergestellt wurde, war – vielleicht auch durch den Vorgängeraltar! – durchaus noch präsent, dass die Kirche »in papistischen Zeiten« einen Ort der Marienverehrung bildete[193]. Von daher ist es naheliegend, dass die Figur unter dem Kreuz Maria darstellt – anders gewichtet als zuvor, nicht mehr im Zentrum stehend, sondern dem gekreuzigten Christus deutlich zu- und untergeordnet. Und mit dem Gesamtkonzept des Altars versöhnend kann auch festgehalten werden, dass in der Gestalt der Mutter Jesu tatsächlich all die Bewegungen von Glaube und Hoffnung, Liebe und Leiden zusammenfinden.

---

[193] Nitzsche ist diese Tatsache um 1750 noch bekannt.

In der Kirche finden sich noch weitere Tugend-Allegorien. Sie springen den Besuchern förmlich ins Auge – es sind die einzigen Emporenfelder, die mit Bildern bemalt sind, und sie befinden sich gleich gegenüber der Priesterpforte, oberhalb der ehemaligen Rittergutsloge. Selbst geübte Kirchgänger halten die Bilder für biblische Darstellungen, weil dies ihrem Erwartungshorizont entspricht. Wohl eher unfreiwillig hat dies Eduard Baltzer in seinen Lebenserinnerungen festgehalten, in denen er über seine Kinderzeit in Hohenleina schreibt, die er um 1820 dort verbracht hat:

> *»Der Gottesdienst wurde regelmäßig besucht. Dem Pfarrstuhl gegenüber befand sich ein herrschaftlicher Stuhl mit kleinem Chor, dem Rittergut Krostitz zustehend, mit bunten Bildern, Paradieses-Szenen darstellend. Ein nachträgliches kleines Examen stellte fest, ob ich gut aufgepaßt hatte. Die ›schönen‹ Bilder im Gegenüber pflegten mich allerdings gewöhnlich mehr zu interessieren als die Predigt.«[194]*

Abb. 47 Die Empore über der Rittergutsloge ist laut Inschrift durch Heinrich und Maria Hack 1583 gestiftet worden, die Tugendbilder kamen erst nach 1700 hinzu. Darüber ist an der romanischen Wand tatsächlich eine Paradies-Szene zu sehen: Adam am Baum der Erkenntnis.

---

[194] E. Baltzer, Erinnerungen 8f.

Dem Pfarrersohn ist es nie aufgefallen, dass es sich bei den Darstellungen keineswegs um Szenen aus der biblischen Paradiesgeschichte handelt. Vielleicht ist es ihm auch so erzählt worden. Und warum sollten nicht Tanne, Rose und ein Löwe ins Paradies gehören? Und der schwebende Vogel über einem wilden Meer mit Felsinsel – könnte das nicht die Taube des Noah sein, die von ihrem Flug heimkehrt? In Wirklichkeit handelt es sich aber um Tugendmalereien, wie sie nach 1700 bei der Ausgestaltung von Herrenhäusern in Mode waren. Sie gehen allesamt zurück auf ein Vorlagenbuch mit französischen Tapisserien, welches Johann Ulrich Krauss mit deutscher Übersetzung gleich mehrfach zwischen 1687 und 1719 in Augsburg veröffentlichte. Die Emporenmalereien können also frühstens um 1690 von Carl Christian Wackernagel, dem Besitzer des Rittergutes, oder von seinem Neffen in Auftrag gegeben worden sein, möglicherweise sind sie aber auch erst zur Zeit des neuen Altars in die Kirche gelangt.

Es ist nicht verwunderlich, dass eine auf Tugenden sich konzentrierende Frömmigkeit, wie sie der Altaraufsatz vortrug, auch weiter reduziert werden konnte auf die Tugenden an sich. Dass dies allerdings in einer Kirche geschah, ist durchaus ungewöhnlich, denn folgt man der Herkunft der Motive, so wird schnell deutlich, dass diese fast komplett losgelöst sind von einem christlichen Kontext. Die *Tapisseries du Roy* sind ursprünglich im Umkreis des Sonnenkönigs, Louis XIV., entworfen worden und zielten darauf, mit kraftvollen Sinnbildern die Tugenden und großen Taten des Königs zu rühmen. Von daher entbehrt es nicht einer gewissen Komik, dass kleine deutsche Landadelige wie der Krostitzer Rittergutsbesitzer sich ebenfalls mit solchen Herrschaftsattributen und Herrschaftstugenden schmücken wollten[195]. Der Krostitzer wählte für seine Kirchenloge aus den 32 Abbildungen der Tapisserien von links nach rechts: 1. die Darstellung einer aufrechten Tanne als Sinnbild für königlichen Großmut; 2. die Darstellung eines Löwen (mit menschlichem Gesicht!) als Sinnbild für Tapferkeit; sodann 3. die Schwalbe, die als Zugvogel den Frühling ankündigt, als Sinnbild für eine friedensstiftende Tat des Königs; und 4. eine Rose mit ihren Dornen als

---

[195] Dazu passt, dass der ab 1682 eingetragene Besitzer Carl Christian Wackernagel besonderen Wert auf die Formulierung »Rittergut bei Crostitz« legte – die Verkleinerung »Rittergütlein« wollte er in offiziellen Akten nicht mehr dulden, so U. Heise, Ur-Krostitzer 42.

Sinnbild auf des »Thurniers Lustbarkeit«, denn Turniere seien Lust- und Kriegsspiele zugleich, wie es im Begleittext heißt. Auf den Bildtafeln ist jeweils das Gemeinte mit einem lateinischen Sinnspruch angedeutet, dem eine recht, freie deutsche Übersetzung folgt – beides ebenfalls der Ausgabe von Krauß entnommen. Wiederum von links nach rechts gelesen heißt es da:

>*Recta se tollit in altum. – Er richt sich in die Höh, grad daß man ihn seh.*

Quis hunc impune lacessit. – Wer ist so stark und kühn, der wage sich an ihn.[196]

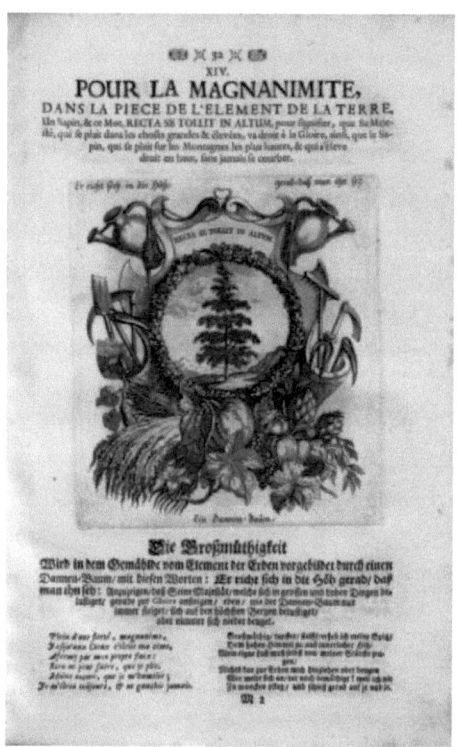

Tempora laeta reducit. – Sie bringt vom breitem Meer / Die Lust-Zeit wider her.

Iuncta arma decori. - Die Waffen dienen mir, zu schützen meine Zier.«

Im Begleittext zu der Vorlage des dritten Bildes heißt es beispielsweise:

»Gleich wie dieser Vogel des Winters Ende / und Frühlings Anfang bringet; Also kan man auch sagen / daß der König / nach einem langen und beschwerlichen Krieg / die holdseelige Zeit und den Frieden wieder gebracht habe.«[197]

Abb 48 Tapisseries du Roy, 32: Die Tanne als Sinnbild der Großmütigkeit.

---

[196] Hier weicht das Emporenbild von der Vorlage ab, wo es nach Krauss heißt (a.a.O. 34): »Wer wagt sich wohl an mich / ohn Schaden freventlich?«
[197] Krauss, a. a. O. 42.

Es fehlen die biblischen Bezüge. Der König – und nicht etwa Gott, wie es in Psalm 46,9 heißt – beendet den Krieg und bringt den Frieden wieder ins Land! Durchweg sind die *Tapisseries du Roy* Ausdruck einer absolutistisch kultischen Personenverehrung und heroisch stolzer Gefühle. Dass solche Allegorien und Tugendbilder in der Kirche nicht als deplatziert wahrgenommen wurden, zeigt, dass sich die Begründungszusammenhänge schon kräftig verschoben hatten. Ein tugendhaftes Leben galt als das, worauf nach der Maxime der Aufklärung jegliche Religion praktischerweise zu zielen habe. Letztlich wurde der Altar großer Tugenden – mit oder ohne Religion – durch die aufgeklärte Vernunft errichtet.

Und dennoch zwei Weltkriege

Der Rationalismus hatte den Anspruch erhoben, die vermuteten religiösen Ursachen des Krieges zu beseitigen und durch ein aufgeklärtes Ethos einen Krieg, wie er 1618 begonnen worden war, zu verhindern. Mithilfe von Aufklärung und Vernunft sollte es doch möglich sein, ein tugendhaftes und fortschrittliches Gemeinwesen aufrichten zu können. Umso verblüffender war es, dass ausgerechnet ein Protagonist dieses neuen aufklärerischen Geistes aus machtpolitischem Interesse für den nächsten ausufernden und äußerst blutigen Krieg sorgte. Der preußische Kronprinz Friedrich hatte in der schönen Rheinsberger Idylle ein Werk gegen den Philosophen der politischen Machtentfaltung, Niccolò Machiavelli, verfasst, welches der von Friedrich verehrte Günstling Voltaire mehr oder weniger anonym und kurz vor der Inthronisierung des 28jährigen veröffentlichte[198]. Nur 6 Monate nach der Thronbesteigung löste aber ebendieser friedliebende Friedrich den ersten schlesischen Krieg aus, vier Jahre später unter Vertragsbruch den zweiten. Als 1756 die Koalitionen wechselten, marschierte Preußen ohne Kriegserklärung Ende August in Kursachsen ein. Es folgte ein dritter schlesischer Krieg, der in Deutschland gewöhnlich der Siebenjährige genannt wird. Er trägt aber noch zahlreiche andere Namen, da er sich über die involvierten Großmächte Frankreich, England, Habsburg, Spanien und Russland rasend schnell mit weiteren Konflikten vernetzte und über Mitteleuropa hinaus in Nordamerika,

---

[198] Anti Machiavel ou Essai de Critique sur le Prince de Machiavel, Publie' par Mr. de Voltaire, Den Haag 1740.

Indien, Afrika und in der Karibik ausgetragen wurde. Ein erster Weltkrieg! - Das Beispiel Friedrich II. zeigt, dass die Anwendung einer aufgeklärten Vernunft keineswegs zur Vermeidung blutiger Konflikte führt. Das Gegenteil kann der Fall sein. Denn wer legt den Maßstab an die menschliche Vernunft? Wem oder was ist sie rechenschaftspflichtig? Tatsächlich nur den eigenen Maximen? Die Vernunft sei eine Hure, hatte noch Luther gemeint, und damit angedeutet, dass sie stets meistbietend zu verkaufen sei.

Das besetzte Kursachsen wurde immer wieder Kriegsschauplatz und litt jämmerlich unter den Zwangsrekrutierungen, Plünderungen und hohen Kontributionsleistungen. Gerade aus Eilenburg und in den Dörfern ringsum wurde viele Männer in die Armee gepresst, die bei der Bestellung der Felder fehlten und oft genug nicht wieder zurückkehrten. Durch Hunger und Krankheit dezimierte sich die Zivilbevölkerung in Kursachsen so stark, wie sonst nur in Pommern. Endlich endete auch dieser Krieg mit dem Frieden vom 15. Februar 1763, der auf dem sächsischen Jagdschloss Hubertusburg geschlossen wurde. Doch die Kriegsfolgen waren durch die starke Geldentwertung in Sachsen noch lange spürbar. Der Kreumaer Pfarrer Christoph Heinrich Wachsmuth, der 1767 nach Hohenleina wechselte, berichtet nach seiner Ankunft von Hunger und teuren Lebensmitteln. Es sei eine böse Zeit, würden die Leute sagen, doch: »Die Zeit wäre aber wohl noch gut, und zu ertragen, wenn nur unsere Hertzen sich beßern und in die Zeit schicken wollten.«[199] Die aufgeklärte Antwort (denn Wachsmuth gehörte ebenfalls zu den Aufklärern) verwies angesichts der bitteren Kriegsfolgen auch nur wieder auf die Tugend. Er hätte es auch mit der Allegorie des Säulenaltars sagen können: Leide geduldig.

Als sich die wirtschaftlichen Verhältnisse hoben, achtete Wachsmuth auf einige Verbesserungen an Kirche und Pfarrhaus. 1769 strengte er Reparaturen an Turm und Dachreiter an und plante, das »sehr schadhafte« Dach des Kirchenschiffs komplett mit Schiefer einzudecken. Die Kosten hatten es allerdings in sich: 1300 Taler waren veranschlagt. Auf Antrag der eingepfarrten Dörfer, mit einiger Empörung vorgetragen, entschied man sich doch für die sparsameren Ziegel statt dem teuren Schiefer. Vor allem aber engagierte sich Wachsmuth für den Pfarrhof: An die Rückseite des Hauses setzte er Weinstöcke, hinter dem

---

[199] F. Baltzer, Nachrichten 11.

Wirtschaftshof folgten Küchen- und Blumengarten aufeinander und unter den Obstbäumen ließ er ein »Tempelchen« mit Stufen errichten, welches die Inschrift »Tranquillitati« trug: Dem stillen Frieden. Dahinter aber begann der »große Baumgarten«, der in englischer Manier in den angrenzenden Wiesen seine nahtlose Fortsetzung zu finden schien, während der Leinebach ihn umfloss. Zwei Teiche befanden sich ebenfalls in diesem Baumgarten, die Wachsmuth künstlich verbinden und mit einer Brücke überspannen ließ (der heutige Angerteich). Im Haus aber spielte der einst unter Johann Sebastian Bach lernende Leipziger Thomasschüler und die Musen liebende Mann die Pedalharfe, an welche sich der Enkel noch lebhaft erinnern kann.[200]

Abb. 49 Gedenksäule des Pfarrers Christoph Heinrich Wachsmuth und seiner beiden Ehefrauen.

Ab 1792 ließ sich der 65jährige Wachsmuth von dem jungen Magister Johann Friedrich Baltzer helfen, der aus Jüterbog stammte und bald schon sein Schwiegersohn wurde. Als Wachsmuth starb, stiftete seine Familie eine steinerne Gedenksäule, die seitlich der Priesterpforte vor der Kirche steht. So weit sie noch zu lesen sind, lauten die Inschriften an der Vorder- und Rückseite der Säule:

»M. CHRISTOPH HEINRICH WACHSMUTH Geb. in Delitzsch d. 23. July 1727 Pfarrer zu Creume 1758 u zu Hohenleine 1767 Gestorben den 13.

---

[200] E. Baltzer, Erinnerungen 38.

Febr. 1803. Den Stein setzten Ihm Seine dankbaren Kinder. [Auf der Rückseite zwei Felder:] Seine erste Gattin Ernestine Friederike Sophie geb. Kühn, gieng Ihm 1770 voran. Ihre Asche ruht hier in Seiner Naehe. Seine zweite Gattin ... Sophie Elisabeth geb. ... überlebte ihn ... sanft ihr thätiges ... 22. Aug. 1810 im Alter von 70 Jahren.«

Zwar ist auf der Stele ein aufgeklapptes Buch mit einem Kreuz auf der linken Seite erkennbar, das wohl an eine Bibel erinnern soll, auf der rechten Seite aber steht bezeichnenderweise kein Bibelwort, sondern stark verwittert das religiöse Motto der Aufklärung:

»Gott, Tugend und Unsterblichkeit«.

Dieses Dreiergestirn hielt man im Anschluss an Immanuel Kant für das, was innerhalb der Grenzen der bloßen Vernunft über Religion aussagbar wäre[201]. Der Gedanke einer Selbstoffenbarung Gottes wurde zwar nicht als unmöglich abgetan, aber er entsprach nicht Kants Aufgabenstellung – der Königsberger Philosoph hielt ihn wohl auch nach den Ergebnissen seiner Kritik für überflüssig oder sogar schädlich. Deshalb spielte in seinem auf Sittlichkeit abgestellten Gedankengebäude, welches von Fichte und zahllosen anderen Zeitgenossen mit Begeisterung rezipiert wurde, die Bibel keine entscheidende Rolle mehr. Zwar sei das Christentum die einzige moralisch vollkommene Religion[202] - das ergibt sich für Kant aber erst durch einen Abgleich mit der sittlichen Vernunft. Mit dem Zitat auf der Gedenksäule wurde offenbar an die Haltung Christoph Heinrich Wachsmuths erinnert, der Ziel und Sinn des Pfarramts auf die sittliche Herzensbildung beschränkt sah. Dies entsprach auch dem Geist des Studiums, welches Wachsmuth in den 1740er Jahren an der Leipziger Universität absolviert hatte.

Als die Säule gesetzt wurde, befand man sich allerdings gerade inmitten des nächsten »Weltkrieges«, wie er nun ausdrücklich bereits von den Zeitgenossen

---

[201] Bei Immanuel Kant lautete die Trias freilich etwas modifiziert »Gott, Freiheit und Unsterblichkeit«, die als Ausdruck der praktischen Vernunft sich aus dem sittlichen Streben begründen lassen und wiederum dieses bestärken.
[202] H. J. Störig, Kleine Weltgeschichte der Philosophie, 415f. – Laut Störig ist der Religionsbegriff bei Kant so eng gefasst, dass er sich inhaltlich völlig mit der Moral deckt.

genannt wurde. Auslöser der Koalitionskriege bzw. der napoleonischen Kriege, die von 1792 bis 1815 andauerten, war die Französische Revolution von 1786 gewesen. Aufgeregt wurden die Nachrichten vom französischen Nachbarn im deutschen Blätterwald bewegt – und es gab handfeste Resonanzen: In Sachsen revoltierte im Sommer 1790 an mehreren Orten die ländliche Bevölkerung und forderte die Abschaffung von Frondiensten und Geldzins. Auch in den Gebieten rund um Leipzig gab es solche Aufstände, die aber innerhalb eines Monats versandeten oder mit Gewalt zurückgedrängt wurden. Die Pariser Revolutionäre hatten freilich noch andere Ideen freigesetzt: In Paris hatte man im November 1793 alle Kirchen entchristianisiert und zu »Tempeln der Vernunft« erklärt. In Notre Dame stand eine entsprechende Statue im Stile einer antiken Göttin und man feierte in der Kathedrale ein »Fest zu Ehren der Vernunft«. Zur selben Zeit aber tobte die von Robespierre verordnete Schreckensherrschaft mit einer immer größeren Zahl öffentlich zelebrierter Hinrichtungen. War es denkbar, dass die Vernunft, zur Göttin erhoben, so barbarisch und blutig herrschen konnte? In Deutschland vollzog auch deshalb der junge Theologe Daniel Friedrich Ernst Schleiermacher den Versuch einer Korrektur. Er wollte die Religion an sich und insbesondere den christlichen Glauben verteidigen, indem er eine Synthese aus Gefühl und Verstand erschuf: Er setzte also auf das Gefühl, welches über sich selbst aufzuklären war und welches er – ganz im Sinne der sich ankündigenden Romantik – für rein und unbestechlich hielt. Die Reflexion über das Gefühl der »schlechthinnigen Abhängigkeit« würde religiöse Erkenntnis ermöglichen und auch den Zugang zum christlichen Glauben eröffnen, legte er in seinem 1799 erschienenen Büchlein dar: »Über die Religion. Reden an die Gebildeten unter ihren Verächtern«. Solche Gedanken sollten aber erst langsam ihre (durchaus zwiespältige) Wirkung entfalten. Zunächst überrollten die politischen Ereignisse das gelehrte Nachdenken.

Nachdem die Revolutionsarmee unter dem aufsteigenden General Napoleon Bonaparte von einem Sieg zum nächsten geeilt war, trat Sachsen 1806 der preußischen Koalition gegen Frankreich bei. Am 14. Oktober aber erlitt die preußische Armee mitsamt einem großen sächsischen Kontingent in der Schlacht bei Jena und Auerstedt eine katastrophale Niederlage. Auf ihrem Weg nach Berlin besetzte die französische Koalition am 19. Oktober auch Kursachsen.

Durch Hohenleina zog das Militär; im Pfarrhaus und ringsum wurden bis zum 11. Dezember[203] Truppenteile einquartiert. Es gab Einbrüche, in den Ställen wurde das Vieh totgestochen, Nahrungsmittel und alles Bewegliche wurde geraubt. Pfarrer Friedrich Baltzer erstattete genauestens Bericht[204] und errechnete detailliert den bei ihm entstandenen Schaden in Höhe von 606 Reichsthalern und 16 Groschen. Unter anderem werden von ihm benannt: Schäden durch Brandschatzung, geplündertes Geld, Kleidung, Wäsche, Uhr, Ring, Flinte, zerbrochene Möbel. Entsetzt berichtet er von dem bejahrten Pfarrer in Kletzen, Magister Dorn, der von den Franzosen derart körperlich misshandelt worden war, dass er nicht mehr seinen Dienst versehen konnte. Auch Friedrich Baltzer musste mit seiner Schwiegermutter Sophie Elisabeth vor Plünderern des Nachts aus dem Haus fliehen, welches völlig verwüstet wurde.

>*Von allem ganz entblößt u. vom Hunger getrieben waren wir nachher genöthigt, halb verbrannte Cartoffeln aus den noch glimmenden Aschenhaufen des verlassenen Lagers herauszusuchen.*«

Über die nächsten vier Wochen fand der Pfarrer mit seiner 66jährigen Schwiegermutter bei einer Nachbarin Unterschlupf. Seine restliche Familie scheint er andernorts in Sicherheit gebracht zu haben. Sieben Jahre später konzentrierte sich das Kriegsgeschehen wieder auf Mitteldeutschland, bis es im Oktober 1813 zur großen Entscheidungsschlacht bei Leipzig kam. Schon im Vorfeld wurden auch Hohenleina und die Dörfer ringsum geschädigt. Bereits im März 1813 wurden wegen der ersten Durchmärsche der vom Russlandfeldzug zurückströmenden Armee manches Hab und Gut in der Kirche eingeschlossen. Am 6. Juli quartierte sich der kommandierende Capitaine Dubrais für fünf Wochen im Pfarrhaus ein und ließ sich und seine zahlreichen Gäste von der hochschwangeren Pfarrfrau bewirten – Bauern und Pfarrer aber mussten für täglich zweimal Tafel und weitere Wünsche alles heranschaffen. Außerdem ließ Dubrais »bald eine angebliche Gemahlin aus Leipzig kommen« – die »Jungfrau Püschel aus Lehmanns Hause auf der Sandgrube«. Als der Spuk vorbei war,

---

[203] An diesem Friedenstag von Posen löste Sachsen die Koalition mit Preußen, trat dem Rheinbund bei und wurde kurz darauf als Königreich ausgerufen.
[204] Friedrich Baentsch, [Transkribierte Notizen Friedrich Baltzers = Brief an den Kreisarchivpfleger Ziebe vom 17.09.1940], 3 maschinengeschriebene Blätter, Pfarrarchiv Krostitz.

verdichteten sich Mitte September die Anzeichen eines heraufziehenden Unheils, welches die Not um ein kleines, neugeborenes Kind umschattete:

»*Kanonendonner hatte sich schon mehrere Tage hören lassen, ungewiß ob von Torgau, Wittenberg oder Dessau. Hohe Rauchsäulen stiegen in der Gegend von Wittenberg auf. Auch über Taucha hin war Kanonade zu hören. Mensdorf und Mertitz wie Rapatzsch hatten großes Brandunglück, durch französische Einquartierung verwahrlost. Auch in Woelpern brannten 4 Gehöfte ab. Unter diesen schrecklichen Ereignissen und Bangigkeiten ward mein gutes Weib den 16. Abends von einem Sohne entbunden, Carl Gotthelf, welcher den 18. September getauft wurde. Die Zeit war so unsicher, daß kaum die Paten dabei gegenwärtig sein konnten. Alles ward jetzt voll Unsicherheit. [...] Den 4. Oktober. Montags früh gegen 4 Uhr erlöste Gott meinen jüngst geborenen Sohn aus aller Trübsal dieser Welt. Als ein schwächliches Kind, das schon unter dem Herzen seiner guten, leidenden Mutter (Schweres) erfuhr, entschlief es sanft. Kaum konnten wir es in Ruhe unter die Erde bringen. Denn am Tage seiner Beerdigung, den 6. Oktober, kam unerwartet eine Armee von Leipzig her. Es war das französische Korps des Grafen Bertrand, welches, etwa 300.000 Mann stark, von früh 8 Uhr bis mittags 12 Uhr durch unser Dorf nach Eilenburg passierte. Die Marodeurs verbreiteten sich bald zahlreich in alle Wohnungen und selbst auf die Beidörfer [...]. Nach Mittag wurde es noch so stille, daß die Asche unseres sel[igen] Kindes noch in Ruhe, nach 3 Uhr, zur Ruhe beerdigt werden konnte.*«[205]

Am 7. Oktober 1813 drangen kurz vor Mitternacht fünf Kosaken ins Haus. »Mit vieler Mühe entsprang ich ihnen zur Hintertür hinaus«. Am 9. Oktober gab es Kampfhandlungen die alte Heerstraße entlang und direkt am Ort mit Artillerie auf beiden Seiten. Unter Kanonendonner und Gewehrfeuer liefen die Leute aus ihren Häusern. »Wir suchten uns mit Weibern und Kindern in die Kirche zu retten.« Als wieder Ruhe herrschte, kehrte man vorsichtig zurück, denn die Plünderungen hielten noch an. »Da weinten die armen Menschen meiner bisher

---

[205] Zitiert in: Friedrich Baentsch, Die Kirche zu Hohenleina, maschinengeschriebenes Skript, o. J., 61f.

immer noch durch Gottes Güte verschonten Gemeine bey dem Anblick ihrer, zum Theil ganz und gar leeren, und verwüsteten Häuser, Scheunen und Ställe.« Vom 13.-14. Oktober hielt sich noch der französische Marschall und Herzog von Treviso, Édouard Mortier, im Pfarrhaus auf. Zwei Tage später brach die Schlacht los. Mitten in dem Geschehen wurde Baltzer nach Kletzen zu einer Wöchnerin gerufen, auf dem Weg aber von zwei Kalmücken überfallen, die ihm sein letztes Kleid (»die übrigen waren schon geraubt«) »gewaltsam vom Leibe« rissen: »Im Gefühl meiner Pflicht folgte ich jenem Angstrufe und trat den gefahrvollen Gang an, musste aber halbnackend zurückkehren.« Endlich ward die napoleonische Armee in die Flucht geschlagen, aber die Plünderungen hielten an. Auf dem nahen Schlachtfeld lagen 92.000 getötete und verletzte Soldaten, Typhus und andere Krankheiten griffen um sich und forderten noch einmal sehr viele Opfer – auch unter der Zivilbevölkerung. Viehseuchen rafften mancherorts die letzten Tierbestände hin.[206] Und dennoch: Frieden! Man wollte dankbar Gottesdienst feiern und konnte es nicht, weil die Laurentiuskirche vollgestopft war mit den Habseligkeiten der Dorfleute. Erst am Dienstag, den 26. Oktober, wurden unter Aufsicht des Richters und der Kirchenältesten die Sachen zurückgegeben. Am Reformationstag endlich der erste Gottesdienst mit dem für das Dankfest vorgeschriebenen Predigttext aus Psalm 124, die Verse 5-8:

> »Es gingen Wasser allzuhoch über unsre Seele. Gelobet sei der Herr, dass er uns nicht gibt zum Raub in ihre Zähne! Unsere Seele ist entronnen wie ein Vogel dem Strick des Voglers; der Strick ist zerrissen, und wir sind los. Unsere Hilfe stehet im Namen des Herrn, der Himmel und Erde gemacht hat.«

Hatte nun die Göttin Vernunft ausgedient, die man noch 20 Jahre zuvor in der französischen Kathedrale Notre Dame in einer Statue visualisiert und verehrt hatte?

---

[206] Wieder gibt Friedrich Baltzer eine detaillierte Aufrechnung für seinen eigenen Verlust von Hafer, Heu, Mehl, Brot, Kleidung, Betten, Geschirr, Holz, getötete und entwendete Tiere in Höhe von 419 Reichstaler. Durch die Einquartierung und erzwungene Belieferung von Militär werden nochmals Schäden in Höhe von 460 Reichstalern veranschlagt, insgesamt also 1461 Reichstaler.

Luther als deutscher Glaubensheld

Der kalte französische Rationalismus wurde in weiten deutschen Kreisen verantwortlich gemacht für die Gräuel der Revolution und den napoleonischen Imperialismus. Stattdessen entdeckte man nun das Gefühl für die eigene Nation, ja überhaupt das deutsche Gefühl, welches, wie man meinte, treu und unbestechlich und brüderlich sei. Und man entdeckte Protagonisten, die dieses deutsche Gefühl vermeintlich verkörperten: Allen voran die Gestalt des deutschen Reformators Martin Luther. In seiner letzten Phase hatte der Krieg die bürgerlichen und studentischen Kräfte mobilisiert und Hoffnungen auf eine nationale Einigung geweckt. Nun wollte man nach der Befreiung von der französischen Fremdherrschaft auch zur inneren Befreiung und deutschen Selbstbestimmung gelangen. Aber die Ergebnisse des Wormser Kongresses, durch welche auch am 21. Mai 1815 große Teile Sachsens und damit der Kreis Eilenburg an Preußen gingen, enttäuschten alle diesbezüglichen Hoffnungen. Am 18. Oktober 1817 zogen Studenten aus fast allen deutschen evangelischen Universitäten auf die Wartburg, um dort ihren Unmut und politische Forderungen zu präsentieren. Sie kleideten sich in altdeutsche Kleider und hatten Zeit und Ort mit Bedacht gewählt: Am Jahrestag der Völkerschlacht und kurz vor dem 300sten Jubiläum des Thesenanschlags Martin Luthers, der die Wartburg im Fortgang der politischen Ereignisse als geheime Zuflucht genutzt hatte. Luther wurde nun als Revolutionär und Aufklärer verehrt, der sich standhaft gegen Rom und den »spanischen« Kaiser zur Wehr gesetzt und die finsteren Lehren des Mittelalters bekämpft habe. Luther war zu einem Klassiker geworden, den man zitieren konnte, ohne ihn gelesen zu haben. Man psychologisierte seine Gestalt zum Glaubenshelden, die man dann auch mit Leichtigkeit zu aktuellen Streitfragen in Stellung bringen konnte, nach dem Motto: Wenn Luther heute leben würde, dann hätte er schon längst diesen oder jenen alten Zopf abgeschnitten. Auch Friedrich Baltzer verehrte Luther auf diese typische Weise. Am 31. Oktober 1817 lässt er in Priester und Hohenleina mit Gottesdiensten und Baumpflanzungen das 300jährige Reformationsfest feiern, worüber er im Anschluss ausführlich berichtet (Abschrift im Pfarrarchiv):

>*»Der Inhalt der Predigt war eine Darstellung des Heldenmuts Luthers in*
>*dem Werk der Reformation. [...] Der Nachmittag war der Jugend und*
>*ihrer Ergötzlichkeit bestimmt. Nach feierlichem Aufzug mit Musik*
>*wurden in den Dörfern Lutherlinden gepflanzt. Die Lehrer begleiteten die*

Jugend. Dabei wurde ein von Herrn Pastor gedichtetes Lied nach der Melodie Freude, schöner Götterfunken gesungen. Das Lied lautet: ›[...] Wenn die Welt voll Teufel wäre, so spricht Luthers hoher Mut, ich doch nicht zurücke kehre, von der Wahrheit heilgem Gut. Lasst uns solche Wahrheit ehren! Es vergehe Lug und Trug, denn ihm folgt des Höchsten Fluch. Kommt wir pflanzen heut ein Denkmal diesem Mann, der nach Irrtums Nacht und Drangsal Licht und Wahrheit wiedergab. Lange stehe ihm zur Ehre dieser neugepflanzte Baum auf der Erde weiten Raum. [...]‹ Nach vollendeter Pflanzung erhielten die Kinder in einem Privathause eine Ergötzlichkeit an Bier u. dergl. und wurde also die öffentliche Feier vergnügt beendet.«

Lange standen die Lutherlinden nicht. Schon nach wenigen Jahren sind viele von ihnen eingegangen – nur die auf dem Hohenleinaer Schulhof gepflanzte Linde hat sich offenbar bis auf den heutigen Tag erhalten. Die bei der Feier geäußerten Gedanken klingen nicht so, als könnte aus ihnen etwas Gefährliches erwachsen. Aber »Lug und Trug« waren in der Folgezeit schnell ausgemacht auf der Seite der Andersdenkenden, die zum Beispiel an dem alten Apostolischen Glaubensbekenntnis festhalten wollten, während man sich selbst als fortschrittliche Wahrheitssucher und Freunde der Vernunft verstand. Friedrich Baltzer hatte in Leipzig und Wittenberg eine rationalistische Theologie gelehrt bekommen. Sein Pfarramt gehörte aber nun auf einmal zur preußischen Provinz Sachsen, seine Pfarrorte lagen direkt an der Grenze zum verbliebenen Restsachsen; in Mutschlena stand die Zollstation mitten im Ort und vom benachbarten Gottscheina wurde man als Musspreußen (ausgesprochen: »Mußpreußen«) verspottet. Dann aber wurde von höchster Seite auch in das kirchliche Leben eingegriffen mit dem Ziel, die liturgische Beliebigkeit und den Wildwuchs an Privatagenden zu beschneiden. Mit der 1829 eingeführten preußischen Reformagende aber tat sich Friedrich Baltzer schwer und weigerte sich, das apostolische Glaubensbekenntnis bei Taufe und Konfirmation zu gebrauchen. Er hielt sich stattdessen lieber an das sächsische Kirchenbuch von 1812, welches eine Bekenntnisform anbot, die in rationalistischer Manier alle anstößigen Stellen wie die Jungfrauengeburt oder die Höllenfahrt Christi ausließ. Baltzers theologische Prägung drückt sich auch darin aus, dass er (wie sein Sohn schreibt) »in seinen Vorträgen und Lehrstunden überall die sittliche Seite der Texte in den Vordergrund [setzte]«[207]. Zur Vorbereitung solch sittlicher »Vorträge« (gemeint sind die Predigten) diente an seinem Arbeitspult ein überschaubarer Apparat: »Auf dem Rück standen nur einige Bücher: eine Bibel, ein Band Fichte, der Hausarzt, ein Spruchregister und ein Gesangbuch.«[208] In den Augen vieler Zeitgenossen vertrat Johann Gottlieb Fichte atheistische Positionen, wenn er für die Errichtung einer moralischen Weltordnung die Existenz Gottes als nicht notwendig betrachtete und noch bestimmter als sein großes Königsberger Vorbild jegliche Offenbarung in Abrede stellte. Friedrich Baltzer war kein Atheist, aber es scheint doch so, dass neben Hausarzt, Spruchregister und Liederbuch ihm ebenso die Bibel zu einem nützlichen Steinbruch seiner »Vorträge« wurde. Die Verwendung des »Hausarztes« zeigt Baltzer jedenfalls als typischen Volksaufklärer und Volkslehrer[209], während die

Gemeinde folgerichtig zur Zuhörerschaft, zum Auditorium avancierte.

Abb. 50 Das Hohenleinaer Pfarrhaus um 1830, im Hintergrund die Laurentiuskirche (Porzellanmalerei aus Privatbesitz).

---

[207] E. Baltzer, Erinnerungen 10.
[208] Ebd. 4.
[209] Siehe dazu den Aufsatz von Stefan Dornheim, Geistliche oder Lehrer des Volkes? Dorfpfarrer zur Zeit der Volksaufklärung, in: Martin Mütze (Hg.), Die Dorfkirche in Sachsen. Geschichte und Gegenwart einer lebendigen Institution, (Kohrener Schriften 5), Leipzig 2021, 111-128.

Die große Innenrenovierung der Laurentiuskirche, die Friedrich Baltzer in den Jahren 1823-1824 anstrengte, kann man unter diesem Leitbild einordnen[210]. 1823 wurde vermutlich die Kanzel von der Südseite des Kirchenschiffs an ihren heutigen Platz versetzt, dabei wurde vom Triumphbogen ein gutes Stück der Kante, die beim Aufstieg als störend empfunden wurde, mitsamt dem Kämpferfries abgehauen. Nun präsentierte sich der Innenraum geschlossen nach

vorn ausgerichtet. Pragmatischer Anlass der Veränderung wird aber auch der gestiegene Platzbedarf gewesen sein, der den Einbau neuer Emporen notwendig machte. So wich die Kanzel also einer südlichen Empore, die man ganz im Stile der Emporen von 1583/85 und 1666 anfertigte – bis hin zum formschön geschmiedeten Eisenanker[211].

Abb. 51 Friedrich Baltzer (1765-1838)

Über 46 Jahre hinweg prägte Friedrich Baltzer seine Kirchgemeinden mit einer rationalistischen Theologie, wie dies schon sein Schwiegervater Christoph Heinrich Wachsmuth in den 36 Jahren seines Dienstes getan hatte. Ebenso traten die vier Söhne Baltzers, die das Erwachsenenalter erreicht hatten, in die Fußstapfen ihres Vaters und studierten zunächst in Leipzig, dann aber auch in Halle im Sinne des neueren Rationalismus.

---

[210] Kirchenarchiv Krostitz, Turmkugeldokumente Baltzer. - 1834 war durch Blitzeinschlag der Turm geschädigt worden, der auf der Westseite einen langen Riss erhalten hatte. Bei der neuen Knopfbefüllung hat Friedrich Baltzer Informationen zur Renovierung von 1823-24 hinterlassen.
[211] Der Eisenanker trägt wie auch die östlichste Emporensäule die punzierte Jahreszahl 1823. Der Eisenanker auf der nordwestlichen Seite ist punziert mit der Jahreszahl 1583.

Dies kann verallgemeinert werden: Über mehrere Generationen wurden Land und Leute durch Pfarrer geprägt, die im rationalistischen Sinne predigten und unterrichteten. Wie weit man sich dabei von den einst wiederentdeckten Quellen entfernen konnte, zeigt der Werdegang des jüngsten Pfarrersohnes Eduard Baltzer (1814-1887). Dieser hatte nach dem plötzlichen Tod seines Vaters als frischgebackener Examinand die Amtsgeschäfte in Hohenleina ein dreiviertel Jahr weitergeführt und war bald darauf als Prediger an die Hospitalkirche nach Delitzsch berufen worden. Im Namen »freigesinnter« Pastoren aus dem Delitzscher Kirchenkreis und in Verbindung mit den sogenannten »Lichtfreunden« verfasste er 1843 eine Eingabe an das Magdeburger Konsistorium mit der Forderung auf freie Gottesdienstgestaltung als Ausdruck der Gewissensfreiheit und eines »urevangelischen« Wesens; die Unterzeichnenden würden sich »nicht als todte Diener des Buchstabens erweisen« wollen, sie hätten vielmehr in der »Freiheit vom Dienste des Buchstabens […] den ächten Geist der Reformation in [sich] aufgenommen«. Wieder wird also Luthers Reformation für das eigene Anliegen in Anspruch genommen, während man dessen fundamentale Wertschätzung der biblischen Schrift nonchalant ins Gegenteil verkehrt. Als der innere Bruch sich immer stärker abzeichnet, verlässt Baltzer 1847 die evangelische Landeskirche und gründet mit gleichgesinnten Kirchenältesten in Nordhausen eine »Freie (Protestantische) Gemeinde«, in der man sich rasend schnell von den Grundeinsichten des Christentums entfernt, das Gebet und Kirchengebäude als Ausdruck eines überholten Dualismus verwirft und zuletzt einem diffusen Pantheismus anhängt. Kirchliche Handlungen formt und benennt der ehemalige Pfarrer um, so dass bei ihm aus der Taufe eine »Kindweihe« und aus der Konfirmation eine »Jugendweihe« wird – als deren Begründer er im Jahre 1852 gelten darf. Als die hochgespannten Erwartungen in die freireligiöse Bewegung sich nicht erfüllen, wendet er sich ab 1867 dem Vegetarismus und seiner Begründung und Verbreitung in Deutschland zu – den Anstoß hierfür erhielt er angeblich durch ein Erlebnis aus seiner Hohenleinaer Kindheit[212]. Seine Anhänger aber folgten ihm in seiner neuen Begeisterung für die vegetarische Ernährung nur spärlich, denn ausgerechnet in Nordhausen gab es etliche

---

[212] E. Baltzer, Erinnerungen 8. – Baltzer beschreibt hier, wie er in seiner Kindheit mit einer Flinte umherstreifte, ein Rotkehlchen erschoss und darüber zutiefst erschrocken war.

Schlachthofbetreiber und verdienten viele Arbeiterfamilien ihr Auskommen in den zahlreichen Schlachthöfen der Stadt.

Abb. 52 Eduard Baltzer (1814-1887)

Anderes aber wurde durchaus aufgegriffen und ohne sein Zutun weitergetragen. Besonders die Idee der Jugendweihe gewann eine Eigendynamik, die in den Arbeitervereinigungen der Städte wie zum Beispiel in Berlin und in Leipzig immer größere Kreise zog. Anstelle des Glaubenshelden Martin Luther traten nun bei den Weihefesten andere heldische Gestalten wie Robert Blum oder Friedrich Schiller.

Noch mehr Krieg

Die Persönlichkeit Eduard Baltzers zeichnete sich aus durch eine beeindruckende Vielfalt der Interessen und Wirkungsbereiche, die in vielem wie z.B. dem Natur- und Tierschutz, dem Pazifismus und den sozialpolitischen Anliegen ihrer Zeit weit voraus zu sein scheinen. Als linker Demokrat, der sowohl im Frankfurter Vorparlament (1848) als auch im Preußischen Landtag aktiv war, konnte er aber trotzdem problemlos die Tastatur des nationalreligiösen Pathos bedienen, wie dies durch fast alle politischen Lager hindurch geschah. Es ist allerdings bezeichnend, dass kein Vorparlament und keine 1848er Revolution eine so breite nationale Begeisterung entfacht haben wie die Kriege von 1864, 1866 und 1870-71. Nicht zufällig war gerade in der Zeit der von Bismarck geplanten strategischen Kriege die Erzählung vom Dreißigjährigen Krieg als dem deutschen Trauma außerordentlich virulent. Wer davon überzeugt war, dass die eigene kulturell hochstehende Nation durch die Schuld seiner Nachbarn in das größte Elend gestürzt worden war, sah sich nun seinerseits berechtigt zur Ausübung einer gewalttätigen Machtpolitik[213]. Der Sozialist August Bebel, der ab 1860 von Leipzig aus seine politische Tätigkeit entwickelte, blieb eine der wenigen Stimmen, die vor einem deutschen Imperialismus warnten; unter Anspielung auf ein Jesuswort kritisierte er die Gründung des neuen deutschen Kaiserreichs und die gleichzeitige Annexion von Elsaß-Lothringen: »Staaten werden mit den Mitteln erhalten, durch die sie gegründet wurden. Der Säbel stand als Geburtshelfer dem Reich zur Seite, der Säbel wird es ins Grab begleiten!«[214] Überwiegend aber wurden die Siege mit großem Pathos gefeiert. Auch auf den Dörfern: In Hohenleina wurden zu diesem Zweck zwei Gedächtnisfahnen in der Kirche dergestalt angebracht, dass sie am Rand des Triumphbogens weit in den Altarraum hineinragten (s. Abb. 54). Am Fuß aber der Kirche, an der Kreuzung von Haupt- und Schulstraße, wie auch in Kleinkrostitz wurden Friedenseichen zum Gedächtnis des siegreichen Deutsch-Französischen Krieges gepflanzt.

Abb. 53 Die Fahnen zum Gedenken an die Friedensschlüsse von 1866 und 1871 (Pfarrarchiv Krostitz).

Die Dörfer wuchsen und prosperierten in dieser Zeit deutlich, sodass auch die Hohenleinaer Kirchgemeinde zahlreiche größere Wunschprojekte realisieren konnte. 1868 wurde auf der südöstlichen Ecke des Kirchhofs das alte Schulgebäude von 1832 durch einen Neubau ersetzt (die sogenannte

---

[213] Vgl. dazu H. Münkler, a.a.O. 13-15.
[214] A. Bebel im ersten Reichstag unter Anspielung auf Mt 26,52.

Küstereischule Hohenleina, heute Schulstr. 5). Ein Jahr darauf wurde auch das Pfarrhaus als Backsteinbau komplett neu errichtet, wobei man erstmalig eine Ost-West-Ausrichtung wählte. 1875 folgte eine neue Orgel, die der Eilenburger Orgelbaumeister Konrad Geißler für 5796 Mark erbaute. Das Instrument besitzt zwei Manuale mit insgesamt 19 Registern, über die 1080 Holz- und Zinnpfeifen erklingen. 1888 wurde eine Turmuhr eingebaut und fünf Jahre darauf das zweite Schulhaus mit hellen, hohen Räumen auf Kirchenland errichtet (die heutige Grundschule).

Abb. 54 Innenraum vor 1892 (noch ohne Buntglasfenster).

Man war der Kirche zugetan, was an kleineren und größeren Schenkungen greifbar wird. Um 1890 wurde neues Abendmahlsgerät gestiftet. Die Familie Oberländer vom Rittergut in Kleinkrostitz spendete in den Jahren 1891-92 das Geld für neue Buntglasfenster, die im neobyzantinischen Stil gehalten sind.

Die Fenster haben als einzige szenische Darstellung die Taufe Jesu im Jordan, die sich direkt hinter dem Altar befindet. Zur rechten und linken des Tauffensters sind je zwei Evangelisten abgebildet, halb über der Priesterpforte aber die Apostel Petrus und Paulus. Damit hatte man wieder den Bogen geschlagen zu den Anfängen: nicht nur dass gerade diese beiden Apostel den Weg des Evangeliums unter die Völker bereitet haben, so dass es schließlich auch nach Mitteldeutschland gelangte, man hatte (zumindest mit Petrus, Matthäus und Johannes) auch die Gestalten sichtbar gemacht und in Erinnerung gerufen, die einst auf der romanischen Apsis abgebildet gewesen waren.

Abb . 55 Kirchenfenster mit den Aposteln Petrus und Paulus, 1892 vom Quedlinburger Glasmaler Ferdinand Müller geschaffen.

Unter den kleineren Spenden war zum Beispiel eine Altardecke, die der örtliche Maulwurffänger, Erdmann Stiehler, noch in seinem Sterbejahr, 1893, stiftete. Weitere Erneuerungen und Umgestaltungen wurden nach 1902 vorgenommen: Unter den Emporen räumte man das alte Kirchengestühl weg und schaffte neue hochlehnige Bänke an, die mit Blumenornamentik bemalt den Mittelraum füllten. Der Taufstein wurde von seiner Erhöhung heruntergeholt und nun direkt an die Stufe zum Chorraum gerückt. Auch das Kirchengewölbe wurde 1904 mit Blumenornamenten bemalt, wie sie hinter dem Altar an der oberen Fensterlaibung noch zu sehen ist. Ein neues Chorgestühl kam ebenfalls hinzu. Die Kanzeltreppe, die sich zuvor verborgen hinter dem südlichen Triumphbogenpfeiler befand[215], wurde neu gebaut und der Fuß mit einem Bogen überspannt, der in der Spitze eine gemalte Lutherrose trug. Die Treppe erhielt an den Seiten die gleichen Rosettenknöpfe wie die doppelflügeligen Glastüren, die als Windfang dienen sollten und vor die beiden Eingänge gesetzt wurden. Damit sollte die Effektivität der 1905 installierten »Centralheizung« erhöht werden, für die an der nördlichen Außenseite ein eigener Heizraum und unter dem Dach eine Eisenkonstruktion für den Schornstein geschaffen wurde[216]. In den Pfingsttagen des Jahres 1908 flog das erste lenkbare Luftschiff des Grafen von Zeppelin über Hohenleina und Priester hinweg in Richtung Berlin. Und drei Jahre später erreichte die elektrische Kraftstromleitung die Gemeinden und versorgte Häuser und Werkstätten mit Licht und Kraft.

Der allgemeine Zuwachs an Wohlstand erzeugte aber auch soziale Verwerfungen und ein Unbehagen, welches Pfarrer Theodor Gottlob Walter bereits am 28. Juli 1882 für den Hohenleinaer Turmknopf in Worte fasste: »Ein Geist des Mammondienstes hat sich der Welt bemächtigt und erzeugt bei dem Einen Hochmut bei dem Anderen Haß. [...] Unser gegenwärtiges Geschlecht wohnt auf einem Vulkan.«[217] Alle Zeichen des wachsenden Komforts, die selbst in der Kirche spürbar wurden, konnten nicht darüber hinwegtäuschen, dass parallel ein empfindlicher Abbruch des kirchlichen Lebens stattfand. Für die Kirchgemeinden Hohenleina und Priester ist dies dokumentiert durch eine Visitation, die im Dezember 1907 durchgeführt wurde. Den Visitationsbericht vom 9. Januar 1908 durchdringt ein resignativer Grundton: »... haben wir mit Betrübnis entnommen, daß die kirchlichen und sittlichen Zustände daselbst ernst und zu wünschen

---

[215] Pfarrarchiv Krostitz, Einzelblatt (Pergament, Federzeichnung) »Kirche zu Hohenleina« vom 01.08.1892. – Hier sieht man die einmal gewendete Treppe, die so aus dem Kirchenschiff nicht sichtbar war. Außerdem ist hier das Kirchengestühl wie folgt eingezeichnet: Kirchengestühl unter den Emporen in Abweichung zu Abb. 54 mit nur einem Mittelgang, das Ältestengestühl mit jeweils zwei Reihen, südlich mit 12 und nördlich mit 14 Sitzplätzen.
[216] Pfarrarchiv Krostitz, Einzelkonvolut (8 Blätter) vom 24.02.1905: »Statische Berechnung zur Eisenkonstruktion, welche den Schornstein der Centralheizung der Kirche in Hohenleina tragen soll«. Die Heizung wurde nach 1940 kaputtgefroren und wurde nicht mehr wiederhergestellt.
[217] Pfarrarchiv Krostitz, Turmknopfdokumente, Abschrift Walter.

übrig lassen [sic!]. Während die Seelenzahl stark gewachsen, ist die Zahl der Kirchbesucher, der Teilnehmer am Heiligen Abendmahl, [...] absolut zurückgegangen und zeigen, daß ein großer Teil der Gemeindeglieder sich vom kirchlichen Leben fernhält.«[218]

In diesen Jahren besuchte auch der 1893 in Hohenleina als Sohn eines Brauerei-Arbeiters geborene Martin Förster die Hohenleinaer Schule. Mit zehn Jahren schrieb er stolz in ein Oktavheft seinen Namen, seinen Geburts- und Tauftag, dazu viele Namen seiner Familie. »Ich bin der Herr, dein Gott« wird das erste der zehn Gebote zitiert, es folgt einige Seiten weiter der Anfang der lutherischen Erklärung dazu, dass Gott »zu fürchten und zu lieben« sei. Dazwischen viele Zeichnungen, wie sie der Fantasie eines Zehnjährigen entspringen: Auf einer Burgzinne weht eine Fahne mit der Jahreszahl 1903, Blumen, Brille, eine Lampe und eine Tasse sind gezeichnet, auch mehrfach eine Dampfeisenbahn, wie sie in Krostitz ab 1902 verkehrte. Schließlich gesellt sich zu der Eisenbahn eine stolze Reihe von Soldaten mit Pickelhaube[219]. Das Militärische war 30, 40 Jahre nach dem Deutsch-Französischen Krieg in der deutschen Öffentlichkeit allgegenwärtig, die Erinnerung an vergangene Siege wurde intensiv gepflegt. Dennoch hielt man in weiten bürgerlichen und intellektuellen Kreisen die Zeit der Kriege für prinzipiell beendet, ein erneutes Blutvergießen in einem modernen Europa für ausgeschlossen. Der Glaube an einen ununterbrochenen, unaufhaltsamen Fortschritt erzeugte ein großartiges Gefühl der Sicherheit, »alles Radikale, alles Gewaltsame schien bereits unmöglich in einem Zeitalter der Vernunft« (Stefan Zweig)[220]. Wieder also ein Zeitalter der Vernunft. Diesmal aber gepaart mit mächtigen Gefühlen. Und wieder brach trotz aller gegenteiliger Vermutungen ein Krieg los, der in einer ungelenken Kettenreaktion die inner- und außereuropäischen Staaten mit sich zog. Nun sollte sich zeigen, dass der »unaufhaltsame Fortschritt« zwar die Möglichkeiten des effektiven Tötens, aber nicht die humane Moral befördert hatte.

---

[218] KK-Archiv Delitzsch, Krostitz 42: »Aus dem Visitationsbericht vom 9ten Januar 1908«. – Die Visitation selbst wurde am 15.12.1907 abgehalten.
[219] Kirchenarchiv Krostitz, handbeschriebenes Oktavheft o. O., o. J., 34. – Das Oktavheft stammt vermutlich aus dem Religionsunterricht und hatte vermutlich noch andere Vorbesitzer (S. 1 »Otto Hollmann«, S. 4 »Richard Förster«).
[220] Stefan Zweig, Die Welt von Gestern. Erinnerungen eines Europäers, Frankfurt a. M. (1944) 1994, 18.

Abb. 56 Dampfeisenbahn mit Soldaten, Kinderzeichnung von Martin Förster in einem kirchlichen Unterweisungsheft, entstanden um 1903.

Mit großem Enthusiasmus zog die Jugend aus allen Nationalitäten in diesen Krieg. Mit 21 Jahren meldete sich auch Martin Förster mit seinem nur wenige Monate jüngerem Cousin Kurt und vielen seiner Altersgenossen als Freiwilliger. Die Kirchen aber konnten dem tödlichen Enthusiasmus nichts Substantielles entgegensetzen, denn sie fußten mehrheitlich auf der im 19. Jahrhundert entwickelten Theologie des Gefühls und der religiösen Erfahrung. Die Grundlagen dafür hatte Schleiermacher, der »Kirchenvater des 19. Jahrhunderts«, gelegt. Seinen Ansatz bei einem »Gefühl der schlechthinnigen Abhängigkeit« entwickelte er im Sinne einer spekulativen Erfahrungstheologie weiter und setzte damit eine große integrative Kraft frei. Aber das Denkmodell wich der Frage aus, ob nicht auch das Gefühl und die Erfahrung wie erwiesenermaßen schon die Vernunft korrumpierbar sind. Anders gesagt: Ob es also sein kann, dass die Sünde um diese menschlichen Bereiche einen Bogen geschlagen hat?

Schleiermacher hatte bis ins 20. Jahrhundert hinein seine Wirkung entfaltet, indem man die biblischen Gestalten, allen voran die des Jesus von Nazareth, zu Erscheinungen psychologisierte, die man gefühls- und erfahrungsmäßig gut adaptieren konnte. Beliebt waren modische Jesusromane: alles Schroffe und Widerständige konnte in ihnen ausgeblendet und die Gestalt Jesu beliebig inkulturisiert werden – insbesondere entkleidete man ihn immer stärker seiner jüdischen Identität, um einen deutschen Christus zu erschaffen. »Kultur-protestantismus« hat man diese angepasste Form evangelischen Glaubens genannt, der auf Viele seltsam blutarm wirkte. Von hier aus war es nur ein kleiner Schritt zu einer Kultur des religiösen Nationalismus, in welcher das heroisierte religiöse Gefühl auf die Nation übertragen wurde.

In dem ersten Kriegsjahr schien sich die große nationale Begeisterung rückwirkend sogar wieder positiv auf das kirchliche Leben niederzuschlagen. Im Frühjahr 1915 fand in Krostitz-Hohenleina eine erneute Visitation statt, deren Visitationsbericht vom 21. Mai im Gegensatz zu dem Bericht von 1908 so optimistisch ausfiel, dass sich das Magdeburger Konsistorium zu einer Reaktion herausgefordert sah und bemerkte: »es sind auch erfreuliche Anzeichen dafür vorhanden, daß die früheren sozialen Gegensätze sich mildern und daß selbst aus den Reihen der sozialdemokratischen Arbeiter Manche im Felde den Weg zu Gott zurückgefunden haben.«[221] Der Enthusiasmus zeigte sich auch durch eine große Opferbereitschaft, die freilich kräftig beworben und eingefordert wurde. Zugleich zahlten auch die Kirchgemeinden Hohenleina und Priester Kriegsanleihen in Höhe von mehreren Hundert Reichsmark[222]. Nicht freiwillig erfolgte hingegen die Abgabe der mittleren (jüngsten) Kirchenglocke aus dem Hohenleinaer Kirchturm. Im Jahr 1917 wurden reichsweit alle Glocken erfasst und katalogisiert, von den jüngeren Glocken aber musste sofort die knappe Hälfte abgeliefert werden. Die 1852 gegossene Bronzeglocke kam zum Sammelplatz nach Ilsenburg und wurde dort unmittelbar eingeschmolzen.

Alle Kriegsanstrengungen blieben letztlich umsonst. 17 Millionen Tote hatten die involvierten Nationen zu beklagen und auch in Hohenleina und den Dörfern ringsum waren manche Jahrgänge nahezu halbiert worden. Bereits am 6. Juni 1916 war auch Martin Förster als vermisst gemeldet worden, ebenso gegen Ende des Krieges, am 6. März 1918, sein Cousin Karl, was nichts anderes hieß, als dass ihre Leichname nicht aufgefunden werden konnten. Beide werden mit 83

---

[221] KK-Archiv Delitzsch, Krostitz 42: Schreiben des Konsistoriums vom 14. Juni 1915.
[222] KK-Archiv Delitzsch, Krostitz 46 (Wertpapierunterlagen): Hier mehrere Briefe z.B. vom 6. August 1929 zu den meist vergeblichen Anträgen auf Aufwertung der 1914 gezahlten Kriegsanleihen.

weiteren Gefallenen auf dem Kriegerdenkmal des Friedhofs genannt. Verstand und Gefühl hatte man zu Gottheiten erhoben, und diese hatten große Ernte gehalten. Aber wie waren die über Generationen festgezurrten Denkrichtungen und unheilvollen Prägungen zu durchstoßen? Im schweizerischen Safenwil vollendete Karl Barth im August 1918 seinen Römerbrief-Kommentar, zu spät für die Kriegstoten, aber für einige der Übriggebliebenen eine Hilfe zum Umdenken. Auch zum Erkennen von Irrwegen, auf die man in den Kirchen geraten war, so dass diese als kritische Größe und Gegengewicht ausfielen. Vor allem zur Einsicht in die irrige Annahme, man könne den Gott der Bibel vereinnahmen für eigene kulturelle, gesellschaftliche oder nationalistische Interessen und Wünsche. Von Gott als dem ganz Anderen, von der Fremdartigkeit und Vertikalität seines Redens war nun zu hören. Das eröffnete die Möglichkeit einer neuen wissbegierigen Hinwendung zu den biblischen Schriften. Aber auch ein Karl Barth machte um das Naheliegende einen Bogen, dass nämlich die Fremdartigkeit der biblischen Worte darin begründet liegt, dass sie durch jüdische Männer und Frauen unter die Völker gelangt sind. Dass also die Menschen aus diesen Völkern an den Rockzipfeln der Propheten und Apostel und des einen Mannes aus Nazareth hängen und nur betteln und bitten können: Zeige uns deinen Gott! (Sach 8,23) Karl Barth aber hatte den großen Abschnitt des Römerbriefs, der sich Israel und dem jüdischen Volk zuwendet (Röm 9-11), kurzerhand umgekehrt in eine Auslegung über die Kirche. Darin blieb er ganz in der Blindheit seiner Zeit und einer auf sich selbst bezogenen Theologie verfangen.

7 Kirche im totalitären Staat

Auf den ersten Weltkrieg des 20. Jahrhunderts folgten in Deutschland in kurzem Wechsel drei politische Systeme: ein demokratisches und zwei totalitäre[223]. Noch mitten in der Weimarer Republik übernahm ein junger Theologe das Hohenleinaer Pfarramt, der die Geschicke der Gemeinde über 39 Jahre hinweg auch in der Zeit des Nationalsozialismus und der frühen DDR begleiten sollte. Als Friedrich Baentsch am 30. Januar 1927 in Hohenleina eingeführt wurde, war er gerade einmal 32 Jahre alt, hatte schon 4 Jahre an der Front den Krieg erlebt und danach ein erstes Pfarramt geleitet.

Der Übergang

Reinhold Friedrich Baentsch stammte aus Kanena östlich von Halle, wo er am 9. April 1894 geboren worden war. Nach dem Besuch der hallischen Latina und dem Beginn des Theologiestudiums meldete er sich mit Anfang 20 freiwillig in den Kriegsdienst. Der Heimkehrer arbeitete seit dem 1. Mai 1919 als Hilfsprediger und Vikar in Halle-Giebichenstein (St. Bartholomäus), bevor er am 31. Juli 1921 ordiniert wurde und 1923 als Pfarrer zunächst in seinen Heimatort Kanena entsandt wurde. In Hohenleina übernahm er 1927 die Pfarrstelle von Paul Obermann und machte sich energisch an mehreren Projekten zu schaffen. Er kümmerte sich um die dringend benötigte Wohnung für die Gemeindeschwester Elise Frank[224]. Diese sollte eigentlich im Gemeindehaus eingebaut werden, wo bereits Obermann 1915 den Kuhstall des Pfarrhofs zu der modernen Idee eines Jugendheims mit Versammlungsraum und Lesezimmer umgebaut hatte[225]. Der Gemeindekirchenrat unter Leitung von Baentsch entschloss sich

---

[223] Die Enquete-Kommission Nr. 127822 (13. Wahlperiode, 1992) »Überwindung der Folgen der SED-Diktatur im Prozess der deutschen Einheit« hat die Vergleichbarkeit der beiden Systeme im Nationalsozialismus und in der DDR analysiert und in ihrer totalitären Gestaltung bestimmt.

[224] Der Ausbau gestaltet sich schwierig. Die Gemeindeschwester war entsandt wurden vom »Katharinenstift Diakonissen-Mutterhaus der Frauenhilfe fürs Ausland Lutherstadt Wittenberg«. (Brief vom 3.05.1928, KK-Archiv Delitzsch, Krostitz 42).

[225] Die Jahreszahl findet sich im Bericht vom 14.12.1937 (KK-Archiv, Krostitz-Hohenleina Kiste 1), den Baentsch an die Suptur richtet. Es handelt sich daher offenbar um ein Versehen, dass das Jugendheim in der regionalen Auflistung von A. Rudolph aus dem Jahr 1926 fehlt. Siehe dazu: Albert Rudolph, Jugendheim und Volkshaus auf dem Dorfe, in:

aber gegen den aufwendigen Einbau einer Schwesternstation, die letztlich auf einem Bauerngehöft unterkam, stattdessen erweiterte man das Jugendheim und die darin untergebrachte Jugend- und Schulbibliothek und Baentsch organisierte Lichtbildvorträge und Bahnausflüge für die Jugend. Dabei begleitete ihn immer öfter die zehn Jahre jüngere Tochter des örtlichen Kantors und Lehrers Friedrich Karl Schnause. Am 24. April 1930 heirateten er und Frieda Schnause und wurden in der Hohenleinaer Kirche von dem Löbnitzer Pfarrer getraut.

Abb. 57 Friedrich Baentsch, Pfarrgasse 1937.

Ein anderes Projekt, das bereits Baentschs Vorgänger angestoßen hatte, war der Ersatzguss einer neuen Mittelglocke: Innerhalb eines Jahres setzte Baentsch den Neuguss durch, obwohl nach der Hyperinflation von 1923 längst noch nicht die benötigten Gelder aufzubringen waren. Mit eigens entworfenen Fotokarten wurde deshalb um Spenden für die noch offen gebliebenen Kosten geworben.

Heimatkalender für die Muldekreise Bitterfeld und Delitzsch, Düben 1926, 95. – In dem Artikel wird für den Bau von Jugendheimen geworben; sie böten einen alkoholfreien Versammlungsraum, oftmals auch eine Wohnung für eine Gemeindeschwester und eine Bücherei mit Lesezimmer. Das Ziel solle sein, die »gesunde Kraft« und das »wurzelhafte Heimatgefühl der Landjugend« für den »Neubau unseres Volkes zu nutzen« (ebd.).

Die krasse Inflation und nicht zu vergessen die ab 1929 verheerend einsetzende Deflation brach vielen Privatpersonen aus dem kleinen und mittleren Bürgertum wirtschaftlich das Genick, trieb sie in die Arbeitslosigkeit und zersetzte das grundlegende Vertrauen in die Weimarer Republik. Auch aus diesem Grund gewannen revanchistische Bewegungen und entsprechende Verschwörungstheorien wie die »Dolchstoßlegende« Zulauf. Der Glockenspruch für die neue Hohenleinaer Glocke, der vermutlich von Baentschs Hand stammt, lässt davon noch nichts erahnen: »Geopfert für Deutschlands Wehr 1917 – Neuerstanden zu Gottes Ehr 1928«. Ein solcher Spruch, der so oder ähnlich auf vielen Neuanfertigungen stand, bewegte sich im Mainstream einer Erinnerung, die das Weltkriegs-Deutschland einzig in der Rolle der Verteidigung verortete. Das Deutschland auch Angreifer gewesen war und mit Belgien einen unbeteiligten Drittstaat überfallen hatte, blieb ausgeblendet.

Im Mainstream bewegte sich auch das Kriegerdenkmal, welches vor dem Kirchturm mit Blick auf die Hauptstraße errichtet worden war. Das vermutlich aus den frühen 1920er Jahren stammende Monument[226] hatte Baentsch bei Amtsantritt schon vorgefunden. Der fast quadratische Korpus, der ein wenig an das Leipziger Völkerschlachtdenkmal erinnert, wurde ursprünglich von einer Absperrung eingefasst, die aus zehn stilisierten Granaten mit verbindender Kette bestand. Zur Absperrung führten drei Stufen hinauf, das eigentliche Denkmal ist in der Höhe wie auch an den Seitenkanten ebenfalls dreigestuft und die letzte obere Stufe ist wiederum dreigeteilt mit wogenden Treppenstufen, die zu der Bekrönung durch ein Eisernes Kreuz führen. Die Dreizahl symbolisiert in christlicher Tradition die höchste Heiligkeit, die nach oben führenden Stufen weisen auf einen Weg der Verherrlichung. Verherrlicht werden sollte hier der Tod der gefallenen und vermissten Soldaten, deren Namen von Girlanden aus Eichenlaub umkränzt sind, während über den Denksprüchen an den Seiten steinerne Lorbeerkränze schweben. Die Texte deuteten den Tod der Männer als heroischen Akt einer Opferung, die für das Vaterland geschah. Auf der Südseite ist zu lesen:

---

[226] Zum einen verweist die Gestaltung auf diese Zeit (vgl. etwa die Kriegerdenkmäler in Löbejün von 1922 oder Rethwischdorf von 1921), zum anderen zeigt ein im Pfarrarchiv befindliches Foto mit der angehefteten Bildunterschrift »Kriegerdenkmal Hohenleina / Am 6. August 1931« einen schon leicht verwitterten Sandstein.

»Wer so wie ihr fürs Vaterland gestorben, hat ewgen Nachruhm sich erworben. + Deutsches Volk, du konntest fallen, aber sinken kannst du nicht.«

Abb. 58 Kriegerdenkmal Hohenleina, Aufnahme Baentsch vom 6. August 1931.

Auf der Nordseite hingegen stand ohne Angabe der Quelle:

»Sei getreu bis in den Tod, so will ich dir die Krone des Lebens geben.«

Dieser Vers stammt aus der biblischen Johannesoffenbarung (2,10) und war dort Menschen zugesprochen worden, denen um ihres Glaubens willen schwerste

Verfolgungen bis hin zu ihrer Ermordung widerfuhren. Hier nun wurde dieser Bibelvers entkontextualisiert gebraucht, um die soldatische Treue gegenüber der Nation mit einer religiösen Transzendenz zu versehen. Auf der heute durch die Gefallenentafel des 2. Weltkriegs verdeckten Ostseite war in Großbuchstaben und ohne Satzzeichen zu lesen:

>*Des deutschen Volkes und der Unversehrtheit deutschen Landes gefallenen Brüdern in herzlicher Dankbarkeit gewidmet von den Gemeinden Hohenleina, Gross- und Kleincrostitz mit Gutsbezirk Pröttitz und Lehelitz. Ans Vaterland, ans teure, schließ dich an, das halte fest mit deinem ganzen Herzen. Hier sind die starken Wurzeln deiner Kraft, dort in der fremden Welt stehst du allein, ein schwankes Rohr, das jeder Sturm zerknickt.*«[227]*

Während der erste Satz die Widmung durch die Dörfer benannte, folgte im zweiten Satz ein Schillerzitat (Wilhelm Tell II,1), das einst auf Kriegspostkarten tausendfach reproduziert worden war. Das Hohenleinaer Kriegerdenkmal aber führte das Zitat noch weiter aus mit einem Satz, der zur Mobilisierungsidee während des Krieges nicht so recht passte, nun aber eine eigenartige Bedeutung gewann: Die Verwurzelung im deutschen Vaterland und mehr noch in den heimatlichen Dörfern wurde einer »fremden Welt« gegenübergestellt, bei der man wahlweise an die ferne Welt der Kriegsschauplätze oder an eine »heimatlose Gesinnung« denken konnte. So empfiehlt dieser letzte Vers einen Kollektivismus, in welchem der Einzelne ohne das Ganze des Volkes ein schwankendes und zerbrechliches Nichts bleibt. Das Opfer des Einzelnen für das Ganze wird hingegen aufgewogen durch die Lebenskraft, die das Ganze dem Einzelnen zukommen lässt. Als Friedrich Baentsch am 6. August 1931 den Auslöser betätigte und das Kriegerdenkmal für das private Album dokumentierte, scheinen ihm solche Gedanken nicht fremd gewesen zu sein. Auch er empfand die politische Zerrissenheit des Landes als Bedrohung, gepaart mit einer »Gottlosigkeit«, die sich immer lauter zu Wort meldete. Als Vorsitzender des Gemeindekirchenrates beargwöhnte er vor allem die proletarischen und sozialdemokratischen Kräfte. Hatte man in den Kriegsjahren

---

[227] Pfarrarchiv Krostitz, Foto Kriegerdenkmal, datiert 06.08.1931. – Die Inschrift ist nur schwer zu entziffern und die Transkription im ersten Teil, die nicht durch eine externe Zitatquelle abzugleichen ist, nicht völlig gesichert.

eine Art Burgfrieden geschlossen (Kaiser Wilhelm II.: »Ich kenne keine Parteien mehr, ich kenne nur noch Deutsche!«), agierte man in der Weimarer Republik wieder offen gegeneinander. Andererseits wurde aber auch versucht, etwas gegen die sozialen Missstände und Nöte zu unternehmen. So öffnete die Kirchgemeinde ihr Jugendheim, in welchem das Landratsamt im Winter 1930/31 einen speziellen Unterricht für erwerbslose Jugendliche einrichtete. Die Stunden wurden allerdings »immer kümmerlicher besucht«.[228] Im Folgejahr heißt es in dem pfarramtlichen Bericht über die kirchlichen und sittlichen Zustände: »Die Wohnungsnot ist überwunden, die Arbeitslosigkeit ist furchtbar. [...] Die völkische [sic!] Bewegung ist auf das kirchliche Leben ohne Bedeutung geblieben. Die Gottlosen haben besonders in Krostitz gewühlt.« (ebd.) Mit den »Gottlosen« wird vermutlich auf die örtlichen Sozialdemokraten angespielt, die sich mitunter deutlich gegen die Kirchgemeinde positioniert hatten. Bei den Wahlen zum Elternbeirat betrieb der Gemeindekirchenrat, obwohl angeblich unpolitisch, mit Handzetteln offenen Wahlkampf:

> »Liebe christliche Eltern! Am Sonntag, den 26. Juni 1932 [...] ist Elternbeiratswahl in der Schule zu Hohenleina. Dazu sind zwei Listen aufgestellt, eine christliche = unpolitische Elternbeiratsliste [X.] und eine Kandidatenliste der prol[etarischen] Eltern [Y.]. [Y.] und Frau sind aus der Kirche ausgetreten, auch hat [Y.] seine Kinder von der Kirche und dem Religionsunterricht abgemeldet. Wer nicht am Sonntag in der Schule wählt, unterstützt damit auch unbewusst die Bestrebungen von [Y.]. Christliche Eltern, wenn Ihr Eure Kinder lieb habt, so erscheint Ihr [...] in der Schule und wählt Liste [X.].«[229]

Im Jahresbericht von 1932 wird außerdem die Völkische Bewegung erwähnt, der Parteien wie die NSDAP und die DNVP angehörten, denen aber Baentsch, obwohl er selbst deutschnational eingestellt war, keine Bedeutung für das kirchliche Leben zumaß. Ähnliches kann für den gesamten Eilenburger Kirchenkreis beobachtet werden, der nach der Machtübernahme Hitlers sich

---

[228] KK-Archiv Delitzsch, Kros 46, Bericht über die kirchlichen und sittlichen Zustände, 1931.
[229] KK-Archiv Delitzsch, Kros 46, Rundbrief des Gemeindekirchenrats Hohenleina (undatierte Blaupause). – Die Familiennamen wurden in eckigen Klammern durch den Verfasser unkenntlich gemacht.

rasend schnell in das neue System einfügte, kurz zuvor aber noch eine distanzierte Haltung zur nationalsozialistischen Bewegung einnahm. So heißt es in einem Protokoll der Kreissynode, die 1932 in Eilenburg abgehalten wurde:

> »11. Winternothilfe: 800 Portionen werden in Eilenburg täglich ausgegeben. Es wird um Kartoffeln, Speck u. s. w. gebeten. Bis auf die Nazis seien alle beteiligt.«[230]

Eine große Wertschätzung spricht nicht aus diesen Worten. Vielmehr war eine resignative Grundstimmung vorherrschend, die auch in all den Jahresberichten, die Baentsch bis 1932 verfasst hat, durchscheint. Fast wortgetreu wiederholt er immer wieder einen Satz: »Hemmungen: Die Gleichgültigkeit ist sehr groß.« »Trotz der ernsten Zeit gibt es noch unendlich viel Gleichgültigkeit.« Usw. Mit den Hemmungen sind Hinderungsgründe gemeint, warum das kirchliche Leben ins Stocken gerät und das Evangelium nicht frei laufen kann. Die Sehnsucht nach einem Aufbruch in all den sozialen Streitigkeiten und wirtschaftlichen Nöten der Zeit war groß.

Kirche im Nationalsozialismus

Und dann gab es ihn tatsächlich, den Aufbruch, der die ungeliebte, weil mühsame und unglückliche Demokratie der Weimarer Republik vom Platz fegte. Durch Wahlen kam die NSDAP mit ihrem Spitzenkandidaten Adolf Hitler an die Macht, ein Vorgang, welchen die Partei deutete als »nationale Revolution« und »völkische Erhebung«. Der stets virulente religiöse Nationalismus wurde fast schlagartig gesteigert zu einer Religion von Volk, Blut und Rasse, gebündelt in einem ikonoklastischem Führerkult. In den Kirchen aber gab es viele, die sich der Hoffnung hingaben, dass auch das Christentum von dieser Massenbewegung profitieren könnte. Es gründeten sich Bewegungen wie die der »Deutschen Christen« (DC), die die Kirche als Teil der nationalsozialistischen Bewegung umgestalten wollten. Mit vielen anderen Landeskirchen schließt sich auch die DC-geführte Kirchenprovinz Sachsen der neu begründeten Deutschen Evangelischen Kirche (DEK) unter Reichsbischof Ludwig Müller an. Dieser schreibt im DEK-Gesetzblatt mit pathetisch-energischen Worten an die Pfarrerschaft:

---

[230] KK-Archiv Delitzsch, Kros 46: Protokoll der Kreissynode.

»Gott hat es unserem Führer gegeben, unser Volk in einer geradezu ungeheuerlichen Kraftentfaltung umzubrechen und völlig neuzugestalten. Als nun der leidenschaftliche Wille unseres Volkes zur völligen Einheit mit Naturgewalt auch nach der Kirche griff, um Nationalsozialismus und Kirche zusammenzuschmieden, mußte für die Kirche eine alles umgestaltende Erschütterung kommen.«[231]

Etwas diffiziler und deshalb noch gefährlicher wirbt ein Artikel im Sonntagsblatt des Eilenburger Kirchenkreises mit der Idee einer Sonderoffenbarung:

»Wenn wir von fremden Völkern gefragt werden, was daran nun das Positive sein soll, das wir in dem Ausdruck positives Christentum benennen, so können wir wohl sagen, es handelt sich um die Erkenntnis, daß die Aneignung des christlichen Urgutes im deutschen Menschen ein Sonderstrahl des Offenbarungslichtes des ewigen göttlichen Wortes ist, und nicht der blasseste […] so ist die Verbindung zwischen Germanentum und christlichem Glauben zu einer Quelle geworden, in der sich die Welt schon öfter nicht nur rein gespiegelt, sondern auch tief erquickt hat.«[232]

Tatsächlich schlossen sich viele evangelische Pfarrer mit großer innerer Überzeugung dem neuen Kurs der Vermischung an. Dass sich auch Friedrich Baentsch den Hoffnungen einer deutsch-christlichen Erweckung hingab, kristallisierte sich schnell heraus. Als im Filialort Priester die beiden im 1. Weltkrieg eingeschmolzenen Glocken durch eine private Spende ersetzt werden konnten, wurden die beiden Neulinge wiederum mit einer Widmung offenbar auf Vorschlag von Baentsch versehen. »Zur Ehre Gottes« sollten sie beide erklingen, und gegossen sei die eine »im Lutherjahr 1934«, die andere »im Hitlerjahr 1934«. Damit nahm Baentsch Bezug auf das 400. Jubiläumsjahr der ersten vollständigen Ausgabe einer deutschen Lutherbibel, zum anderen auf das einjährige Jubiläum der Machtergreifung Hitlers. Am Himmelfahrtstag, der für den 10. Mai 1934 erstmalig zum gesetzlichen Feiertag erklärt worden war, holte

---

[231] Ludwig Müller, Wort des Reichsbischofs an die Pfarrer. Vom 24. März 1934, in: Gesetzblatt der Deutschen Evangelischen Kirche 9/1934, 21.
[232] F. B. [Name des Verfassers unbekannt], Vom Wesen deutschen Christentums. Nach einer Rundschau auf andere christliche Völker, in: Unser Sonntag. Heimat=Kirche. Evangelisches Gemeindeblatt für den Kirchenkreis Eilenburg, (11/1935) 3.

man um 6.30 Uhr mit großem Festumzug die beiden Glocken nach Priester. Man sang »Sei Lob und Ehr« und »Lobe den Herren«, dann erfolgte die Ansprache. In einem Zeitungsbericht heißt es[233]:

> »*Sodann ergriff Pfarrer Baentsch das Wort zu einer Ansprache, der er das Evangelium am Himmelfahrtstage, Markus 16, Vers 14-20 zugrunde legte. Seine Mahnung erging an die Gemeinde, das Wort: ›Gehet hin in alle Welt und predigt das Evangelium‹ in die Tat umzusetzen, was jetzt dank der Führung Adolf Hitlers wieder leichter geworden ist. Deutsch sei die Sprache der Glocken.*«

Wie die erste Glocke hinaufgezogen wurde, sang ein Chor: »Gott lob! Nun holten wir sie ein, die uns zu unsers Herzens Pein im Kriege einst genommen.« Beim Aufzug der anderen Glocke sang man: »Wir danken Gott, der voller Gnad, in Hitler uns den Führer gab, daß wir nach langer Klage nach Kämpfen hart und gar sehr schwer im Glauben und mit Beten hehr nun sehen bessre Tage. Gläubig, einig heilge Zeiten voller Freuden wir erflehen. Im Gebet vor Gott wir stehen.«[234] In der Woche darauf beantwortete Baentsch einen Brief von Friedrich Schirmer, der als gebürtiger Hohenleinaer und emeritierter Oberbürgermeister Wittenbergs zahlreiche Fragen zum Altar der Laurentiuskirche gestellt hatte – insbesondere zu den stark gedunkelten und kaum noch lesbaren Inschriften unter den allegorischen Figuren[235]:

> »*Unter dem von Ihnen genannten Standbild stehen die Worte: ›Glaube richtig‹. [...] Ich habe auch sehr wenig Zeit nachzusehen. Die arische Abstammung nimmt gar zu viel Zeit in Anspruch. Auch hatte ich in letzter Zeit sehr viel zu tun, da Priester neue Glocken erhalten hat.*«

Zu dieser Zeit war die Ausgrenzung »nichtarischer« Menschen längst schon das tägliche Geschäft in den Amtsstuben. Dabei betrieb Baentsch für einige

---

[233] Aus Gerhard Rühl, Ortschronik der Gemeinde Priester, maschinengeschriebenes Manuskript, o. O. XVII-IXX (im Pfarrarchiv Krostitz). Leider fehlt in der Chronik die genaue Quellenangabe, vermutlich handelt es sich ebenfalls um einen Artikel aus: Unser Sonntag.
[234] KK-Archiv, Kros42.
[235] Brief von Friedrich Baentsch an Friedrich Schirmer vom 16. Mai 1934, Pfarrarchiv Krostitz.

ortsbekannte Personen außergewöhnlich umfangreiche Recherchen, die sich zu narrativen Familienchroniken auswuchsen. Die Aktivitäten überschlugen sich, ein nüchternes Prüfen des »Glaube-richtig« fand nicht mehr statt. Im Frühjahr darauf startete er eine Baumpflanzaktion, die bis heute die Ansicht von Hohenleina und der Kirche prägt. Der Weg über den Kirchhof zur Priesterpforte wurde mit zwei Reihen Pyramideneichen bepflanzt. Die Aktion startete am 10. April 1935 und endete am Palmsonntag, vier Tage später, mit der Pflanzung der letzten Eiche vor der Kirchentür durch die frisch Konfirmierten. Ob man die Erinnerung an eine angeblich »nordisch-germanische Kultstätte mit altheiligen, hohen Bäumen« (F. Schirmer) beschwören wollte?[236] Einen Monat darauf wurde das 25jährige Jubiläum der Frauenhilfe gefeiert. Diese war 1910 durch Pastor Obermann gegründet worden, zählte im ersten Jahr 34 Mitglieder und hatte sich vor allem in der Armen- und Krankenpflege engagiert – nicht zuletzt durch die Errichtung der Hohenleinaer Schwesternstation im Mai 1913. Zur Silbernen Jubiläumsfeier zogen die Besucher durch die frischgepflanzte Allee in eine außerordentlich reich geschmückte Kirche: Mit Birkenzweigen war der Chor und das ganze Kirchenschiff begrünt, Girlanden umrahmten die Jubiläumszahl an der Kanzel und das Hakenkreuz unter der Orgelempore. Ein Foto mit ausradiertem Emblem ist vermutlich nur deshalb im Album der Familie Baentsch erhalten geblieben, weil man die arbeitsintensive Gestaltung in Erinnerung behalten wollte. Neben der geschmückten Kanzel waren zwei großformatige Plakate angebracht, die wohl über den Jubiläumstag hinaus den Kirchenraum bestimmten. Das eine führte unter einem martialischen Lutherbild die Aufschrift »Gottes Wort deutsch« – eine Erinnerung an den nationalistischen Bibeltag, der 1934 in Halle stattgefunden hatte, zugleich an den Titel der deutschchristlich zurechtgestutzten Bibelausgabe von Hans Schöttler[237]. Darunter ein Plakat mit

---

[236] Im Pfarrarchiv finden sich mehrere Fotos und die Abschrift einer von Baentsch verfassten Urkunde, die in einer Flasche unter die letzte Pyramideneiche eingegraben wurde. Darin heißt es lediglich: »Gott gebe, daß die Bäume stattlich heranwachsen, die Sinne der Menschen durch ihren schlanken Wuchs nach oben gerichtet werden, der Kirchhof aber noch recht viele, viele Jahre ausreichen möge!". – Ergänzend ließ Baentsch am 18. Februar 1936, dem 390. Sterbetag des Reformators, an den Ostrand des Friedhofs eine Luthereiche pflanzen.
[237] Gottes Wort deutsch. Aus Luthers Bibel nach Luthers Regel in Luthers Geist ausgewählt und den deutschen Gottsuchern und Gottesfreunden im Jubeljahr der

Kreuz und dem Zitat aus Jeremia »Wohl dem Volk, des Gott der Herr ist« – welches in dem gesetzten Zusammenhang und unter dem Lutherbild auf das deutsche Volk zu beziehen war.

Abb. 59 Der geschmückte Innenraum der Kirche im Jubiläumsjahr 1935.

Im Gemeindeblatt des Eilenburger Kirchenkreises wird berichtet, wie die Feier im Mai 1935 in der Kirche begann und dann mit einer Nachversammlung von 300-400 Frauen im Saal des Gasthauses Kirsten fortgesetzt wurde[238]. Zahlreiche Grußworte ergingen, Geschenke wurden überreicht und der national-sozialistische BDM führte zwei Volkstänze auf. Schließlich spricht Baentsch als Ortspfarrer über die Geschichte des Vereins. Er erinnert daran, dass die Frauenhilfe »sich in der Notzeit der Bedürftigen energisch angenommen« habe

---

deutschen Bibel gewidmet von Professor D. Hans Schöttler Generalsuperintendant i.R. Wittenberg 1934, in Kommission des Säemann=Verlages, Berlin W 35.

[238] Art. Ein Vierteljahrhundert Evangelische Frauenhilfe, in: Unser Sonntag. Heimat-Kirche. Evangelisches Gemeindeblatt für den Kirchenkreis Eilenburg (11/1935) 7. – Der gesamte Artikel könnte vom Duktus her von Friedrich Baentsch stammen, der Verfasser bleibt aber ungenannt.

und in der Nachkriegszeit sowohl »für die Aufführung guter Filme gesorgt« als auch sich »an den vaterländischen Abenden beteiligt« hat. Schließlich deutet er die Frauenhilfsarbeit auf die nationalsozialistische Bewegung hin:

>*In den Jahren vor der Machtergreifung des Führers bildete die Frauenhilfe eben durch ihren Zusammenschluß evangelischer Frauen das stärkste Bollwerk gegen die Gottlosigkeit. Nach der Machtergreifung unseres herrlichen Führers übernahm die Volkswohlfahrt die Liebestätigkeit, die NA.- Frauenschaft die Pflege des vaterländischen Geistes, die Evangelische Frauenhilfe besann sich nun wieder voll und ganz auf ihre ureigenste Tätigkeit, die Verkündigung des Evangeliums.*«

Der Hinweis auf die nationalsozialistische Volkswohlfahrt hat den Hintergrund, dass dieselbe im evangelischen Jugendheim bereits einen sogenannten Erntekindergarten (den Vorläufer des Krostitzer Kindergartens) eingerichtet hatte, ohne dass dafür an die Kirchgemeinde irgendeine Entschädigung ergangen wäre[239]. Der Hauptvortrag wurde von dem Leiter der hallischen Stadtmission, Pastor Finck, gehalten, der eine typisch optimistische Vision von dem Zusammengehen von Christentum und Nationalsozialismus entwickelte:

>*Ohne Christus stürzt unser Volk in die Not der Sünde, darum müssen wir alle mithelfen, glauben, hoffen, beten, opfern. Wenn die Frauen in wahrem christlichem Geiste mitarbeiten, wird das Werk des Führers gelingen und die Kirche bestehen.*«

Daraufhin endete die Versammlung »mit einem dreifachen Siegheil auf den Führer« – und mit dem »Frauenhilfslied«. Um welches Lied es sich dabei

---

[239] Das freiwillige und frühzeitige Engagement der Kirchgemeinde für die NSV wird zwar mehrfach gerühmt, allerdings gab es später auch die staatliche Forderung durch Erlass des Reichsministers für die kirchlichen Angelegenheiten, Hanns Kerrl, der »den Kirchen anheim stellt, Pfarrländereien für Siedlungszwecke und andere öffentliche Bauten soweit wie möglich zur Verfügung zu stellen.« Die NSDAP-Ortsgruppe Hohenleina erinnerte die Kirchgemeinde an diesen Erlass, als sie auf der Suche nach einem Gelände für den Bau eines »HJ – Heimes« war (KK-Archiv Delitzsch, Krostitz 44, Brief vom 23.03.1937).

handelte, ist nicht ganz klar[240]. Unter den Baentsch-Archivalien findet sich an dieser Stelle allerdings eine Blaupause des Frauenschaftsliedes des NSF – der nationalsozialistischen Frauenschaft, in dessen zweiter Strophe es heißt: »Völkischen Geist verbreiten, Hungernde zu erfreuen, Frierende wieder kleiden soll unser Streben sein. Deutsche Frauen lieben fremde Rassen nicht. Treu dem Hakenkreuze ist auch unsere Pflicht.« Die Gleichschaltung kirchlicher Vereine und Arbeitskreise erfolgte nicht einfach von außen, sondern aus innerem Antrieb und Überzeugung heraus.

Abb. 60 An der Orgelempore ein Kranz mit Hakenkreuz (1935), welches man später aus dem Foto gekratzt hat. (Unter der Empore ist hier noch der freie Zugang zum Westchor erkennbar.)

Allerdings zeigten sich bald schon Risse in dem Verhältnis zum nationalsozialistischen Staat. Ab Mitte der 1930er Jahre setzten sich innerhalb der

---

[240] Es könnte sich auch um das in Frauenhilfen dieser Zeit beliebte »Lobt Gott getrost mit Singen« handeln, dass dem 1935 erschienenen Gesangbuch der Frauenhilfsarbeit den Namen gab.

NSDAP immer stärker die kirchenfeindlichen Kräfte durch[241]. So führte am 26. November 1936 der Reichsinnenminister Frick in den Einwohnermeldeämtern die Bezeichnung »gottgläubig« ein. Mit dieser Bezeichnung sollte eine religiöse Identifikationsformel für Nationalsozialisten geschaffen werden, die aus den Kirchen ausgetreten waren. Immer stärker demonstrierte man in den nationalsozialistischen Verbänden eine ideologische Überlegenheit gegenüber den christlichen Glaubensgemeinschaften. In Hohenleina war dies bald schon nicht mehr zu übersehen – und auch nicht zu überhören.

Zeitzeugenbericht

»An manchen Sonntagen marschierte die Hitlerjugend durchs Dorf. Man startete am HJ-Heim in der Körnerstraße, zog an Friedhof und Kirche vorbei zum Unterende und dann wieder zurück, oder außen herum am Adolf-Hitler-Platz entlang. Dort hatte man das alte Spritzenhaus abgerissen, ein Spalier Pappeln gepflanzt und zwischen zwei Fahnenstangen einen Stein mit Hakenkreuz gesetzt. Die HJ-Führer wählten den Zeitpunkt für die Umzüge oft so, dass in der Kirche gerade Gottesdienst war. Voran zog ein Fanfarenzug, der aus 15 bis 18 Bläsern und 6 oder 7 Trommlern bestand; es wurde so laut gesungen und gespielt, dass die Gottesdienstbesucher und der Pfarrer es hören mussten. Einige HJ-Führer zeigten sehr deutlich ihre Haltung gegen die Kirche.«

Werner Elze, Jahrgang 1928

Den Hintergrund solcher Vorgänge erhellt der Erlass des Reichsjugendführers Baldur von Schirach vom 18. Juni 1937, welcher unter der Überschrift »Hitler-Jugend und Kirche« im Mitteilungsblatt der DEK unkommentiert abgedruckt und

---

[241] Neben Martin Bormann, Heinrich Himmler und Alfred Rosenberg zählte auch Adolf Hitler selbst zu den Vertretern der antikirchlichen Richtung. In einem Tischgespräch vom 13. Dezember 1941 äußert er sich im engeren Kreis zur Kirchenfrage: »Der Krieg wird ein Ende nehmen. Die letzte Lebensaufgabe unserer Zeit ist dann darin zu sehen, das Kirchenproblem noch zu klären. (...) Die organisierte Lüge muss derart gebrochen werden, dass der Staat absoluter Herr ist. In meiner Jugend stand ich auf dem Standpunkt: Dynamit! Erst später sah ich ein, dass man das nicht über das Knie brechen kann. Es muss abfaulen wie ein brandiges Glied. So weit müsste man es bringen, dass auf der Kanzel nur lauter Deppen stehen und vor ihnen nur alte Weiblein sitzen.« (Zitat veröffentlicht in der Ausstellung zum Kirchlichen Entjudungsinstitut im Eisenacher Lutherhaus; 06.02.24).

somit als gegeben hingenommen wurde. Darin heißt es, dass »eine Vernachlässigung des Pflichtdienstes der Hitler-Jugend zugunsten einer konfessionellen Betätigung [...] als ein disziplinarisches Vergehen gegenüber der Autorität der Hitler-Jugend aufgefaßt [wird]«[242]. In »außergewöhnlichen Fällen« könne aber »Urlaub gewährt« werden, wobei das Entscheidende erst im Nachsatz benannt wird: »Für sogenannte Wochenendveranstaltungen der Kirchen wird nur dann Urlaub gewährt, wenn sie nicht mit dem HJ.-Dienst zusammenfallen.« Die entscheidende Stoßrichtung geht also gegen den Gottesdienst, der nur noch als »Wochenendveranstaltung« ins Blickfeld rückt. Entgegen den scheinbar vermittelnden und dennoch herablassenden Tönen zu Beginn des Erlasses, wonach »ein deutscher Junge« trotz HJ-Pflichtdienst auch genügend Zeit hätte, sich von einer Konfession »betreuen zu lassen«, wird späterhin gedroht, dass der ungenehmigte Besuch einer kirchlichen Veranstaltung für Angehörige der Hitler-Jugend (Jungvolk, Bund Deutscher Mädel, Jungmädel) »nach strengsten Maßstäben bestraft« wird.

Abb. 61 Aufmarsch von SA, RAD, HJ, BDM und der Brauerei-Belegschaft zur Einweihung des Adolf-Hitler-Platzes am 30. August 1937.

---

[242] Mitteilungsblatt der Deutschen Evangelischen Kirche, Jahrgang 2/Nr. 3 (24. Juli 1937) 15.

Mit spürbarer Verbitterung spricht Baentsch auch über das Verhalten der NSV (die Nationalsozialistische Volkswohlfahrt) gegenüber der Kirchgemeinde. Als im Dezember 1937 durch ein Versehen das Jugendheim abbrennt und die verkohlten Balken des Dachstuhls im großen Versammlungsraum liegen, verweigert die NSV, die das Haus unentgeltlich als Erntekindergarten nutzen durfte, eine Beteiligung am Wiederaufbau. Auf die Bitte des Kirchenvorstands antwortet ein Vertreter der NSV, dass »aus weltanschaulichen Gründen [...] der Erntekindergarten nicht wieder in kirchlichen Räumen kommen [könne]«[243]. Der Versammlungsraum wird nach der mühsam finanzierten Instandsetzung, bei der Baentsch selbst mit anfasst und die Hakenkreuzfahne auf dem Giebel weht, in »Kirchgemeindesaal« umbenannt, an dessen Wand der Spruch prangt: »Seid fromm und deutsch.« In der Einweihungsrede am 5. August 1938 dankt er nicht nur den Arbeitern und dem Bauleiter, sondern auch »userm herrlichen Führer, den Baumeister des Deutschen Reiches ... daß er Deutschland größer gemacht hat, ohne das Blut vergossen ist. Bitte zum Allmächtigen steigt zum Himmel empor, daß Gott unseren Führer segnen wolle, daß wir unter seinem Schutz ein stilles und ruhiges Leben führen mögen in aller Gottseligkeit und Ehrbarkeit.«[244] Fast klingt die Bitte wie eine Beschwörung vor dem Vernichtungskrieg, auf den Hitlerdeutschland längst schon zusteuerte. Die Kirchgemeinde und voran ihr Pfarrer sind zu dieser Zeit bemüht, sich noch stärker als eifrige Deutsche im Sinne des nationalsozialistischen Staates zu zeigen. Deshalb wehrt sich Baentsch auch bei der zum 1. April 1939 erfolgten Eingliederung der Gemeinde Hohenleina in die Gemeinde von Krostitz (Groß- und Kleinkrostitz) gegen die »Ausmerzung« des Pfarramts Hohenleina, weil doch dieser Name entgegen dem slawisch klingenden »Krostitz« einen deutschen Klang hätte und auch die Ortsgruppe der NSDAP weiterhin »Ortsgruppe Hohenleina« heiße. »Zur Wahl des Namens Krostitz führten, soviel ich weiß, lediglich wirtschaftliche Gründe

---

[243] Brief von Baentsch an Amtsbruder vom 06.02.1940, Pfarrarchiv Krostitz. – Die NSV-Ortsgruppe verfasst lediglich ein Empfehlungsschreiben für eine Baubeihilfe durch die Bezirksregierung, in der es heißt: »Die Pfarrgemeinde Hohenleina-Priester hat seit 1933 freiwillige, bereitwilligst und unentgeltlich [sic!] ihr Jugendheim der NSV. zur Abhaltung von Sitzungen in Sonderheit für das Kinderwiegen [... und] für den Kindergarten zur Verfügung gestellt.« (KK-Archiv Delitzsch, Krostitz 44, Schreiben vom 20.01.1938).
[244] KK-Archiv Delitzsch, Krostitz 44: Bericht »Richtefest in Hohenleina«, S. 2.

(Brauerei), für das Pfarramt aber dürften ideelle Gründe (Deutschtum) ausschlaggebend sein.«[245] Dem Antrag wird stattgegeben.

Diese Reaktionen sind typisch für viele Deutsche Christen und ihre Sympathisanten, die sich gegen die zunehmende Kirchenfeindschaft dergestalt wehren, dass sie sich als die besseren Nationalsozialisten darstellen. Parallel versuchte man mit wissenschaftlichem Anspruch die Vereinbarkeit von Nationalsozialismus und Christentum zu beweisen. Zu diesen Versuchen zählten neue Bibelausgaben wie das 1934 pünktlich zum Deutschen Bibeltag erschienene »Gottes Wort Deutsch«. Diese Ausgabe, die auch in der Hohenleinaer Kirche beworben wurde, stammt von dem emeritierten Wittenberger Generalsuperintendenten und DC-Mitglied Hans Schöttler. Schöttler nahm keine komplette Neuübersetzung vor (»aus Luthers Bibel«), sondern wählte bestimmte Bibelabschnitte aus, denen er mit markanten Überschriften eine bestimmte Stoßrichtung verlieh. So wird der Abschnitt 1. Mose 2,8-25 von ihm betitelt mit »Boden und Blut, die Gottesgaben der freien Heimat«, (darin ändert er den Namen »Eden« um und übersetzt »Garten im Ostland«). Das 6. Genesiskapitel ist überschrieben mit »Wehe der Rassenschande – sie verderbte die Menschheit!«, und Jesaja 11 »Der kommende Führer«.[246] Es verwundert nicht, dass Schöttler schon bald nach der Gründung des Eisenacher »Instituts zur Erforschung und Beseitigung des jüdischen Einflusses auf das deutsche kirchliche Leben« diesem als freier Mitarbeiter beitrat. Das 1939 von 11 evangelischen Landeskirchen gegründete Entjudungsinstitut erarbeitete unter anderem ein Gesangbuch, einen Katechismus und eine Bibel, die von allen Einflüssen des Judentums »gereinigt« waren und einen nichtjüdischen Jesus präsentierten. Die ersten vier

---

[245] KK-Archiv Delitzsch, Krostitz 1.

[246] [Hans Schöttler], GOTTES WORT DEUTSCH, aus Luthers Bibel, nach Luthers Regel, in Luthers Geist ausgewählt und den deutschen Gottsuchern und Gottesfreunden im Jubeljahr der deutschen Bibel gewidmet von Professor D. Hans Schöttler, General-superintendent i. R., Wittenberg/Berlin 1934. - Im Gemeindeblatt für den Kirchenkreis Eilenburg werden mehrere Artikel von Hans Schöttler abgedruckt, unter anderem über den Beruf des »Wehrmanns«, in welchem er für die Sicht wirbt, dass die Wiedereinführung der Allgemeinen Wehrpflicht durch »unser[n] großen Führer und seine[r] Mitarbeiter« ein Werk Gottes sei. (Ders., Zur Lebensführung: Jeder Beruf sei Gottesdienst! Der Wehrmann – ein Helfer zum Frieden!, in: Unser Sonntag. Heimat-Kirche. Evangelisches Gemeindeblatt für den Kirchenkreis Eilenburg (11/1935) 2.

Verbandsmitteilungen ergingen an alle Geistlichen der DEK und auch an das Hohenleinaer Pfarramt. Die Herausgeber machten deutlich, dass die Arbeit des Instituts nicht nur theoretischer Natur sei, sondern sich einfügen müsse in den »großdeutschen Schicksalskampf, der ein Kampf gegen das Weltjudentum [...] ist«.[247]

Ob man neben der sichtbaren Entrechtung und Deportation jüdischer Menschen auch deren Ermordung ahnte oder gar billigend in Kauf nahm? Die Beantwortung dieser Frage fällt deshalb so schwer, weil in ihr noch die geschickte Politik des Halbwissens nachwirkt, die der Staat schon im Bereich der Euthanasiemorde an kranken und behinderten Menschen erprobt und durchgeführt hatte[248]. Ein Pfarramtskollege von Friedrich Baentsch wusste erstaunlich gut über das »öffentlich bekannte Geheimnis« Bescheid. Der um 15 Jahre ältere Walter Köppe war fast zeitgleich mit Baentsch in den Eilenburger Kirchenkreis gekommen und versah bis 1958 das Pfarramt in Doberschütz. Die Art der Verbindung zwischen Baentsch und Köppe liegt im Dunkeln. Fest steht nur, dass dieser eine Vielzahl an persönlichen Unterlagen dem Hohenleinaer Kollegen anvertraute, von denen etliche wohl auch in der Gemeinde zum Einsatz gekommen sind, wie aus den jeweiligen Kopien zu schließen ist. Köppe war bei seiner Dorfjugend beliebt für seine forsche und sportliche Art, zugleich zeigt eine von ihm angelegte Sammlung von kommentierten Zeitungsausschnitten, Briefen und Notizen einen vielfältig an außenpolitischen, naturwissenschaftlichen und philosophischen Themen interessierten Menschen[249]. Köppe war aber auch Mitglied im Deutschen Fichte-Bund e.V. – dem »Reichsbund für den Kampf gegen Versailles«, der antisemitische Schriften und Flugblätter mehrsprachig erstellte, um sie in Deutschland und im europäischen Ausland zu verbreiten. Nach der Wahl Hitlers beteiligte sich Köppe als feuriger Redner an den politischen Festveranstaltungen zur neuen Reichsgründung und an den

---

[247] W. Grundmann, in: Germanentum, Christentum und Judentum, Bd. 2, Eisenach 1942.

[248] Nicht nur die Vergasungstechnik wurde vor der Massenermordung jüdischer Menschen an Behinderten erprobt, sondern auch die Mechanik des Halbwissens, - detailliert beschrieben und dokumentiert in: Götz Aly, Die Belasteten. »Euthanasie« 1939-1945. Eine Gesellschaftsgeschichte, Frankfurt a. M. 2014.

[249] Siehe dazu im Pfarrarchiv Krostitz den Hefter zu Walter Köppe mit ungeordneten Archivalien, die vermutlich Friedrich Baentsch anvertraut gewesen waren und über diesen in das Kirchenarchiv gelangten.

Fackelumzügen, an deren Ende die Fahne der Weimarer Republik verbrannt und die Fahnen des neuen Deutschlands in die Kirche geholt wurden. Mehrere Blaupausen zeigen auch, dass er die Liturgie der DC-Feierstunden unter Reichsbischof Müller für die Doberschützer Kirchgemeinde kopierte. Bereits Anfang 1935 besuchte er dann einen hochrangigen »Pfarrerkurs« in Berlin, dessen Seminareinheiten fast ausschließlich von den wissenschaftlichen Mitarbeitern und Leitern des Kaiser-Wilhelm-Instituts für Anthropologie, menschliche Erblehre und Eugenik in Berlin-Dahlem verantwortet wurden[250]. Auf dem Stundenplan, auf dem Köppe Zug-Abfahrtszeiten und Literaturbestellungen notierte, finden sich Themen wie »Rassenhygiene im völkischen Staat; Positive Bevölkerungspolitik; Auslese; Erblichkeit von Krankheiten; Entartung, Gegenauslese; Verhütung erbkranken Nachwuchses; Eheberatung; Rassengliederung; Erblichkeit psychischer Eigenschaften; Rasse und Kultur«. Unter den Referenten Fritz Lenz, ein Ideengeber für Hitlers »Mein Kampf« und beteiligt an den Beratungen zu den Euthanasiemorden, und Otmar von Verschuer, der Doktorvater von Gerhart Stein und Josef Mengele. Was man durch solch eine Veranstaltung bei den Pfarrern erreichen wollte, kann nur vermutet werden. Neben den Aufgaben der Eheberatung und rassischer Ahnenforschung wollte man wohl auch geeignete Pfarrer als Multiplikatoren für die Idee vom »gesunden Volkskörper« gewinnen. Dass bei Köppe dieses Gedankengut auf fruchtbaren Boden fiel, belegt ein maschinenschriftlicher Brief zur Euthanasiefrage, den er am 25. Oktober 1941 offenbar an seine Tochter Gisela richtete, der aber nicht nur als Privatbrief gedacht war, sondern in mehreren Blaupausen wohl auch weitergereicht werden sollte und so auch nach Hohenleina gelangte. In dem fünfseitigen Brief berichtet er über den Besuch des Propagandafilms »Ich klage an« und diskutiert differenziert dessen Argumente für die »Sterbehilfe«. Am Ende heißt es:

„Nun scheint der Film Propaganda machen zu wollen für die Beseitigung minderwertigen Lebens. Es gehen da allerlei Gerüchte um. Wenn man nicht ganz bestimmte Tatsachen als Beweise hat, soll man sie nicht weitergeben. Bei der Verhaftung von Pfarrer W. scheint die Sache doch anders zu liegen. Er

---

[250] Pfarrarchiv Krostitz, Hefter zu Walter Köppe (ungeordnet), »Stundenplan. Pfarrerkurs vom 5.-7. Februar 1935«, maschinenschriftlich mit Handnotizen. – Fünf der acht Referenten sind feste Mitarbeiter am Kaiser-Wilhelm-Institut.

ist vor allem Opfer der Schwatzhaftigkeit und Sensationslüsternheit der von ihm angestellten Gemeindeschwester geworden, einer Wittenberger Diakonisse, die alle bösen Gerüchte, auch militärischer Art (!), in den Häusern und am Kaffeetisch verbreitet hat, ohne jeden Beweis für ihr Gerede antreten zu können. Sie sitzt im Gefängnis [...] Darum möchte ich mich auch nicht über die Entleerung der Heilanstalten äußern. Manches scheint widerrechtlich zu sein. Anderes bei der Notlage des Volkes berechtigt, wenn man das Volk als einen *Körper auffaßt, von dem der Arzt nach gewissenhafter Prüfung brandige Glieder abtrennt. In einem Rechtsstaat ist eine gesetzliche Regelung unbedingt erforderlich, und da hat der Film ICH KLAGE AN vollkommen recht. Mit herzlichen Grüßen Dein getr.«[251]*

Bei dem »Pfarrer W.« handelte es sich um Martin Willing, Pfarrer in Klein-Wölkau, Groß-Wölkau und Krensitz, bei der Gemeindeschwester um die Diakonisse »Schwester Frieda«, die von der örtlichen Frauenhilfe angestellt worden war.[252] Am 10. Oktober 1941 war Willing zusammen mit Schwester Frieda von der Gestapo »in Schutzhaft« genommen worden. Beide wurden zunächst nach Halle gebracht. Willing kam in das Zuchthaus Roter Ochse und wurde kurz vor dem 5. November mit erheblichen gesundheitlichen Schäden entlassen. Eine offizielle Anklage hatte man in der gesamten Zeit nicht erhoben, so kehrte er in den Gemeindedienst zurück und wurde anfangs intensiv durch seine Tochter und auch durch Friedrich Baentsch unterstützt. Von Schwester Frieda aber verliert sich jede Spur. Der Superintendent Heinzel teilt lediglich dem Diakonissenhaus mit, dass die Behörden die zukünftige Besetzung des Amtes durch eine kirchliche Person ablehnen. Im März 1942 kursieren Gerüchte, dass die »frühere Gemeindeschwester« aus der Haft entlassen worden sei, aber keine der involvierten Seiten kann dies bestätigen. Beide, Schwester Frieda und Martin Willing, gehörten zu den wenigen, die wie etwa Paul Gerhard Braune oder der katholische Bischof von Galen das Schweigen über die Euthanasiemorde gebrochen hatten. Interessant ist die Reaktion von Köppe, die hinter das vorgeschobene Nichtwissen blicken lässt. Er bagatellisiert zwar die »Gerüchte« als Kaffeetischklatsch und Sensationslüsternheit und fordert »Tatsachen als

---

[251] Pfarrarchiv Krostitz, Hefter zu Walter Köppe (ungeordnet), Brief vom 25. Oktober 1941 »An meine Gisela«, Doberschütz über Eilenburg (maschinenschriftlich, unnummeriert).
[252] Hierzu und folgend: KK-Archiv Delitzsch, Wölk 9D, (Briefverkehr unnummeriert).

Beweise«, andererseits weiß er aber ganz genau »über die Entleerung der Heilanstalten« Bescheid – ja, er setzt diese sogar als allgemein bekannt voraus. Und er befürwortet deutlich die Tötung »minderwertigen Lebens«. Mit der Metapher vom Volkskörper dehumanisiert er Menschen als »brandige Glieder«, die von einem »Arzt« abgeschnitten werden müssen – lediglich eine gesetzliche Regelung bräuchte es dafür zukünftig »in einem Rechtsstaat«. Innerhalb dieser Logik ist es dann auch folgerichtig, dass im Sinne der »Rassenhygiene« (siehe Berliner Pfarrerkurs) auch jüdische Menschen als schädliche Körperteile diagnostiziert und entsprechend behandelt werden. Für das Gewissen aber genügte es, wenn man sich auf das Halbwissen über sogenannte Gerüchte berief und die mörderische Arbeit andere tun ließ.

Aber wie konnte ein evangelischer Pfarrer, der doch an den jüdischen Schriften des Alten und Neuen Testaments geschult worden war, der die Bergpredigt Jesu kannte und die Psalmen, die dankbar die Barmherzigkeit Gottes besingen, derartigen Überzeugungen anhängen und im frommen Schafskleid den gewaltsamen Tod kranker, behinderter und wohl auch jüdischer Menschen befürworten oder nur auch dulden? Und so viele mit ihm? Weder Baentsch noch Köppe waren Mitglieder in der Nationalsozialistischen Arbeiterpartei, aber dennoch begeisterte Hitleranhänger. Tatsächlich verformte die deutsch-christliche Ideologie nicht nur Bibel, Gesangbuch und Christusbild, sondern ersetzte ganz und gar den jüdischen Jesus Christus durch ein messianisches Bild vom Führer. Auch davon gibt Walter Köppe ein Beispiel, wenn er über das Huldigungsgedicht »Der Führer« von Will Vesper einen langen religionswissenschaftlichen Vortrag zum Thema der Handauflegung ausarbeitet. In dem im August 1941 in Leipzig veröffentlichten Gedicht heißt es:

»Eine Hand, die Segen ausströmt, liegt unsichtbar dir auf dem Haupte. Als du vortratest, ein Mann aus dem Volke, sahen nur sieben, wie von dir ein Glanz ausging, und eine Kraft über Menschenkräfte. Aber dann sahen es hundert, dann tausend und zuletzt Millionen: dein Volk sah es! Und langsam dämmert's der ganzen Welt: dieser Mann ist seinem Volke von Gott gesendet. Was er anrührt, hat Segen [...].«[253]

---

[253] Will Vesper, Der Führer, in: Die Neue Literatur, 08/1941, 191.

Unverhohlen wird der »Führer« als gottgesandter Messias für »sein Volk« verehrt. Den daran aufgebauten religionswissenschaftlichen und ebenfalls der Führeridee huldigenden Vortrag könnte Köppe auf einem Treffen des Pfarrervereins, der Frauenhilfen oder auf einem Konvent gehalten haben[254]. Die Vielzahl an Blaupausen, die sich von dem Gedicht auch in den Unterlagen von Friedrich Baentsch befinden, deuten darauf hin, dass das Gedicht ebenso im gemeindlichen Kontext in Krostitz eingesetzt wurde. Wann dies geschah, kann nur vage eingegrenzt werden, aber es spricht vieles für eine Nähe zur Entstehungszeit, die auf den Blaupausen ausdrücklich mit »1941« vermerkt ist. Der erste Schock über den Kriegsbeginn, der durch den Überfall Deutschlands auf Polen am 1. September 1939 einsetzte, war in der breiten Bevölkerung bald einer taumelnden Begeisterung gewichen. Denn in nur wenigen Wochen war der polnische Nachbar, nachdem am 17. September auch die Sowjetunion von Osten her angegriffen hatte, von dem militärischen Übergewicht brutal überrollt worden. Die darauf durchgeführten Gewaltakte gegen Dänemark, Norwegen, Niederlande und Belgien, vor allem aber der rasche Sieg über Frankreich nährte den schwärmerischen Glauben an die Genialität Hitlers. Die Aussage in dem Gedicht von Will Vesper »Was er anrührt, hat Segen« ist durch die zeitliche Setzung besonders auf die militärischen Erfolge zu beziehen. Kurz vor der Veröffentlichung hatte Hitler am 22. Juni 1941 den Angriff auf die Sowjetunion befohlen. Der zunächst schnelle Vormarsch befeuerte die entsprechenden Erwartungen in der breiten deutschen Bevölkerung. Wenn aber auch in der Krostitzer Gemeinde mit solch einem Huldigungsgedicht die militärischen Überfälle als »Segen« bezeichnet wurden, dann musste sich auch in der Einstellung eines Friedrich Baentsch entscheidendes verändert haben: Hatte er am 5. August 1938 noch den »herrlichen Führer« gerühmt, der »Deutschland größer gemacht hat, ohne das Blut vergossen ist«, so wurde jetzt auch dieses Blut in Kauf genommen und gerechtfertigt. Der große Stimmungsknick in der Führerbegeisterung erfolgte allgemein erst im Winter 1943 durch die Niederlage

---

[254] Auch die wiederholte Darbietung ist denkbar, denn Köppe hatte schon zuvor solche Vorträge in den genannten Kreisen mehrfach verwendet, so etwa ein Vortrag über Gorch Fock oder über die Augsburger und Oberammergauer Passionsspiele »in kunstgeschichtlicher, kirchengeschichtlicher und religionspsychologischer Gegenüberstellung«. In all diesen Fällen legt er bei der Ausarbeitung (jeweils 6-10 maschinengeschriebene DinA4-Seiten) Wert auf ein wissenschaftliches Herangehen.

und Vernichtung der 6. Armee in Stalingrad. Von Baentsch finden sich aus den verschiedenen Kriegsphasen kaum eigene Zeugnisse. Die Trauerfeiern, die in Abwesenheit der Toten durchzuführen waren, häuften sich, ebenso die ausgeschnittenen Gefallenenanzeigen, die er in die Kirchenbücher einlegte. Gelegentlich erwähnt er in Briefen die Frage, ob nicht auch er noch als Reservist eingezogen wird. Er hält es für möglich. In das Pfarrerbuch der Kirchenprovinz Sachsen notierte er die Gefallenenzahlen der Kollegen: »Am 1.1.1944 eingezogen 9496 [ev. Pfarrer deutschlandweit] ... bis Dezember 1943 waren gefallen 789 Pfarrer, 460 Vikare, 221 Stud. theol. [Theologiestudierende] ... In der Provinz Sachsen waren bis zum Dezember 1943 gefallen: 50 Pfarrer, 18 Vikare, 10 Stud.theol.« Und zu Stalingrad bemerkt er: »gingen 17 Divisionspfarrer mit in die Gefangenschaft. 3000 bis 6000 genossen noch zuletzt das H[eilige] A[bendmahl], das mit hartem Brot u. Schneewasser gereicht wurde«.[255] Nun rückten die Auswirkungen des Krieges auch sichtbar näher. Ab Herbst 1943 erfolgten Flächenbombardements auf Leipzig, die von Krostitz aus beobachtet werden konnten. Am 2. November 1944 stürzte bei Priester und Kupsal eine »Flying Fortress« ab, die allerdings keinen Angriff auf die Reichsmessestadt geflogen hatte, sondern die Hydrierwerke in Leuna bombardieren sollte, in denen synthetisches Benzin für die Wehrmacht hergestellt wurde. Von der neunköpfigen Besatzung überlebten nur zwei Mitglieder den Absturz. Bei der Festnahme diskutierten Ortsbewohner und Ortskräfte, ob nicht einer der beiden aufgrund seines jüdisch klingenden Namens sofort zu erschießen wäre. Die Diskussion wurde durch die Ankunft eines Fliegeroffiziers vom Flugplatz Rote Jahne unterbrochen, beide Gefangene wurden abtransportiert.[256] Die sieben toten Besatzungsmitglieder begrub man auf der Südseite des Friedhofs in Priester.

---

[255] F. Baentsch, handschriftliche Notizen im Pfarrer-Jahrbuch der Provinz Sachsen. Jahrg. 1938, o. S. (Pfarrarchiv Krostitz).
[256] Zeugenaussage von Heinz Haupt aus Kupsal (geb . 1927), in: LVZ vom 19.12.2016. – Vgl. dazu die kritischen Anmerkungen und insgesamt hervorragende Recherche von Rolf Schulze, »Crashed near Leipzig« – abgestürzt im Raum Leipzig, so auch am 2. November 1944 (maschinenschriftlicher Artikel, o. J., im Pfarrarchiv Krostitz).

Abb. 62 Bruchstück der am 2. Nov 1944 bei Priester abgestürzten Boeing B-17 (Pfarrarchiv Krostitz).

In den letzten Kriegsmonaten flutete der Terror, den der nationalsozialistische Staat seit 1939 nach außen exportiert hatte, in das Reichsinnere zurück. Vor dem näher rückenden Feind lösten sich polizeiliche und militärische Dienststellen auf, Vernichtungslager und Kriegsgefangenenlager wurden hektisch geräumt und die noch marschfähigen Insassen auf wirre Todesmärsche durch das Landesinnere geschickt. Eine regelrechte Blutspur zogen diese durch SS-Einheiten und weiteres Wachpersonal geführten Transporte hinter sich her, was auch bewusst öffentlich geschah und zur Einschüchterung der eigenen Bevölkerung diente. Ende Februar 1945 führte solch ein Zug auch durch Krostitz. Der Augenzeuge Otto Bock, der zu jener Zeit in der Malzfabrik arbeitete, erinnerte sich im Jahr 1983 an das Vorkommnis:

Zeitzeugenbericht

»Auf Grund des großen Lärms, der von der Hauptstraße kam, eilten wir (mehrere Arbeiter) sofort hinaus und sahen auf der Hauptstraße von Eilenburg kommend, einen Gefangenentransport mit mehreren hundert Gefangenen, welche gerade zwischen der Malzfabrik und der Gaststätte »Grüne Tanne« angehalten hatten. Die schweren, eisenbereiften, hölzernen Leiterwagen wurden von Gefangenen gezogen. Auf diesen Wagen befand sich das schwere Gepäck der SS. Als wir näher an die Wagen herantraten, stellten wir mit

Entsetzen fest, daß an den ersten zwei Wagen, an den hinteren Wagenrungen, Gefangene mit den Beinen nach oben befestigt waren. Sie bewegten sich jedoch nicht mehr. Ein Arbeiter erklärte dem verantwortlichen SS-Offizier, wie unmenschlich dies ist und daß das sofort abgestellt werden müßte. Daraufhin schrie ihn der Offizier an und drohte ihn zu erschießen, wenn er nicht sofort still sei. Danach wurden die vier Gefangenen abgenommen und auf dem ca. 100 m entfernten Acker des Rittergutsbesitzers Oberländer an der Straße nach Mocherwitz begraben. Danach setzte sich der Gefangenentransport wieder in Bewegung. Die Gefangenen wurden mit Peitschen angetrieben.«[257]

Otto Bock, Jahrgang 1896

Am 20. April 1945 rollten amerikanische Truppen von Mocherwitz aus auf Krostitz zu. Bürgermeister Paul Scharf ging ihnen mit einer weißen Fahne entgegen und übermittelte, dass in dem Ort keine Soldaten stationiert seien und auch sonst keine Verteidigung stattfinden würde. Anders erging es dem benachbarten Krensitz: von dort hatten die Amerikaner die Nachricht erhalten, dass das Dorf »durch Zivilisten« verteidigt würde – daher wurde der Ort von 23 Uhr bis 6 Uhr morgens »von dichter Artillerie unter Feuer genommen«[258]. Mehrere Brände brachen aus und die Krensitzer Kirchturmkugel wurde von 20 Treffern durchlöchert. In Krostitz aber ließ Scharf, wohl auf Aufforderung, alle Angehörigen von Jungvolk und Hitlerjugend ins HJ-Heim in der Körnerstraße einschließen, bis die gefahrlose Übergabe erfolgt war. Drei Wochen darauf ließ die amerikanische Besatzung die vier toten Häftlinge exhumieren, deren Identität und Nationalität wie auch das Arbeits- oder Konzentrationslager, aus dem sie weggeführt worden waren, nicht mehr in Erfahrung gebracht werden konnte. Auch hier zeigt sich als eine der grausamen Folgen von Krieg, dass den Opfern Name und Identität geraubt wurde und ihre Erinnerung deshalb

---

[257] Die durch Inge Antosch verschriftlichte Zeugenaussage von Hermann Otto Bock (am 04.05.1896 in Klein-Crostitz geboren) findet sich in: Der Todesmarsch im Frühjahr 1945 durch den Kreis Delitzsch, erstellt als Forschungsauftrag von den Pionieren der Klassen 4 a/b und 6b der Friedrich-Wolf-Oberschule Krostitz, o. J. [vermutlich 1983 abgefasst, da im Text von dem »heute 87jährigen Otto Bock« die Rede ist].
[258] Kirchenarchiv Hohenleina, Pfr. M. Willing [u.a.], Ergänzung zu den Aufzeichnungen des Pfarrers Thon vom 21. Juli 1904, [handgeschriebenes Original, 2 Seiten], Krensitz, am 25. August 1947.

gesichtslos zu verschwimmen droht. Am 14. Mai wurde durch die Amerikaner die Beisetzung auf dem Krostitzer Friedhof angeordnet. Eine weitere Zeugin berichtet:

Zeitzeugenbericht

»Die vier Leichen waren auf der Straße nach Mocherwitz nur notdürftig begraben gewesen. Das waren eigentlich nur Knochen. Einer könnte ein Franzose gewesen sein, aber es gab keinerlei Markierungen. Den Zug hatten Leute aus der Malzfabrik gesehen, die kamen vielleicht aus dem Lager in Torgau. Bei der Beerdigung musste Vater Parteiuniform tragen und zusammen mit anderen Parteibonzen und mit bloßen Händen das Grab graben. Pfarrer Baentsch hielt die Ansprache. Wir Mädchen trugen [aus Protest] weiße Schürzen! Nicht wegen der Toten, sondern wegen denen, die da beerdigen mussten. Mein Vater war nicht politisch.«

Frau Sch., Jahrgang 1928

Friedrich Baentsch vermerkt im Sterberegister »Vier Unbekannte aus dem Konzentrationslager, die auf dem Marsch von Ost nach Westen auf der Prointialstraße [sic!] den Tod fanden und zunächst an der Straße beigesetzt wurden«, außerdem den Bibelvers, den er für die Standrede ausgewählt hatte. Darin heißt es (Lk 10,30): »Es war ein Mensch, der ging von Jerusalem hinab nach Jericho und fiel unter die Räuber; die zogen ihn aus und schlugen ihn und machten sich davon und ließen ihn halb tot liegen.« Die Ansprache selbst ist nicht überliefert, aber der Vers spricht für sich: Die uniformierten Repräsentanten des nationalsozialistischen Staates als Räuber, die ihre Opfer nicht nur halb, sondern gänzlich totschlugen und an der Straße liegenließen. Markiert der Vers ein Eingestehen des Ungeheuerlichen, das geschehen war? Oder war er von den amerikanischen Besatzern vorgegeben worden?[259] Ende Juni 1945 wurden auch die abgestürzten amerikanischen Flieger auf dem Friedhof Priester exhumiert und am 10. Juli auf einen Friedhof der Alliierten in Luxemburg umgebettet.

---

[259] Letzteres ist durchaus möglich, da der nachfolgende Eintrag im Sterberegister offenbar auf Englisch diktiert, aber von einer sprachunkundigen Person niedergeschrieben wurde. Der schwerverständliche Eintrag vermerkt für den 17. Mai die Beisetzung eines »Babys«, im selben handschriftlichen Duktus verfasst wie die Beisetzung vom 14. Mai.

Kirche im Sozialismus

In den ersten Julitagen nach Kriegsende zogen sich die amerikanischen Truppen aus den mitteldeutschen Gebieten zurück, welche entsprechend der Jalta-Vereinbarungen Teil der Sowjetischen Besatzungszone (SBZ) wurden. Nun kehrten auch die Westevakuierten, die bereits ab 1944 in der Region Unterschlupf gefunden hatten, in ihre Heimat zurück. An ihrer Stelle kamen schon in den letzten Kriegsmonaten die großen Flüchtlingsströme aus dem Osten. Unter ihnen befanden sich etliche katholische Gläubige, die seit Februar 1945 wie zuvor schon die katholischen Westevakuierten ihre Gottesdienste in den evangelischen Kirchen von Krostitz, Behlitz, Wölkau, Liemehna und Weltewitz hielten, später auch in Krippehna, Lindenhayn, Naundorf, Wöllmen und Pehritzsch[260]. Viele dieser Flüchtlinge zogen aber noch vor dem am 13. August 1961 begonnenen Mauerbau weiter in Richtung Westen, wie die Mitgliederzahlen der katholischen Kuratie Behlitz, später Lehelitz, belegen[261]. Unter den evangelischen Flüchtlingen integrierten sich viele sehr rasch in den bestehenden Kirchgemeinden. Es war aber auch ein Traditionsabbruch bei etlichen dieser Familien zu beobachten. So wird der Brauch eines Tischgebets in vielen Häusern nicht mehr fortgeführt[262].

Währenddessen ergriff die Sowjetische Militäradministration eher unspezifische Maßnahmen zur sogenannten Entnazifizierung[263]. Den Kirchen überließ man sogar weitestgehend die Durchführung in ihren eigenen Reihen, was das Anliegen nicht gerade beförderte. Pfarrer wie Baentsch und Köppe wären auch bei einer strengen Handhabung wohl kaum belangt worden, beide waren keine

---

[260] Siehe dazu Poschlod, Alles hat seine Zeit, 5-17.

[261] A. a. O. 100: 1948 ca. 2000 Mitglieder, 1958 ca. 1600, 1962 ca. 1100.

[262] Dies ergab eine vom Verfasser 2011 durchgeführte Umfrage in den evangelischen Frauenhilfen des Kirchspiels Krostitz und bei einzelnen Gemeindemitgliedern mit Fluchtgeschichte.

[263] Das NKWD hat in der SBZ zehn Speziallager eingerichtet, in denen Personen der unteren und mittleren Ebene ohne reguläres Verfahren inhaftiert wurden. Verhaftet wurden zum Beispiel Ortsvorsteher, HJ-Führer und Landwirte mit Kriegsgefangenen als Beschäftigte. Das erste Speziallager befand sich im nahegelegenen Mühlberg an der Elbe, welches innerhalb von 3 Jahren 21.800 Personen durchliefen, von denen nach sowjetischen Akten 6765 im Lager zumeist an Mangelernährung und Krankheiten starben.

Parteimitglieder gewesen[264]. Einzig der Lindenhayner Pfarrer Karl Mercker, der auch Mitarbeiter des Eisenacher Entjudungsinstituts gewesen war[265], wurde vorübergehend aus dem Dienst entfernt, freilich eher aus formal kirchenrechtlichen Gründen. (Mercker arbeitete daraufhin bei der Raiffeisenkasse Löbnitz, bis er 1953 wieder in Dienst genommen wurde und bis zu seinem Tod 1961 die Pfarrstelle in Behlitz versah.) Weiter betrieb die SMAD eine strikte Politik der Bodenenteignungen und der Deindustrialisierung (mehr als 90 Prozent der gesamtdeutschen Reparationen hatte die SBZ zu erbringen). Zahlreiche Neubauernstellen führten in den ersten Jahren zu einem sprunghaften Anstieg eigenständiger landwirtschaftlicher Kleinstbetriebe, die aber nach der Gründung der DDR am 7. Oktober 1949 und der Gründung der Landwirtschaftlichen Produktionsgenossenschaft (LPG) allesamt kolchoisiert wurden. Der nunmehr benachbarte Kreis Eilenburg rühmte sich 1959 damit, der »erste volksgenossenschaftliche Kreis der DDR« zu sein[266]. Vorangegangen waren zermürbende Agitationen, mit denen die Bauern zum Beitritt in die LPG genötigt worden waren. Parallel setzte eine große Abwanderungsbewegung in den Westen ein. Andererseits kamen Anfang der 1950er Jahre immer noch Vertriebene aus den Ostgebieten an und sorgten in Verbindung mit den ausgebombten Städten für ein Anhalten der Wohnungsnot. Vor Ort wurde dieser Hintergrund mitunter benutzt als Hebel für neue Machtdemonstrationen. In Krostitz ordnete Bürgermeister Brade im Januar und Februar 1950 an, dass die Kirchgemeinde neben den schon einwohnenden Flüchtlingen noch weitere Familien im Pfarrhaus und Gemeindehaus aufzunehmen habe. Zu diesem Zweck wurden Trennwände eingezogen, Fenster zugemauert und das Dachgeschoss erweitert. Auch ein Raum der 3-Zimmer-Pfarrwohnung und letztlich sogar das Amtszimmer wurden als Wohnraum beschlagnahmt. Die Proteste des Pfarrers, des Gemeindekirchenrats und des Superintendenten verhallten ungehört. Das Konsistorium wendete sich an das Finanzministerium in Halle: »Wir bitten, den Rat der Gemeinde mit den Prinzipien eines Rechtsstaates vertraut zu machen ...« Brade reagierte am 24.02.50 kurz angebunden: »Dieser Beschluß ist endgültig

---

[264] Auskunft des Bundesarchivs Berlin vom 25.04.2024: Beide Personen finden sich nicht in der zu ca. 80 % überlieferten NSDAP-Mitgliederkartei.
[265] Verbandsmitteilungen Nr. 2/3, 31. Dezember 1940, S. 38f.
[266] Durch die 1952 durchgeführte Kreisreform gehörte Krostitz innerhalb des Bezirks Leipzig nunmehr zum Kreis Delitzsch.

und muß sofort durchgeführt werden.« Somit werden aus dem Amtszimmer und dem Archiv alle Büromöbel und Aktenschränke herausgeholt und in die kleine Wohnung der Familie Baentsch gequetscht. Letztlich wohnen 5 Parteien im Pfarrhaus, dem Pfarrerehepaar bleibt nur ein kleines Zimmer – aber es geht ihnen noch besser als der Behlitzer Pfarrfamilie Philipps, die mit ihrem Kind ebenfalls einen einzigen Raum bewohnen muss.[267] Selbstverständlich geht es ihnen auch besser als den Flüchtlingen, die zunächst in Ställen untergebracht waren. Allerdings scheint die Situation in den Folgejahren wie festgefroren zu sein, während andernorts schon längst eine Entspannung einsetzte.

Abb. 63 Das mit Möbeln und Akten vollgestopfte Wohnzimmer der Familie Baentsch, private Aufnahme vom Juli 1965.

Die DDR-Staatsführung fuhr in dieser Zeit bereits einen stark antikirchlichen Kurs. Die Bildungsarbeit der Partei forcierte in den Schulen das Bekenntnis zum dialektischen Materialismus und stellte die christliche Religion als politisch und geistig rückschrittlich dar. Die Auswirkungen waren in Krostitz unmittelbar spürbar. Einige Jungs des 1950er Konfirmationsjahrgang schmissen ihrem Pfarrer Steine hinterher und richteten Schaden auf dem Pfarrgrundstück an. Baentsch forderte sie schriftlich zu »anständig(em) und gesittet(em)« Betragen auf, ohne gegenüber den Eltern Details zu erwähnen.[268] Von Frau Baentsch wird berichtet, dass sie stets misstrauisch um das ganze Haus ging, um zu sehen, ob Kinder

---

[267] KK-Archiv Delitzsch, Behlitz 4 (Brief des Gemeindekirchenrates Behlitz an die Wohnungskommission Behlitz vom 20. Januar 1946).
[268] Zeugenaussagen beim Treffen Krostitzer Jubelkonfirmation am 03.05.2015; Konfirmandenbuch im Pfarrarchiv, Jahrgang 1950, mit eingelegtem Rundschreiben.

etwas angerichtet hätten; angeblich, so erzählte man hinter vorgehaltener Hand, konnte sie Kinder wegen ihrer eigenen Kinderlosigkeit nicht leiden, - die feindseligen Aktionen werfen freilich ein anderes Licht auf ihr Verhalten.

Ab 1958 avancierte die Jugendweihe, die schon zuvor als Gegenentwurf zur Konfirmation aufgebaut worden war, zur staatlich verordneten Zwangsveranstaltung. Wer nicht teilnahm, musste mit dem Verlust der Lehrstelle oder des Studienplatzes rechnen. Teilweise wurden auch die Eltern unter Druck gesetzt oder mit Vergünstigungen gelockt. Der Einbruch der Konfirmandenzahlen zeigt sich in den Krostitzer Büchern massiv in den Jahren nach 1958[269]. Zwischen 1963 und 1968 versuchten die Kirchen durch das Aussetzen der Konfirmation bei gleichzeitig erfolgter Jugendweihe gegenzusteuern, weshalb es auch in Krostitz zwei Konfirmationstermine gab, im Jahr 1964 gleich drei. Aber umsonst. Die meisten fuhren zweigleisig und spiegelten damit die Erwachsenenwelt wider. Und die Konfirmandengruppen blieben klein, auch die Taufzahlen brachen ab 1959 ein. Auffallend ist überdies, dass vor allem die Jungs nicht mehr zur Konfirmation geschickt wurden.

Zeitzeugenbericht

»1968 trat unser Vater aus der Kirche aus und in die Partei ein, kurz darauf wurde er in der LPG Feldbaumeister. Ich war ungefähr sieben Jahre alt, da kam er und holte mich aus der Christenlehre raus. Dort war ich dann nie wieder. Aber meine ältere Schwester zog das durch. Überhaupt waren die Frauen in unserer Familie eher für Kirche und manchmal kam es auch zum Streit, zum Beispiel als der Vater bei einer Geburtstagsfeier das Bonbon [das Parteiabzeichen] trug. Als meine Schwester konfirmiert wurde, war die ganze Familie zum Feiern gekommen, aber der Vater fehlte.«

Herr H., Jahrgang 1962

---

[269] Pfarrarchiv Krostitz, Konfirmandenbuch: Während 1949 noch 66 Konfirmanden konfirmiert worden (eine Rekordzahl, die sicherlich auch durch die zahlreichen Flüchtlinge zustande kam) und in den Folgejahren durchschnittlich 40, waren es 1958 nur noch 24, dann 16, 2, 10 und 17. – In den Jahren zwischen 1953 und 1968 sind geschätzt die Zahlen der Kirchenmitglieder in der DDR von 83 auf 22 Prozent zurückgegangen.

Der Einbruch der Gemeindezahlen um fast drei Viertel der Mitglieder und das komplette Angewiesensein auf freiwillige Beiträge machte es fast unmöglich, alle vorherigen Aufgaben zu erfüllen. Im Gegenteil, es waren neue Aufgaben hinzugekommen, denn der Staat hatte die in der Verfassung von 1949 noch zugesagte Durchführung von Religionsunterricht unterbunden und man wich nun auf die selbstorganisierte Christenlehre aus. Der kirchlichen Jugendarbeit wurden ab 1953 besondere Hindernisse in den Weg gelegt: Mitarbeiter und Mitglieder wurden anfangs massiv bespitzelt, mit rufschädigenden Aktionen malträtiert und inhaftiert. 1968 trat eine neue Verfassung in Kraft, die die führende Rolle der SED festschrieb und den Stand der Kirchen weiter schwächte. Nun war man immer wieder auf mühsam auszuhandelnde Vereinbarungen mit den staatlichen Stellen angewiesen. Im selben Jahr ging Pfarrer Friedrich Baentsch in den Ruhestand, in seinem 74. Lebensjahr hatte er 41 Jahre lang der Krostitzer Gemeinde gedient. Mit seiner Frau wollte er in Krostitz seinen Lebensabend verbringen und fragte an, ob nicht im Gemeindehaus eine Ruhestandswohnung ausgebaut werden könnte. Letztendlich wurde der alte Unterrichtsraum im Pfarrhaus mit einem Anbau versehen und so zur Wohnung umgebaut. Der neue Pfarrer, Arno Lindner, blieb nur fünf Jahre, es folgten drei Jahre Vakanz.

In dieser Zeit (nach 1968) suchten die Kirchen in der DDR nach einer neuen Positionierung gegenüber dem Staat. Hatte man zuvor den notwendigen Widerstand gegen die Staatsgewalt betont, wenn sie das Bekenntnis zum Sozialismus einforderte, obwohl doch ein Glaubensbekenntnis nur zu Gott erfolgen könne, - hatte man also stellenweise sogar von einem neuen »Bekenntniskampf« wie in der Zeit des Nationalsozialismus gesprochen und die Vorstellung gepflegt, dass die Kirche im sozialistischen Staatsgebilde im Zustand einer kritischen Distanz »überwintern« müsse, so wollte man nun zu einer »kritischen Solidarität« (Heino Falcke) finden. Angesichts der durch den Mauerbau zementierten Abschottung schlossen sich 1969 die evangelischen Landeskirchen zum »Bund der Evangelischen Kirchen in der DDR« (BEK) zusammen, der nach Walter Ulbrichts gewaltsamer Abdankung und Tod am 1. August 1971 vom Staat auch anerkannt wurde. Die Leitung des BEK fand nun schnell zu der interpretationsoffenen Formel einer »Kirche im Sozialismus«. Diese konnte man als simple Ortbestimmung oder auch als positive Hinwendung verstehen. Bischof Albrecht Schönherr, der Vorsitzende des BEK, formulierte

1971: »Wir wollen Kirche nicht neben, nicht gegen, sondern im Sozialismus sein.« Die Aussparung der Präposition »für« ließ noch Raum für eine kritische Interpretation. Aber zu schroff durfte die Kritik nicht ausfallen, um nicht die gegenseitige Entspannungspolitik zu gefährden. Dies wurde augenfällig nach den aufwühlenden Nachrichten von der Selbstverbrennung des Pfarrers Oskar Brüsewitz am 18. August 1976. In der Kanzelabkündigung, die am 22. August auch im Krostitzer Gottesdienst verlesen wurde, wandte sich die BEK zwar gegen die diffamierende Darstellung in den staatlichen Medien und rief zur Fürbitte auf[270], zugleich aber sollte man das Geschehen nicht »zur Propaganda gegen die Deutsche Demokratische Republik benutzen«. Die Leitung der BEK setzte auf moderate Töne der Kritik. In seinem Vortrag »Christus befreit – darum Kirche für andere«, den der Erfurter Propst Heino Falcke bereits auf der BEK-Synode am 30. Juni 1972 hielt, forderte er für Kirche und Christen eine »mündige Mitarbeit in der sozialistischen Gesellschaft«, die aber nicht »von der sozialistischen Gesellschaftslehre und Geschichtsschau« bestimmt sei, sondern durch die Sendung Jesu Christi. »Wir dürfen glauben«, so Falcke, »daß auch die sozialistische Gesellschaft unter der Herrschaft des befreienden Christus ist.« Die staatlichen Stellen reagierten erstaunlich empfindlich und wollten die Verbreitung des Vortrags verhindern – mit völlig gegenteiligem Erfolg. Besonders das Schlagwort einer »Kirche für andere«, dass den Gefängnisaufzeichnungen Dietrich Bonhoeffers entnommen und schon ein Jahr zuvor auf der Bundessynode aufgegriffen worden war, erlangte so eine große Aufmerksamkeit. Sie wurde zum Leitmotiv einer neuen theologischen Generation, die den vertikalen Charakter der alten Wort-Gottes-Theologie ablösen wollte durch das horizontal verstandene Evangelium in der Hinwendung von Mensch zu Mensch[271]. Damit verband sich auch eine nach Innen gerichtete

---

[270] Oskar Brüsewitz, Pfarrer der Kirchenprovinz Sachsen, verstarb an ebendiesem Sonntag im Bezirkskrankenhaus Halle-Dölau. Auf die bei der Verbrennung in Zeitz gezeigten Transparente hatte er geschrieben: »Funkspruch an alle – Funkspruch an alle – Wir klagen den Kommunismus an wegen Unterdrückung der Kirchen in Schulen an Kindern und Jugendlichen«.

[271] Bis 1968 hatte man sich auch in den Kirchen der DDR überwiegend an der Wort-Gottes-Theologie im Gefolge Karl Barths orientiert. Die dann einsetzende anthropologische (bzw. empirische) Wende verband sich im Westen vor allem mit dem Namen Ernst Langes. Im Osten griff man stärker auf die Gefängnisaufzeichnungen Bonhoeffers zurück, die von diesem eigentlich nicht zur Veröffentlichung gedacht waren. Der Gedanke

Kritik: die Fixierung der Gemeinden auf das Pfarramt stelle eine »Struktur-häresie« dar, welche durch den »Abbau der Betreuungsstrukturen« und durch das »missionarische Engagement« aller zum Zeugnis und Dienst berufenen Christen überwunden werden müsse. Auf diesem Hintergrund wuchs eine neue Generation von Pfarrerinnen und Pfarrern heran, die mit viel unorthodoxem Charisma und persönlichem Einsatz die Kirche von den Rändern her denken und bauen wollte. Besonders wendete man sich der Freizeitgestaltung zu, denn Gemeinde sei »nicht nur Rüst-, sondern auch Raststätte«, »fröhliche[] Fest[e]« seien »Starthilfe zu neuer Sendung« und der »gesellschaftlich verordnete Freizeitraum« sei eine »Dienstchance ..., um sich dort als Lebenshilfe für andere zu bewähren« (Falcke). Natürlich blieb auch dabei die Pfarrperson die alles entscheidende Schlüsselgestalt, oftmals hingen an ihr noch mehr soziale Erwartungen als zuvor – man hatte die sogenannte Strukturhäresie also keineswegs überwunden.

Ebenso zu Schlüsselfiguren avancierten die Pfarrerinnen und Pfarrer bei der Instandhaltung der kirchlichen Gebäude und leisteten dabei oft Unglaubliches. Von Anfang an war es für die Kirchen schwierig bis fast unmöglich, Material, Arbeitskräfte und Geld auch nur für die dringendsten Reparaturen zu besorgen. Notdürftig wurde an der Krostitzer Kirche 1953 das Turmdach repariert und 1965 das Kirchenschiff mit neuen Pfannen eingedeckt. Doch zehn Jahre später stand man erneut vor der Frage, ob man die eigenwillige barocke Doppelturmspitze nicht besser abreißen sollte, weil eine Instandsetzung die Kräfte überstieg. Man entschied sich wieder dagegen. Mit der Zeit entwickelte sich eine Haltung, die dem Staat zeigen wollte, dass die Kirchen, wenn man sie sich selbst überlässt, eben doch nicht verfallen. Jede gerettete Kirche war eine trotzige Botschaft: Uns gibt es noch, wir bauen etwas auf, wir mobilisieren viele Menschen, die freiwillig Hand anlegen! Zuhilfe kam der Krostitzer Kirchengemeinde, dass sie nach längerer Vakanz im Jahr 1976 mit Karl Heinz Uth einen Pfarrer bekam, der mit großer Kontaktfreude Helfer mobilisierte und zum

---

einer »Kirche für andere« findet sich bei ihm daher auch nur in einem rudimentären »Entwurf für eine Arbeit« und begründet sich bei ihm lediglich durch ein mystische »Teilnahme am Sein Jesu«, welches ein »Dasein-für-andere« sei (ders., Widerstand und Ergebung, 204). Diese Idee mündet bei Bonhoeffer in die Traumvorstellung einer besitzlosen asketischen Kirche.

Teil auf abenteuerlichen Wegen Baumaterialien besorgte. Dennoch müssen die
Arbeiten immer wieder für Monate unterbrochen werden, weil das eine oder
andere fehlt. Einmal lässt der Pfarrer die Glocken so lange läuten, bis mehrere
Leute auf den Friedhof laufen und auf ihr erstauntes Nachfragen die Antwort
bekommen: »Die Kirche braucht euch!« Trotz der Schwierigkeiten wird in den
Jahren 1981 und 1982 der Kirchturm mit neuem Schiefer eingedeckt – die
hessische Partnerkirche in Hopfgarten[272] schickte die dazu notwendigen zwei
Zentner Kupfernägel, die teilweise durch Reisende eingeschmuggelt wurden.
1983 konnte ein Blitzschutz montiert werden. Im Jahr darauf wurde die
Turmkapelle eingerichtet, indem die Räume zwischen den steinernen Säulen der
Westempore bis auf einen Zugang zugemauert wurden. Die neue Kapelle sollte
als Gottesdienstraum dienen, während im und am Kirchenschiff weitere
Arbeiten stattfanden. So wurde von 1985 bis 1987 der Innenraum neu verputzt
und durch die Malerfirma Reinhard Haselbach »im Stil von 1500« ausgemalt.
Dabei wurden sämtliche mit Leimfarben erstellten Rankenmalereien, die 1904
an das Gewölbe und dem Kirchengestühl angebracht worden waren, wieder
entfernt. 1988 folgte die Restaurierung des Orgelgehäuses und ein neuer Putz
für die südliche Außenseite. Auch die Filialkirche in Priester, die 1980 schon
aufgegeben werden sollte, wurde ab 1983 mit viel Eigeninitiative renoviert. Die
Dachsteine und weiteres Material stammten aus den aufgelassenen Kirchen, die
mitsamt ihren Dörfern dem Braunkohleabbau weichen mussten.

Das Jahr 1983 stand unter der Agenda zur Feier des 500. Geburtstags Martin
Luthers. Frühzeitig war ein staatliches »Lutherkomitee« gegründet worden, in
welchem der Staatsratsvorsitzende Erich Honecker selbst den Vorsitz hatte und
auch Vertreter der BEK mit eingebunden werden sollten. Diese stimmten aber
nur einem Gaststatus zu, denn man wollte nicht einfach der staatlichen
Lutherdeutung folgen. Man plante also sein eigenes Programm. Inmitten der
offiziell propagierten Annäherung, gegen die auch die BEK-Leitung nichts

---

[272] Die Kirchgemeinde Hopfgarten besorgte auch über Genex einen Trabant als
Dienstauto sowie günstige »Kirchenkohle«. Bereits 1953 hatte man zur Unterstützung der
evangelischen Kirchen in der DDR Kirchenpartnerschaften angeregt. Daher wurden
Kirchgemeinden der Kirchenprovinz Sachsen und der Hessischen Landeskirche einander
vermittelt. Die freundschaftlichen Partnerschaften überdauerten teilweise die Wende.
Weitere Partnerschaften im heutigen Kirchspiel Krostitz waren Pehritzsch –
Stumpertenroth; Priester – Anneroth; Behlitz – Friedberg; Weltewitz – Eifa/Altenburg.

einzuwenden hatte, zeigte sich aber der Widerstand kirchlicher Kreise, insbesondere der evangelischen Friedensinitiativen. Gegen die Einführung von Wehrunterricht in den Schulen (ab 1978) und der massiven Werbung für den verlängerten »Friedensdienst an der Waffe«, stellten diese sich mit dem Motto »Frieden schaffen ohne Waffen« und dem Programm einer »Erziehung zum Frieden«. Zum Abschluss der Friedensdekade von 1980 hatte man Einladungen mit dem Motiv »Schwerter zu Pflugscharen« gedruckt und damit einen doppelten Treffer gelandet: Mit dem Druck auf Vliesstoff umging man die staatliche Druckgenehmigung und mit dem Motiv zitierte man gleichzeitig einen Bibelvers (Micha 4,3) und eine Skulptur, die die sowjetische Staatsführung 1959 den Vereinten Nationen in New York geschenkt hatte. Viele Jugendliche und auch Mitglieder der Krostitzer Jungen Gemeinde trennten das Motiv von dem Einladungstext ab und nähten es auf ihre Jacken und Taschen. Sie wurden

daraufhin vor die Schulleitung zitiert und die Entfernung der Aufnäher angeordnet. Manche schnitten das Logo aus den Jacken – wohlwissend, dass auch das Kleiderloch seine Botschaft hatte.

Abb. 64 Das Emblem »Schwerter zu Pflugscharen«, Entwurf von Herbert Sander, Druckfassung von Ingeborg Geißler. Hier als Transparent am Greifswalder Dom.

Am 24. September 1983 schmiedete der Schmied Stefan Nau auf dem Wittenberger Kirchentag aus einem Schwert eine Pflugschar. Da sich unter den vielen Zuschauern auch westliche Beobachter befanden, griffen die staatlichen Stellen nicht ein. Noch im selben Jahr setzte Karl Heinz Uth diese bildhafte Idee auch in Krostitz um und Wolf Teichmann schuf für die Laurentiuskirche einen Osterleuchter in der Gestalt eines zur Pflugschar geschmiedeten Schwertes.

Zeitzeugenbericht

»Ich fertigte eine Zeichnung, vom LPG-Vorsitzenden Günther Brachwitz bekam ich die zum Auswechseln gedachten Pflugscharblätter. Die staatliche Reaktion ließ nicht lange auf sich warten. Von der Inneren Abteilung wurde Herr St. vorstellig, weil ›die Friedenspolitik des Staates verhöhnt‹ werde. Ich antwortete darauf, dass der Innenraum der Kirche unserer Verantwortung unterliegt. Darauf er: ›Uth, denken sie an ihre drei Kinder!‹ – ›Was soll denn mit unseren Kindern sein?‹ – ›Was mit denen alles passieren kann ...‹.«

Pfarrer Karl Heinz Uth

Die Weiterentwicklung zum Osterleuchter korrigierte das ursprüngliche Motiv in einem wichtigen Punkt, denn das zugrundeliegende Bibelzitat sieht den Ermöglichungsgrund für eine Welt, in der Waffen nicht mehr benötigt werden, gerade nicht in einer Willensanstrengung des Menschen, sondern in dem, was

der Gott Jakobs in den allerletzten Tagen tun wird (Micha 4,1-3):

»In den letzten Tagen aber wird der Berg, darauf des Herrn Haus ist, fest stehen, höher als alle Berge und über alle Hügel erhaben. Und die Völker werden herzulaufen, und viele Heiden werden hingehen und sagen: Kommt, lasst uns hinauf zum Berge des Herrn gehen und zum Hause des Gottes Jakobs, dass er uns lehre seine Wege und wir in seinen Pfaden wandeln! Denn von Zion wird Weisung ausgehen und des Herrn Wort von Jerusalem. Er wird unter vielen Völkern richten und mächtige Nationen zurechtweisen in fernen Landen. Sie werden ihre Schwerter zu Pflugscharen machen und ihre Spieße zu Sicheln. Es wird kein Volk wider das andere das Schwert erheben, und sie werden hinfort nicht mehr lernen, Krieg zu führen.«

Abb. 65 Osterleuchter in der Form eines umgeschmiedeten Schwertes, Laurentiuskirche Krostitz.

Demgegenüber steht die Umdeutung, die der sowjetische Künstler Jewgeni W. Wutschetitsch vornahm, als er 1959 die Skulptur für den Platz vor dem UNO-Hauptgebäude in New York schuf. Hier ist es der muskelbepackte Mensch selbst, der durch eine heroische Kraftanstrengung und mit sichtbarer Gewaltanwendung das Friedenswerk vollbringt. Der Mensch wird zu einem Prometheus, der keinen »Gott Jakobs« mehr braucht, geschweige denn eine Weisung von Jerusalem her oder ein Gerichtswort über die vielen Völker und mächtigen Nationen. Der Osterleuchter aber, der später ebenso für die Kirchen in Mocherwitz, Krensitz, Priester und Behlitz dupliziert wurde, verbindet das Motiv eines zur Pflugschar umgeschmiedeten Schwertes tatsächlich mit einem Wort aus Jerusalem: »Er ist auferstanden!«. Die Botschaft, an die die Osterkerze erinnert, hat eine fundamental andere Hoffnung unter den jüdischen Nachfolgern Jesu entzündet und sie damit als Apostel unter die Völker gesandt als die Botschaft, dass der Mensch selbst seines Glückes Schmied sein könne.

Abb. 66 Bronze von Jewgeni Wutschetitsch, Geschenk der Sowjetunion an die Vereinten Nationen in New York aus dem Jahr 1959.

Dass ein fundamentaler Unterschied zwischen dem Werk Gottes und dem menschlichen Werk besteht, haben in der Nachkriegszeit aber gerade deutsche Theologen zunehmend verwischt, weil sie unter Berufung auf die Bekennende Kirche ihre Zukunftsfähigkeit in einer progressiven politischen Ethik sahen. So besuchte 1983 eine kirchliche DDR-Delegation die Vollversammlung des Weltkirchenrates in Vancouver und brachte durch Heino Falcke den Antrag auf ein »allgemeines christliches Friedenskonzil« ein. Ausdrücklich berief sich Falcke bei diesem Antrag auf Dietrich Bonhoeffer, der ähnliches schon 1934 gefordert habe. Wieder also der Rückgriff auf Bonhoeffer. Und wieder muss kritisch festgehalten werden, dass Bonhoeffer bei dieser Äußerung keine besonders überzeugenden Argumente ins Feld führte, sondern lediglich die schwärmerische Vorstellung, dass ein großes ökumenisches Konzil eine weltverändernde Kraft des Wortes entwickeln könne: »Wer ruft zum Frieden, daß die Welt es hört, zu hören gezwungen ist, daß alle Völker darüber froh werden müssen? Nur das eine große ökumenische Konzil der Heiligen Kirche Christi aus aller Welt kann es so sagen, daß die Welt zähneknirschend das Wort vom Frieden vernehmen muß.«[273] Dieses »Muss« entspringt einem romantischen Wunschdenken. Kirche wird hier als Machtfaktor beschworen, der wirksam zu sein hat, wenn sich nur die Konfessionen geschlossen zusammenfinden. Und einem allgemeinen Konzil wird eine Führungsrolle angedichtet, die sogar die des Heiligen Geistes übersteigt, denn während dieser lediglich für die Kirche zuständig ist, soll jenes Konzil gleich die ganze Welt anleiten.

Ein Irrtum lag allerdings schon in der optimistischen Annahme vor, dass man mit gutem Willen überhaupt ein solches Konzil konstituieren könne. Dies blieb schon in Vancouver ein Wunschtraum, weshalb man dort zu einer verschleiernden Kompromissformulierung Zuflucht nahm und von einem »konziliaren Prozess« sprach, den man gemeinsam und mit der Verpflichtung auf die drei miteinander verzahnten Kernanliegen »Gerechtigkeit, Frieden und Bewahrung der Schöpfung« beschreiten wollte. Gerade auf dem Gebiet der DDR wurde man unter Berufung auf den konziliaren Prozess sehr aktiv, vor allem durch die dreimalige Einberufung einer Ökumenischen Versammlung, die mit einem enormen Arbeits- und Diskussionsaufwand zahlreiche Texte erarbeitete.

---

[273] DBW, Bd. 13, 300f.

Die staatliche Seite beargwöhnte diese Entwicklung und beobachte nicht nur, sondern griff regulierend und kleinteilig ein. Die Vorgänge in Krostitz gehörten dazu. Dort wollte man auf die Betriebsleitungen einwirken, wie aus der Stasiakte von Karl Heinz Uth hervorgeht, in der es heißt: »Uth geht in den sozialistischen Betrieben ein und aus, als wären sie sein; den Funktionären der Betriebe muss klar gemacht werden, dass die Kirche im Sozialismus keine Zukunft hat.« Aus der späteren Akteneinsicht ging hervor, dass auf Pfarrer Uth zeitweilig 12 »IM« (inoffizielle Mitarbeiter des Ministeriums für Staatssicherheit) angesetzt waren und in den Gottesdiensten und Gesprächskreisen detailliert mitgeschrieben wurde.

Der Blick auf die innerkirchlichen Dissidentengruppen ist aber nicht auf die Friedensbewegung zu verengen. Gerade in der Nachbarschaft zur Krostitzer Kirchengemeinde tauchten noch andere Gruppierungen auf wie die geistliche Wohngemeinschaft von Leipziger Theologiestudenten, die sich seit 1973 das Liemehnaer Pfarrhaus ausgebaut hatte und in die breite pietistisch-charismatische Aufbruchsbewegung der 70iger Jahre einzuordnen ist[274]. In Pehritzsch hingegen gründete der katholische Priester Paul Schimcke eine »Ökumenische Akademie für Bildung und Wissenschaft« und ließ 1988 auf dem Pfarrhausgelände unter halboffiziellen Absprachen ein Seminargebäude mit angrenzender Kapelle errichten. Im Keller der Akademie wurden Druckerpressen und Vervielfältigungsapparate aufgestellt, um westliche Literatur nachdrucken zu können. Doch auch ohne die Verbindung zu solch subversiven Tätigkeiten konnte man weiterhin in das Visier staatlicher Maßnahmen geraten. Die entsprechenden Stellen übten bis zuletzt und trotz aller inszenierten öffentlichen Entspannungszeichen unkalkulierbare Repressionen gerade gegen jüngere Kirchenmitglieder aus.

---

[274] Die Geschichte der Gruppierung, die sich 1992 als Verein »Liemehnaer Bruderschaft« festere Formen gab und bis heute vor allem in der sächsischen Landeskirche und weiterhin in Liemehna aktiv ist, ist nachzulesen in den beiden Beiträgen von Johannes Berthold und Christoph Michael Haufe in der Festschrift: M. Schmidt (Hg.), Ein Haus aus lebendigen Steinen. 40 Jahre Bruderschaft Liemehna, 23-61.

Zeitzeugenbericht

»Mein Wunsch war es, Diplomingenieur für Bau- und Zeichentechnik zu werden. Tests und Vorstellungsgespräch hatte ich alles schon absolviert, die Zimmernummer im Wohnheim erhalten. Dann aber wurde ich noch einmal von Krostitz nach Berlin beordert, um den Ausbildungsvertrag zu unterschreiben. Als ich ankam, saßen da fünf Leute. Der Vertrag wurde auf den Tisch gelegt, zu mir gedreht, und dann wurde gesagt: ›Vor der Unterschrift müssen Sie noch zwei Fragen beantworten: Treten Sie aus der Kirche aus? Und treten Sie in die Partei ein?‹ – Ohne zu zögern, antwortete ich: ›Nein. – Nein.‹ Ich war ja erst 15 Jahre alt, in die Partei hätte man erst mit 18 eintreten können. Daraufhin haben sie den Vertrag weggenommen und vor mir zerrissen. Der Direktor stand auf und wies zur Tür: ›Sie können gehen.‹ Kurz danach kam die Mitteilung per Post, dass diese Ausbildung bei mir nicht möglich sei.«

Frau Sp., Jahrgang 1973

Im Frühjahr 1989 ist nach den wieder einmal gefälschten Wahlen die Stimmung niedergedrückt. Viele verlassen im Sommer über Ungarn die Heimat und die DDR-Staatsführung lässt verlautbaren: »Wir weinen ihnen keine Träne nach.« In der Krostitzer Kirche begann man am 3. September mit Friedensgebeten und Andachten, bei denen über eine notwendige Neugestaltung der Gesellschaft gesprochen werden sollte.[275] Der Beginn der Andachten wurde mit einem Friedensgottesdienst gesetzt. Die hessische Partnergemeinde Alsfeld war gerade zu Besuch, gemeinsam pflanzte man rechterhand vor der Priesterpforte eine Schwarzkiefer mit Erde aus allen Heimatorten. Schließlich beteiligten sich etliche aus Krostitz und den Dörfern ringsum an den Leipziger Friedensgebeten und Demonstrationen auf dem Ring. Wie das Wunder geschah und das alte totalitäre System zusammenbrach und völlig unerwartet am 9. November die Grenze aufging, leerten sich schlagartig die Versammlungen in den Kirchen.

---

[275] Hierzu und im Weiteren: K. H. Uth, Rekonstruktion der Kirche in den 80er Jahren, in: Wochenblatt Delitzsch Nr. 44 (03.09.1994), 13.

8 Die Wende wohin

Im Januar fegten mehrere Stürme über Mitteldeutschland und rissen von der Laurentiuskirche die Ziegel herunter. Die großen Löcher im Dach schauten schwarz in den Himmel. Sie konnten unmöglich sofort wieder geschlossen werden, denn die Reserveziegel waren aufgebraucht. Was nun? Noch bevor die sich verändernde politische Lage neue Rahmenbedingungen schaffen konnte, zeigte sich eine unerwartete Hilfe. Zwei junge Krostitzer waren im August über Ungarn nach Österreich geflohen und schließlich ins hessische Seligenstadt gelangt. Dort fanden sie Anschluss an die Jugend der katholischen St. Mariengemeinde und vermittelten nach dem Mauerfall den Kontakt zu ihrer alten Gemeinde. So kam es, dass im Februar eine Jugendgruppe der Katholischen Arbeiternehmerbewegung (KAB) das Dorf bei Leipzig besuchte und das kaputte Kirchendach in Augenschein nahm. Prompt vermittelte der Seligenstädter Norbert Jung bei der Firma Braas die Zusage einer Spende für die komplette Neueindeckung mit Dachsteinen. Bereits im März begannen die Arbeiten, die bis zum 10. Juni andauerten. Bekrönt wurde das Werk durch die Wetterfahne, die der Seligenstädter Josef Ruppel geschmiedet hatte.

Abb. 67 Die 1990 gefertigte Wetterfahne über der Taufglocke.

Auf dem Dachreiter mit der Taufglocke erinnert sie mit den Jahreszahlen 1208 und 1990 nicht nur an die Erbauung und Sanierung der Kirche, sondern mit den Initialen »H« für Hohenleina und »S« für Seligenstadt auch an eine neue intensive Verbindung. Niemand konnte in dieser Zeit wissen, wohin die Wende die Menschen in Ost und West führen würde. Doch hier entwickelte sich eine Erfahrung, dass über politische und konfessionelle Grenzen hinweg Freundschaften wuchsen, wo man einander aufsuchte und begann, dem Gegenüber geduldig zuzuhören.

Für das Bauwerk der Laurentiuskirche war die Wende zweifelsohne ein Glücksfall. Nach der Währungsunion und der Wiedervereinigung konnte 1991 die Sanierung des Barockaltars und der Kanzel durch die Firma Haselbach mit ganz anderen Mitteln fortgesetzt werden. Im Jahr darauf erfolgte die Turmsicherung mit Risssanierung und Neuverputzung. Die Uhranlage wurde auf Funk umgestellt, während an der südlichen Außenwand des Turmes wieder eine Sonnenuhr angebracht wurde – ergänzt durch ein sächsisches Wappen, denn man gehörte seit dem 3. Oktober 1990 wieder offiziell zum Freistaat Sachsen. Es folgten die Neuverputzung des Chores und der Nordseite bis zum Turmanschluss (1993) sowie die Überholung der Orgel. Schließlich wurden im Herbst desselben Jahres sämtliche Bleiglasfenster von 1891 ausgebaut, ergänzt, befestigt und 1994 wieder eingebaut. Damit endete nach dreizehn Jahren das große Sanierungsvorhaben, das man 1981 in Angriff genommen hatte. Die Möglichkeiten hatten sich komplett verändert: Es gab nun Fördergelder des Landes, Unterstützung durch die Kommune und Spenden von Betrieben und Privatpersonen. Auf einmal standen auch viele ABM-Kräfte zur Verfügung, dazu noch zwei bis drei Zivildienstleistende. Mit ihrer Hilfe konnten nicht nur viele Arbeiten an und in den Kirchen von Krostitz und Priester bewerkstelligt werden, sondern gleich auch das Gemeindehaus zur Arche umgebaut und die alte Pfarrscheune abgerissen werden.

Die schwierige bis hoffnungslose Situation der ABM-Kräfte zeigte hingegen eine andere Wende an. Hatte man durch die offenen Grenzen und die neue Währung großartige Möglichkeiten gewonnen, so schlossen doch gleichzeitig viele Firmen und Betriebe ihre Pforten. Sie wurden »abgewickelt« oder geschrumpft, teilweise auch von zweifelhaften Investoren übernommen und nach kurzer Zeit ebenfalls geschlossen. Während viele der älteren Arbeitnehmer ihre Arbeit verloren, wanderten die Jüngeren in Scharen ab. Die Älteren aber hatten kaum die Chance, je wieder in Lohn und Brot zu kommen. Mit demütigenden »Arbeitsbeschaffungen« und oft schlecht durchdachten Fortbildungsmaßnahmen wurden die Betroffenen ins Abseits gestellt. Die hohen Erwartungen des Anfangs wichen so bei vielen einer herben Enttäuschung. Bitter hieß es nun: Aus dem realexistierenden Sozialismus sei man in den real-existierenden Materialismus gestürzt.

Auch in den Kirchen hatte man hohe Erwartungen gehegt. Waren sie nicht maßgeblich an der Wende beteiligt gewesen? Müsste der große politische Aufbruch von 1989 nicht auch zu einem geistlichen Aufbruch führen – und sei es nur deshalb, weil nun den Christen keine Hindernisse mehr in den Weg gelegt wurden? Deshalb warb die Kirchenprovinz Sachsen in den alten Bundesländern tatsächlich theologische Kandidaten an, weil man der Überzeugung war, dass der Bedarf riesig anwachsen werde und nun endlich all die Pfarrstellen wiederzubesetzen seien, die man in der Vergangenheit aufgegeben hatte. Zugleich wechselten viele Pfarrer (aber kaum Pfarrerinnen) in die Landtage und in den Bundestag und übernahmen politische Mandate. Man hatte sich politisch engagiert und wollte weiterhin Verantwortung übernehmen und die neue Zeit gestalten. Überhaupt hatte sich die Vorstellung verfestigt, die evangelische Kirche müsse sich um ihrer Wahrhaftigkeit willen politisch engagieren. Durch die Wendeerfahrung war die jahrzehntelange Orientierung an einem bestimmten Bild, das man sich von der Bekennenden Kirche im Dritten Reich gemacht hatte, noch einmal potenziert worden. Die Enttäuschung ließ auch hier nicht lange auf sich warten.

Enttäuschungen führen nicht immer zur besseren Einsicht. Noch immer schien die Kurzformel des konziliaren Prozesses: »Gerechtigkeit – Frieden – Bewahrung der Schöpfung« für eine politisch engagierte Kirche die passende Überschrift zu sein. Gerade in den Nachwendejahren fand sie Eingang in zahllose kirchliche Dokumente und in das neue Evangelische Gesangbuch[276]. Dass die Formel sogar in säkulare Texte aufgenommen wurde, schien der Grundausrichtung Recht zu geben. So ist in der Präambel der Verfassung des sächsischen Freistaates zu

---

[276] Das 1995 erschienen Evangelische Gesangbuch hat die Nummern 421-446 unter die Überschrift gestellt »Erhaltung der Schöpfung, Frieden und Gerechtigkeit«.

lesen, dass sich »das Volk im Freistaat Sachsen dank der friedlichen Revolution des Oktober 1989« eine Verfassung gegeben hat, die »von dem Willen geleitet [ist], der Gerechtigkeit, dem Frieden und der Bewahrung der Schöpfung zu dienen.« Enthusiastisch hatten die Kirchen bereits 1990 die »Ökumenische Weltversammlung für Gerechtigkeit, Frieden und Bewahrung der Schöpfung« in Seoul initiiert und den Schönheitsfehler in Kauf genommen, dass dies eben kein weltumspannendes Konzil aller christlichen Kirchen war. Die römisch-katholische Kirche hatte lediglich Beobachter entsandt und Vertreter der orthodoxen Kirchen gingen deutlich auf kritische Distanz. Dennoch erklärte man den konziliaren Prozess keineswegs als gescheitert, sondern formulierte stattdessen im Geiste der Kurzformel zehn »Grundüberzeugungen« (Affirmationen). Die Zehnzahl sollte wohl an die zehn Gebote erinnern, entsprechend selbstbewusst war der Ton gesetzt und das anfängliche »Wir bekräftigen ...« mündete sogleich in politische Anliegen und Forderungen. Auch wenn versucht wurde, biblische Begründungszusammenhänge herzustellen, so wirkten diese seltsam dünn und illustrativ. Auffallend war außerdem, dass neben den Evangelien besonders die ersten beiden Genesiskapitel von der guten Schöpfung herangezogen worden, das dritte Kapitel von dem Fall des Menschen und der unheimlichen Zerstörungsmacht des Versuchers und der Sünde aber nicht. So gerieten die vermeintlichen Verheißungen schnell zu überspannten Handlungsanweisungen, die viel Wohlwollen und Zustimmung auslösten, aber nach unzähligen Versammlungen, Beratungen und Verlautbarungen doch auch eine diffuse Ratlosigkeit und zunehmendes Desinteresse. Den Grund dafür illustriert wiederum der Hohenleinaer Säulenaltar: So wie dort unzweifelhaft gute Tugenden mit barockem Gefühl zu einschüchternden Idealgestalten allegorisiert worden waren, so hatte man nun politische Tugenden zu emotionalisierenden Idealen erhoben, denen man ebensowenig gerecht werden kann, wie einst schon jenen.

In der Laurentiuskirche waren in dieser Zeit die Restauratoren am Werk und befreiten die Bildtafeln des Altars von dem Schmutz und dem gedunkelten Firnis dreier Jahrhunderte. Die geschwärzte Schrift war kaum noch zu lesen gewesen, die unter der Allegorie des Glaubens stand. Erst jetzt (1991) trat wieder hervor, was die Vorväter dorthin setzen ließen: »Glaube richtig!« Dass man auch falsch glauben kann, hatte die nationalreligiöse Begeisterung bis hin zum messianischen Führerkult bitter vor Augen geführt. Aber befindet man sich in sichereren Fahrgewässern, wenn das »Glaube richtig« ersetzt wird durch ein »Glaube was du willst« mit dem Zusatz »aber bitte privat!«? So werden nach außen hin nur noch Meinungen sichtbar, über die ermüdend gestritten werden kann. Ist es für eine Gesellschaft nicht fairer, die Grundlagen genauestens bekannt zu machen und öffentlich zu diskutieren, mit denen ein bestimmter Glaube das Miteinander über Jahrhunderte prägen konnte und unbewusst immer noch prägt? Andererseits verdunstet der Glaube derer, die einmal getauft worden sind, im Nur-Privaten rasend schnell. Vor wie nach der Wende bestätigt sich diese Erfahrung, die schon der Hohenleinaer Pfarrersohn Eduard Baltzer nach seinem Kirchenaustritt gemacht hatte. Deshalb erfüllten sich auch nach der Wende die Hoffnungen nicht, dass all diejenigen wieder eintreten würden, die vorher unter mehr oder weniger Druck ausgetreten waren.

All das bettet sich ein in einen großen Abbruch, der in den letzten Jahrzehnten in ganz Westeuropa immer mehr Fahrt aufnimmt. Die Mechanismen und Kräfte, die verhindern, dass Menschen sich geduldig den störenden und hilfreichen Worten Jesu Christi widmen, erklärt das Evangelium in einem Gleichnis (Lk 8,1-15): Das Wort Gottes sei wie Saatgut, das auf den Acker gesät wird und dabei Gefahren ausgesetzt ist, darunter der Konkurrenz von Unkraut und Dornen, die das Getreide ersticken. Die Dornen aber, so die Deutung Jesu, sind die Sorgen und Freuden des Reichtums. Zweifellos ist Deutschland und ganz Westeuropa innerhalb eines Menschenalters zu einem unvorstellbar großen Wohlstand gelangt. Dankbar dürfen wir das sagen. Aber der Überfluss und Luxus, den so keine Generation vor uns hatte, hat auch ein unempfindliches Dornenland heranwachsen lassen, welches das biblisch-kritische Wort erdrückt. Stattdessen wächst die Sorge, dass die Lebenszeit zu kurz sein könnte, um alle Möglichkeiten und Freuden auskosten zu können. Gleichzeitig ist da die Sorge, dass durch Inflation und neue politische Zerreißproben das Niveau nicht mehr gehalten werden kann. All das erstickt die leise Stimme, die noch aus den Schriften Israels und den Evangelien zu uns dringt. Dies scheint einer der Gründe zu sein, weshalb gerade im reichen Teil Europas sich viele von dem Namen Jesu Christi und den Kirchen trennen.

Sichtbare Folge ist allerorten die fortschreitende Vergrößerung der Pfarrbereiche. Krostitz-Hohenleina, das über Jahrhunderte nur die Filialkirche in Priester kannte, erhielt zunächst Behlitz, Mocherwitz, Hohenroda und Krensitz hinzu, dann 2008 den Pfarrbereich Weltewitz mit den Kirchen, Friedhöfen und Beidörfern von Gostemitz, Liemehna, Pehritzsch, Weltewitz, Wöllmen, Wölpern. Im Jahr 2027 wird sich die Zahl der Kirchtürme, Friedhöfe und Orte noch einmal verdoppeln. Ein Ende dieser Entwicklung ist nicht in Sicht. Christen sind in Nordsachsen schon lange zu einer Minderheit geworden. Sie könnten aussterben und ihre Kirchen verfallen oder zu Zweckbauten umgewidmet werden. So hat auch die katholische Kirchgemeinde das Lehelitzer Kirchgebäude 2011 aufgeben müssen, welches doch einst mit so viel Mühe und gegen heftige politische Widerstände errichtet worden war. Sichtbare Folge ist allerorten auch die Ausdünnung der Gottesdienste, denn längst kann nicht mehr an jedem Sonntag in jeder Kirche ein solcher gefeiert werden. Wie in der sorbischen Anfangszeit müssen die wenigen Geistlichen und die verstreuten Christen weite Wege zurücklegen. Und wie im ausgehenden Mittelalter und der beginnenden Neuzeit wird es vielleicht Hilfsgeistliche geben müssen, die neben ihrem Beruf und für ein zu verantwortendes Honorar seelsorgerliche und liturgische Aufgaben übernehmen.

Abb. 68 Hahn auf dem Kirchdach.

Wohin hat also die Wende geführt? Wohin kann sie noch führen? Was steht noch offen? Auf dem Krostitzer Kirchdach sitzt seit der spätgotischen Zeit ein Vogel, der ein Experte in Sachen Wende ist[277]. Er dreht Kopf und Hals immer in die Richtung, aus der der Wind weht – ein typischer Wendehals also. Aber natürlich ist die Gattung eine andere. Es handelt sich um einen Hahn, wie man ihn schon seit dem 9. Jahrhundert auf Kirchendächer zu setzen pflegte. Die ursprüngliche Absicht könnte gewesen sein, die Kirche daran zu erinnern, dass sie auf den hellen Morgen warten muss, der mit dem wiederkommenden Christus für alle Welt anbricht. Denn der Hahn verkündet ja mit seinem Geschrei die aufgehende Sonne und den neuen Morgen. Die geschmiedeten Nachbildungen boten allerdings dem Wind in luftiger Höhe zu viel Widerstandskraft, weshalb man sie beweglich montierte. Der Wetterhahn war geboren. Und noch eine weitere unfreiwillige Wandlung hat der Vogel erfahren – oder war es doch von Anfang an Absicht? Denn der wetterwendige Hahn erinnerte auch stets an eine andere Wende: An den Verrat des Petrus (Mk 14,66-72):

»Und Petrus war unten im Hof. Da kam eine von den Mägden des Hohenpriesters; und als sie Petrus sah, wie er sich wärmte, schaute sie ihn an und sprach: Und du warst auch mit dem Jesus von Nazareth. Er leugnete aber und sprach: Ich weiß nicht und verstehe nicht, was du sagst. Und er ging hinaus in den Vorhof, und der Hahn krähte. Und die Magd sah ihn und fing abermals an, denen zu sagen, die dabeistanden: Dieser ist einer von denen. Und er leugnete abermals. Und nach einer kleinen Weile sprachen die, die dabeistanden, abermals zu Petrus: Wahrhaftig, du bist einer von denen; denn du bist auch ein Galiläer. Er aber fing an, sich zu verfluchen und zu schwören: Ich kenne den Menschen nicht, von dem ihr redet. Und alsbald krähte der Hahn zum zweiten Mal. Da gedachte Petrus an das Wort, das Jesus zu ihm gesagt hatte: Ehe der Hahn zweimal kräht, wirst du mich dreimal verleugnen. Und er fing an zu weinen.«

---

[277] Der aus Blech geschmiedete Hahn, der heute zu sehen ist, ist leider nur eine ungefähre Nachbildung des älteren markanten Hahns, der auf Initiative eines Kirchenältesten in den 1920er Jahren ersetzt worden ist (F. Schirmer, Brief an Baentsch, Kirchenarchiv Krostitz-Hohenleina).

Es ist schon erstaunlich, was für Geschichten über den »Apostelfürsten« Petrus bewahrt wurden. Vermutlich hat Simon Petrus selbst zur Überlieferung solcher Episoden beigetragen, in denen er scheitert oder eigenmächtig handelt und sich dadurch seinem Herrn und Meister in den Weg stellte. Er reiht sich damit ein unter die alttestamentlichen Gestalten Israels, die keine Lichtgestalten gewesen sind. Auch die Evangelien erzählen keine Heldengeschichten. Besonders das Markusevangelium zeigt ein düsteres Bild von den Jüngern und Jüngerinnen, die letztlich alle an ihrem Herrn scheitern und davonlaufen. In diesen Kontext muss auch die Geschichte von der Verleumdung eingeordnet werden. Wenige Stunden vor seiner Verhaftung hatte Jesus schon die Verleumdung durch Petrus angekündigt, der diese Möglichkeit heftig bestritt. Die entscheidende Wende in jener Nacht des Gerichts und der falschen Zeugenaussagen ist allerdings nicht der Moment, indem Petrus sein Fähnlein nach dem Wind hängt und aus Angst die Verbindung mit Jesus leugnet. Die entscheidende Wende ist der Moment, in welchem Petrus sich selbst als Verräter erkennt und darüber »bitterlich« zu weinen beginnt. Die alten Wörter für solch eine Wende sind Bekehrung, Umkehr, Reue, Buße. Und auch das war Petrus schon am Vorabend gesagt worden: »Wenn du dereinst dich bekehrst, so stärke deine Brüder« (Lk 22,32). Der Vertrauensbruch hätte bedeuten können, dass Jesus Christus die Geschichte seiner Kirche ohne die Gestalt des Simon Petrus schreibt. Aber gerade ihm begegnet er nach Ostern als erstem unter den Männern und fragt ihn demonstrativ dreimal, ob er ihn liebhabe. Und er beauftragt ihn: »Weide meine Schafe!« (Joh 21,15-17). Der gebeutelte Simon Petrus wird dazu bestimmt, andere Glaubensgeschwister zu stärken und zu unterstützen. Diese Bestimmung desillusioniert alle hochtrabenden Erwartungen an die Sozialgestalt der Kirche, die eben immer auch eine gebrochene war. Mit Blick auf Laurentius kann gesagt werden, dass der eigentliche Schatz der Kirche eben nicht mit heldenhaften Bekennern, blendenden Intellektuellen und großen Führergestalten gegeben ist, sondern mit und unter den hilfsbedürftigen Existenzen. Der eigentliche und wahrhaft gute Hirte bleibt für sie immer nur einer. Alle aber, die durch diesen oder andere in einen Hirtendienst berufen werden, können nichts anderes sein als Mietlinge (Joh 10,12f.). Wie Petrus sind sie in Gefahr, in große Widersprüche zu geraten und den Blick auf den wahren Hirten zu verstellen. Noch gefährlicher wird es, wenn sich unter diesen Hirten »Diebe und Räuber« befinden, »reißende Wölfe in Schafskleidern« (Joh 10,8.10; Mt 7,15), die den Schwächsten Schaden tun. Sie gehören nach den Worten der Bergpredigt nicht zu Jesus Christus, auch wenn sie sich noch so christlich und fromm gebärden.

Natürlich lässt sich heute auch kritisch fragen, welchen Zweck ein bestimmtes Kirchengebäude erfüllt, wenn es vielleicht einmal niemanden mehr gibt, der hier Christ sein will. Doch selbst wenn ein ganzes Land unter Dornen und erneutem Nichtwissen versinkt, sagt dies nichts über den Gehalt des Evangeliums aus. Als sich einst um seiner sperrigen Worte willen die Menschenmenge von ihm abwandte, hat Jesus seinen Jüngern freigestellt, ebenfalls von ihm fortzugehen. Warum dieser kleine Rest dennoch bei ihm blieb, hat ausgerechnet Simon Petrus mit einer Gegenfrage und einer simplen Feststellung erklärt: »Herr, wohin sollen wir gehen? Du hast Worte des ewigen Lebens.« (Joh 6,68). Die entscheidende hoffnungsvolle Wende bleibt die Hinwendung zu Jesus Christus. Und noch einmal: Keine triumphale, sondern eine hilfesuchende Hinwendung, die auf Vergebung hofft. Das Wissen darum gilt es zu bewahren. Es nährt sich aus den gesamten heiligen Schriften des Volkes Israel und aus den Evangelien und Briefen der Apostel, »dass gepredigt wird in seinem Namen Buße zur Vergebung der Sünden unter allen Völkern« (Lk 24,47). Die Laurentiuskirche ist wie eine Zeitkapsel, die an dieses Wissen erinnert und Spuren dieser Predigt in sich trägt. Noch immer gibt es Menschen, die in dieser Kirche getauft worden sind und die die Worte Jesu Christi im Herzen gebunden haben. Das Anvertraute zu bewahren, geschieht mit bescheidenen Mitteln: Mit dem Religionsunterricht, der noch in der angrenzenden Grundschule gegeben wird, weil er laut Verfassung zum Bildungsauftrag der Schulen gehört; mit dem ernsthaften Erklären, wenn die Kinder ihre Eltern und Großeltern fragen, was es denn mit dem Glockenläuten, mit den seltsam ausgerichteten Gräbern, mit den vielen Feiertagen und dem Sonntag auf sich hat. Vor allem aber wird das Anvertraute bewahrt, wenn es in ein Tun hineinfließt. Wenn also die Worte von Jesus nicht nur gehört, sondern geduldig und unspektakulär getan werden.

Die Laurentiuskirche heute: Über die Feldsteine gehen die Besucher den Hauptweg hinauf, vorbei an den Gräbern der Pfarrfamilie Obermann und der vier ermordeten Kriegsgefangenen. Erdbienen umsurren die Beine und über den Köpfen krächzen die Dohlen in den Eichen. Weiter oben steht eine Pilgerin an der Siegelstation, ihren roten Rucksack hat sie auf die Bank bei der Vorhalle gestellt, wo sie gerade noch saß und den Hügel hinabblickte.

Abb. 69 Weg zur Priesterpforte.

In der Kirche aber ist es trotz der offenen Tür merklich kühler. Zwei Stufen führen hinab, dann sieht man im Dämmerlicht einige Kerzen brennen. Für wen sie brennen, wissen nur, die sie angezündet haben, und derjenige, auf dessen Hilfe sie hoffen. Vor der hölzernen Statue des Laurentius steht eine Vase mit Fliederzweigen, deren üppige Blüten in der Kirche duften. Hinter der Kanzel ist beim Frühjahrsputz noch ein kleiner Kehrichthaufen vergessen worden, der vor allem aus toten Fliegen, Spinnweben und Wandputz besteht. Dann fangen die Abendglocken an zu läuten und rufen zum Innehalten für ein Gebet. Heute läuten die Glocken eine Stunde früher, denn es ist Samstag und der Sonntag wird eingeläutet. Und morgen ist tatsächlich wieder einmal Gottesdienst. Eine kleine, manchmal auch eine größere Schar von Leuten kommt dann hierher und feiert ihn immer noch! Denn das macht die Kirche überhaupt erst zur Kirche, dass hier füreinander gebetet wird und die Worte gehört werden, von denen es heißt: sie bleiben – während doch sonst alles vergeht.

Literatur- und Quellenverzeichnis

Abel, Otto (übers.), Die Chronik Fredegars und der Frankenkönige, die Lebensbeschreibungen des Abtes Columban, der Bischöfe Arnulf und Leodegar und der Königin Balthilde, in: Geschichtsschreiber der deutschen Vorzeit. VII. Jahrhundert, 2. Aufl. Berlin 1876.

Baentsch, Friedrich, Die Kirche zu Hohenleina (maschinenschriftliches Manuskript im Pfarrarchiv Krostitz) o. O., o. J.

Baltzer, Eduard, Erinnerungen. Bilder aus meinem Leben, Frankfurt a. M. 1907.

Baltzer, Johann Friedrich, Nachrichten, welche in den ThurmKnöpfen der Kirche zu Hohenleina und Priester sich befinden, und bey geschehener Erneuerung derselben eingelegt worden sind, zu Hohenleina, den 27. Septbr. 1818, zu Priester den 18. Octbr den XXII p. Trin 1818, (handschriftliches Manuskript und maschinengeschriebenes Transkript im Pfarrarchiv Krostitz),

Böttcher, H.-J., Nonnenweg nach Groitzsch. Alter Verbindungsweg zum Petersberg nach Halle, in: Nordsächsische Rundschau (Leipziger Volkszeitung), Nr. 37, vom 11. September 1993, S. 3.

Büchting, Wilhelm, Geschichte der Stadt Eilenburg und ihrer Umgebung. Ein Heimatbuch für Haus und Schule. Unter Mitarbeit von Paul Platen herausgegeben, Bd. 1, Eilenburg 1923.

Bünz, Enno, Was Dorfkirchen von der Geschichte Sachsens erzählen, oder: Warum die Kirche auf dem Dorf mehr als nur Kirche ist, in: Martin Mütze (Hg.), Die Dorfkirche in Sachsen. Geschichte und Gegenwart einer lebendigen Institution, (Kohrener Schriften 5), Leipzig 2021, 33-66.

Burkhardt, Karl August Hugo, Geschichte der deutschen Kirchen- und Schulvisitationen im Zeitalter der Reformation, Leipzig 1879.

Dornheim, Stefan, Geistliche oder Lehrer des Volkes? Dorfpfarrer zur Zeit der Volksaufklärung, in: Martin Mütze (Hg.), Die Dorfkirche in Sachsen.

Geschichte und Gegenwart einer lebendigen Institution, (Kohrener Schriften 5), Leipzig 2021, 111-128.

Dunkel, Rolf, *Romanische Dorfkirchen im Tauchaer Land*, in: *Frühe Kirchen in Sachsen. Ergebnisse archäologischer und baugeschichtlicher Untersuchungen, (Veröffentlichungen des Landesamtes für Archäologie mit Landesmuseum für Vorgeschichte, Bd. 23)*, hg. v. Judith Oexle, Stuttgart 1994, 111-121.

Faber (d. Ä.), Zachäus, *Unwahrheiten, welche die Calvinisten begehen an der Heiligen Schrift*, Wittenberg 1598.

Faber (d. Ä.), Zachäus, *De aeternitate: Schöne / Christliche und heilwertige betrachtung Von der Ewigkeit / und der uberschwenglich reichen belohnung [...]*, Leipzig 1601.

Faber (d. Ä.), Zachäus, *Schöne Geistliche Lob und Betgesenge [...]*, Wittenberg 1601.

Faber (d. Ä.), Zachäus, *Vier und zwantzig Schöne Geistliche Brautlieder, Morgen unnd Abendsegen, Bethgesenge [...]*, Wittenberg 1601.

Faber (d. Ä.), Zachäus, *Gewißheit der ewigen Frewd und Seligkeit, und also uberthewrt Kleinoth [...]*, Halle 1617.

Faber (d. Ä.), Zachäus, *Gewiß und gantz bewerth Defensions-Werk, so die sub utraque, das ist die Lutherischen, wider die Papisten zu gebrauchen haben [...]*, o. O. 1618.

Faber (d. Ä.), Zachäus, *Die allersicherste ... allerbeste, und allerreichmachenste Kauffmanschafft [...]*, Leipzig 1619.

Faber (d. Ä.), Zachäus, *Kurtzer Beweiß / Das etlicher Calvinischen [Lehr] / doch bey ihnen hochgeachteten Lehrern Schwarm / in vielmal ärger verdamlicher sey/ denn der Papisten Lehr / in den zweyen Articuln von Gott / und von Christi Person und Ampt: Männiglich / dem seiner Seelen Seligkeit angelegen ist / zu beförderung der ewigen Frewd und Seligkeit in Druck verfertiget*, Leipzig 1620.

Faber (d. Ä.), Zachäus, Gründlicher und augenscheinlicher Beweiß / Weil die Papisten die Lutherische Lehrer und Lehr aus ihren Ländern vertrieben / und die armen Leute zur Papistischen Lehr anhalten und zwingen [...]: Männiglich den Lutherischen / so im Bapsthumb und in Lutherischen Landen seyn / zu trost / und gewißheit ihrer Lehr und Seeligkeit / und den Papisten sämptlichen zu warnung [...] gestellet, Leipzig 1623.

Falcke, Heino, Christus befreit – darum Kirche für andere. Hauptvortrag bei der Synode des Kirchenbundes in Dresden, 1972.

Fischer, Albert, Das deutsche evangelische Kirchenlied des siebzehnten Jahrhunderts, Gütersloh 1904.

Flegel, Andreas, Luther in Eilenburg oder wie Eilenburg fast zu einer Lutherstadt wurde, Gräfenhainichen 2022.

Fuchs, Thomas, Der Pfarrer und seine Bücher. Sächsische Kirchenbibliotheken in der Frühen Neuzeit, in: Martin Mütze (Hg.), Die Dorfkirche in Sachsen. Geschichte und Gegenwart einer lebendigen Institution, (Kohrener Schriften 5), Leipzig 2021, 99-110.

Geißler, Carl, Chronik der Stadt Eilenburg und Umgegend, Delitzsch 1829.

Graf, Gerhard/ Markus Hein, Kleine Kirchengeschichte Sachsens, Leipzig 2008.

Graf, Gerhard, Baugeschehen als Frömmigkeitsgeschichte. Das Beispiel der Kirche von Liemehna, in: Markus Schmidt (Hg.), Ein Haus aus lebendigen Steinen. 40 Jahre Bruderschaft Liemehna. Festschrift, Berlin 2013, 91-103.

Graf, Gerhard, Die Kirchenorganisation in der Epoche vor dem großen Landesausbau – Aspekte in einem Überblick, in: Martin Mütze (Hg.), Die Dorfkirche in Sachsen. Geschichte und Gegenwart einer lebendigen Institution, (Kohrener Schriften 5), Leipzig 2021, 23-32.

Graf, Gerhard, Vom Detail zum Ganzen: Zur Ausstattung romanischer Dorfkirchen in Nordwestsachsen, in: Enno Bünz (Hg.), Ostsiedlung und Landesausbau in Sachsen. Die Kührener Urkunde von 1154 und ihr historisches Umfeld, Leipzig 2008, 449-464.

Graf, Gerhard/ Koch/ Michel, Ein wenig bearbeitetes Forschungsgebiet: die Reformation auf dem Land, in: Herbergen der Christenheit 2016, 45-????

Gundermann, Ferdinand, Chronik der Stadt Eilenburg, Eilenburg 1879.

Haferstroh, Peter, Der Leipziger Raum im Spannungsfeld mittelalterlicher Mächte, in: Wiprecht. Beiträge zur Geschichte des Osterlandes im Hochmittelalter, Beucha 1998, 150-171.

Heise, Ulla, Ur-Krostitzer. Chronik einer Brauerei in Mitteldeutschland, 2. Aufl. Leipzig 2014.

Jadatz, Heiko, Die Dorfkirche in der Reformationszeit – ein »Schattendasein« am Rande großer städtischer Beispiele, in: in: Martin Mütze (Hg.), Die Dorfkirche in Sachsen. Geschichte und Gegenwart einer lebendigen Institution, (Kohrener Schriften 5), Leipzig 2021, 87-97.

Krauß, Ulrich, Tapisseries du Roy, ou sont representez les quatre elemens et les quatre saisons: Avec les devises qui les accompagnent et leur explication. Königliche Französische Tapezereyen / Oder überaus schöne Sinn-Bilder / in welchen Die Vier Elemente / Sammt Den Vier Jahrs-Zeiten / Neben den Denk-Sprüchen und ihren Auslegungen / vorgestellet werden; Aus den Original-Kupffern nachgezeichnet / mit sonderm Fleiß corigirt / verbessert / und den Kunstliebenden zum Nutzen und Ergötzen an den Tag gegeben und verlegt durch Johann Ulrich Kraussen / Kupfferstechern in Augspurg, Augsburg 1687/1690/1709 u.ö.

Kuhne, Kurt, Einwohner des Dorfes Lehelitz bei Leipzig während der Reformationszeit, in: Mitteldeutsche Familienkunde, Heft 3/1982, 138-144.

Magirius, Heinrich, Kathedrale, Stiftskirche, Klosterkirche, Burgkapelle, Stadtkirche und Dorfkirche. Zu Typologie und Stil der romanischen Steinkirchen in Obersachsen, in: Frühe Kirchen in Sachsen. Ergebnisse archäologischer und baugeschichtlicher Untersuchungen, (Veröffentlichungen des Landesamtes für Archäologie mit Landesmuseum für Vorgeschichte, Bd. 23), hg. v. Judith Oexle, Stuttgart 1994, 65-91.

Mertens, Klaus, Romanische Saalkirchen innerhalb der mittelalterlichen Grenzen des Bistums Meißen, Leipzig 1973.

Metzler, Johann Benedict, Anmerkungen über die Pfarr-Matricel zu Hohenleina, (handgeschriebenes Manuskript im Pfarrarchiv Krostitz), 1720.

Metzler, Johann Benedict, Tractatus Philologicus Theologiae Maximam Partem Adscribendus. Artificium Excerpendi Genuinum Dictus. Die rechte Kunst zu excerpiren, [...], Leipzig 1709.

Mühle, Eduard, Die Slawen, 2. durchgesehene Auflage, München 2024.

Münkler, Herfried, Der dreißigjährige Krieg. Europäische Katastrophe, deutsches Trauma 1618-1648, 3. Aufl. Hamburg 2020.

Platen, Paul, Die Herrschaft Eilenburg von der Kolonisationszeit bis zum Ausgang des Mittelalters. Ein Beitrag zur Siedlungskunde und Verfassungsgeschichte des ostsaalischen Mittellandes, Leipzig 1913.

Poschlod, Michael (Hg.), Alles hat seine Zeit. Streiflichter aus der Geschichte einer Diasporagemeinde, [Selbstverlag] Delitzsch 2011.

Reulecke-Delitzsch, D., Der Lehelitzer Ablaßmarkt, in: Heimatkalender für die Muldekreise Bitterfeld u. Delitzsch 1925, Düben 1925, 65-67.

Reidinger, Erwin, 1027: Gründung des Speyerer Domes. Sonne – Orientierung – Achsknick – Gründungsdatum – Erzengel Michael, (Schriften des Diözesan-Archivs Speyer, Bd. 46), Speyer 2014.

Röhner, Regina, Hexen müssen brennen. Geschichten vom Hexenwahn in Sachsen, Chemnitz 2000.

Rothen, Bernhard, Die Klarheit der Schrift. Teil 1: Martin Luther. Die wiederentdeckten Grundlagen, Göttingen 1990.

Rott, Peter, St. Laurentius-Kirche zu Krostitz, Spröda/Leipzig 2000.

Rühl, Gerhard, Ortschronik der Gemeinde Priester. bei Eilenburg, (maschinenschriftliches Manuskript im Pfarrarchiv Krostitz) o. O., 1940.

Schinkel, Die versunkene Glocke, in: Heimatkalender für die Muldekreise Bitterfeld u. Delitzsch 1927, Düben 1927, 65.

Schirmer, Friedrich, Über die drei am frühesten genannten Pfarrkirchen unserer Muldekreise; insbesondere über die Kirche zu Hohenleina, in: Mitteilungen des Vereins für Heimatkunde der Kreise Bitterfeld und Delitzsch, Nr. 2/1931, Nr.1 und 2/1932, Nr. 2 und 3/1939, Düben, 17-45.

Schlesinger, Walter, Die deutsche Kirche im Sorbenland und die Kirchenverfassung auf westslawischem Boden, in: ders., Kirchengeschichte Sachsens im Mittelalter, Mitteldeutsche Forschungen 27/I, Köln/Wien 1962, 141ff.

Schmidt, Markus (Hg.), Ein Haus aus lebendigen Steinen. 40 Jahre Bruderschaft Liemehna. Festschrift, Berlin 2013.

Schönermark, Gustav, Bau- und Kunstdenkmäler des Kreises Delitzsch, Halle/Saale, 1892, 108-111.

Schubart, Friedrich Winfrid, O rex gloriae, Christe, veni cum pace. Amen. Ein uraltes Glockengebet. Ein Beitrag zur Glockeninschriftenkunde, Dessau 1896.

Schumann, Friedrich Adolph, Vollständiges Staats-, Post- und Zeitungs-Lexikon von Sachsen [etc.], Bd. 16, Zwickau 1828.

Spehr, Reinhard, Christianisierung und früheste Kirchenorganisation in der Mark Meißen. Ein Versuch, in: Frühe Kirchen in Sachsen. Ergebnisse archäologischer und baugeschichtlicher Untersuchungen, (Veröffentlichungen des Landesamtes für Archäologie mit Landesmuseum für Vorgeschichte, Bd. 23), hg. v. Judith Oexle, Stuttgart 1994, 8-63.

Spuren in Stein. Kirchen im Kirchenkreis Eilenburg, mit Fotografien von Jürgen M. Pietsch, Spröda 1997.

Steiger, Friedemann, Die vier eisernen Inventarkühe. Die evangelischen Pfarrer des Kirchspiels Wölkau seit der Reformationszeit. Eine nicht nur kulturhistorische Betrachtung, Leipzig 2007.

Störig, Hans Joachim, Kleine Weltgeschichte der Philosophie, erw. Neuauflage Frankfurt am Main 1992.

Stuchly, Dieter, Archäologische und bauarchäologische Untersuchungen in und an der Buschnaukirche, Lkr. Delitzsch, in: Frühe Kirchen in Sachsen [siehe unter Spehr], 105-109.

Uth, Karl-Heinz, Die St. Laurentius-Kirche zu Krostitz (Hohenleina), maschinengeschriebene Kopie im Pfarrarchiv Krostitz, o. O, o. J.

Voigt, Henning, Die Anfänge des Christentums im Gebiet zwischen Saale und Elster, in: Zum Burgelin. Beiträge zur Geschichte von Kloster und Stadt Bürgel, Nr. 5 (1998), 1-22.

Westphalen, Thomas, Wann kam die Kirche zum Friedhof?, in: Martin Mütze (Hg.), Die Dorfkirche in Sachsen. Geschichte und Gegenwart einer lebendigen Institution, (Kohrener Schriften 5), Leipzig 2021, 9-22.

Wilhelm, Matthias, Zu archäologischen Beobachtungen an Dorfkirchen im Leipziger Land, in: Frühe Kirchen in Sachsen. Ergebnisse archäologischer und baugeschichtlicher Untersuchungen, (Veröffentlichungen des Landesamtes für Archäologie mit Landesmuseum für Vorgeschichte, Bd. 23), hg. v. Judith Oexle, Stuttgart 1994, 92-103.

Wilde, Manfred, Die Ritter- und Freigüter in Nordsachsen: Ihre verfassungsrechtliche Stellung, ihre Siedlungsgeschichte und ihre Inhaber, Lüneburg 1998.

Wilde, Manfred, Die Zauberei- und Hexenprozesse in Kursachsen, Köln 2003.

Wilke, Reinhard, Die Dendrochronologie zur genaueren Altersbestimmung in Kirchen des Delitzsch-Leipziger Raumes, in: Delitzscher Jahrbuch für Geschichte und Landeskunde, 2011, 91-95.

Abbildungsnachweis

Abb. 1, 15: © Landesamt für Denkmalpflege und Archäologie Sachsen-Anhalt, Foto: Juraj Lipták.

Abb. 2, 67: © Johannes Oelmann.

Abb. 3, 5, 26, 30, 31, 39, 52, 64, 66: Wikimedia Commons / CC BY-SA 3.0.

Abb. 4: © Landesamt für Archäologie Sachsen, Zeichnung: R. Dunkel.

Abb. 6-7, 9-13, 16-17, 21, 23-24, 27-29, 34-37, 40-46, 49, 53, 65: © beim Verfasser.

Abb. 8, 18, 22, 25, 32, 33, 54, 56-60, 62, 63: © Pfarrarchiv Krostitz.

Abb. 19, 20, 47, 55, 68: © Josef Krumbiegel.

Abb. 22, 61: dankenswerterweise zur Verfügung gestellt durch den Arbeitskreis Krostitzer Heimatgeschichte (Jens Beyer).

Abb. 36: „Unterscheid zwischen der waren Religion Christi und falschen Abgöttischen lehr des Antichrists", Lutherbildnisse, zuletzt aufgerufen am 26. November 2024, https://ausstellungen.deutsche-digitale-bibliothek.de/lutherbildnisse/items/show/29.

Abb. 38, 48: © Bayrische Staatsbibliothek / CC0 1.0 Universell.

Abb. 51: https://www.gaebler.info/webtrees...johann-friedrich-baltzer, abgerufen am 08.11.2024; weitere Herkunft konnte leider nicht ermittelt werden.

Register

Im Register sind eine Auswahl der wichtigsten Orts- und Personennamen aufgeführt. Für die Fachbegriffe aus Architektur, Theologie und Liturgie findet sich im Text jeweils bei der Ersterwähnung oder kurz darauf eine kurze Erläuterung, die betreffende Seitenzahl ist hier mit Fettdruck angegeben.